ミクロネシアの国際政治

佐 伯 康 子 著

成 文 堂

The International Politics of Micronesia

Yasuko SAEKI

Seibundo, 2025

はしがき

　本書は、各章とも、書き下ろしの部分に加えて、既に発表した拙稿を加筆修正して、完成させたものである。

　序説は、全体が書き下ろしである。

第一章「ヨーロッパと太平洋の出会い」は、「覇権国家スペインとミクロネシア—カルロス一世の時代を中心として」『清和法学研究』（第12巻　第2号　2005年12月）、「覇権国家スペインとミクロネシア—フェリペ二世の時代を中心として」『清和法学研究』（第13巻　第1号　2006年6月）などに加筆修正した。

第二章「アメリカ太平洋戦略の起源」は、「アメリカ太平洋戦略の起源—セオドア・ルーズベルトと米西戦争」『清和法学研究』（第15巻　第1号　2008年6月）、「Public Politics of the U.S in the Pacific—T. Roosevelt and H. C. Lodge」『清和法学研究』（第15巻　第2号　2006年12月）などに加筆修正した。

第三章「日本と南洋群島の委任統治」は「海軍の南進と南洋興発（1920〜1936)—南洋群島委任統治から『国策の基準』まで」『法学研究』（慶應義塾大学）（第65巻　第2号　1994年2月）、「海軍の南進と南洋興発 II（1936〜1941）『国策の基準』以降太平洋戦争勃発まで」『紀要』（名古屋明徳短期大学）（第5号　1996年3月）、「海軍の南進と南洋興発—1914年〜1930年を中心に」『法政論叢』（第36巻　第2号　2000年5月）、「砂糖王　松江春次」『紀要』（名古屋明徳短期大学）（第3号　1994年3月）、「第一次大戦と南進論—海軍内部の動きを中心として」『清和法学研究』（第14巻　第1号　2007年6月）などに加筆修正した。

第四章「アメリカ『戦略地区概念』と『動物園理論』」は、「北マリアナ連邦諸島史」『紀要』（名古屋明徳短期大学）（第4号　1994年3月）、「アメリカのミクロネシア政策　1945〜1947—国際連合での動きを中心として」『清和法学研究』（第17巻　第1号　2010年6月）、「米国アジア太平洋政策における『戦略地区概念』とミクロネシア」『清和法学研究』（第7巻　第2号　2000年12月）、「戦後アメリカ外交と三人のアイリッシュアメリカン—ケナン、フォレスタル、そしてドノバン」『清和法学研究』（第10巻　第2号　2003年12月）、「ケネディ政権下のミクロネシア政策—国家安全行動覚書145号策定まで」『清和法学研究』（第3巻　第2号　1997年3月）、「ジョンソン政権下のミクロネシア政策—『ソロモン報告』のその後」『清

和法学研究』（第 4 巻　第 2 号　1997年12月）、「戦後アメリカの安全保障政策—トルーマンからレーガンまで」『清和法学研究』（第15巻　第 2 号　2008年12月）などに加筆修正した。

第五章「ミクロネシアの独り立ちと『自由連合協定』」は、「ニクソン政権下のミクロネシア政策—『グアム・ドクトリン』を中心に」『清和法学研究』（第 5 巻　第 2 号　1998年12月）、「ニクソン政権のミクロネシア政策②—『北マリアナ諸島連邦制定のための規約』を中心に」『清和法学研究』（第12巻　第 1 号　2005年 6 月）、「レーガン政権下のミクロネシア政策①—自由連合協定の政府間合意成立」『清和法学研究』（第13巻　第 2 号　2006年12月）、「アメリカ—マリアナ地区政体交渉会談—北マリアナ諸島の自治化への歩み1972〜1975」『清和法学研究』（第18巻　第 2 号　2011年12月）などに加筆修正した。

最終章「アメリカ—北マリアナ諸島連邦関係—むすびにかえて」は、全体が書き下ろしである。

　本書の執筆は「国際政治の視点からミクロネシア地域を見る」という発想によるものであったが、筆者の能力のなさから形にするまでに長くかかってしまった。

　それぞれの時代の覇権国家によってこんなに翻弄された地域は他にはないだろう。理由は、魅力的な資源などがなく、抑さえておけば地政学上有利に使えるだろう程度のものだったからである。権力を持って初めて関心を向ける地域だった。

　本稿の目的は、覇権国家あるいは準覇権国家の最高指導者が向けてきたミクロネシアへの関心とその動機を一連の文脈で整理して明らかにするものである。

　最後に三人の方々に謝辞を申し上げたい。

　慶應義塾大学の学部時代から修士課程、博士課程、そして教員になってからもずっとご指導いただいた故神谷不二先生には感謝の言葉も見つからない。「国際政治は目まぐるしく変化しているように映るが、変わらぬ座標軸を捉えることです」と教えを受けた。神谷先生からミクロネシアについて出版するようにとご指示をいただいていたのに、こんなに月日がへてしまったのには慚愧たる思いである。

　慶應義塾大学名誉教授、前防衛大学校校長、アジア調査会会長の国分良成先生には学者、教員としての手本をずっと示していただいた。スケールの大きい背中

を見せ続けてくださったとでも言おうか。

　島根大学名誉教授の林弘正先生には、先生が元清和大学に御在職されていた時から研究者のこころえを教えていただいた。成果を出版という形で世に出すことを忘れないようにと、今回成文堂をご紹介いただいた。

　本書出版に際し、編集部篠崎雄彦氏には厚く御礼を申し上げたい。阿部成一社長には、出版事情の厳しい中、刊行していただき感謝申し上げます。

　2024年11月　アメリカ大統領選挙の年に

　　　　　　　　　　　　　　　　　　　佐 伯 康 子

目　　次

はしがき（i）

序　説 ………………………………………………………………… 1

第一章　ヨーロッパと太平洋の出会い ……………………………… 6

一　絶対主義時代のスペイン国王カルロス一世 ………………… 6

（一）　スペイン王国の成立（6）

（二）　カルロス一世（8）

二　ポルトガル人マゼランと太平洋 ……………………………… 11

三　覇権国家スペインとミクロネシア …………………………… 16

（一）　フェリペ二世（16）

（二）　大圏航路の確立（18）

（三）　カトリック圏の拡大（19）

第二章　アメリカ太平洋戦略の起源 ………………………………… 24

一　ドイツと太平洋 ………………………………………………… 24

二　セオドア・ルーズベルトと米西戦争 ………………………… 27

（一）　セオドア・ルーズベルトとヘンリー・キャボット・ロッジ（27）

（二）　米西戦争（30）

三　オレンジ計画 …………………………………………………… 33

（一）　日露戦争（33）

（二）　カラープラン（34）

第三章　日本と南洋群島の委任統治 ………………………………… 38

一　第一次世界大戦と海軍の「南進論」 ………………………… 38

vi　目　次

- （一）　永久占領論の抬頭（38）
- （二）　パリ講和会議（45）

二　日本の委託統治 ……………………………………………48

- （一）　対南洋方策研究委員会（48）
- （二）　海軍政策及制度研究調査委員会（54）

三　南洋興発（株）…………………………………………56

- （一）　南洋興発と東洋拓殖（56）
- （二）　松江春次（60）

第四章　アメリカ「戦略地区概念」と「動物園理論」………68

一　トルーマン政権と「戦略地区」………………………68

- （一）　ルーズベルト大統領の太平洋政策（68）
- （二）　サンフランシスコ会議（75）
- （三）　ミクロネシア信託統治協定（79）
- （四）　プリンストニアン──ケナン、フォレスタル、そしてダレス──（94）

二　アイゼンハワー政権とアメリカ初の核戦略 ………………98

三　ケネディ政権と動物園理論（101）

- （一）　柔軟反応戦略（101）
- （二）　国家安全行動覚書145号（104）

四　ジョンソン政権とケネディの影 ……………………110

- （一）　被害極限戦略（110）
- （二）　ミクロネシア議会（114）
- （三）　1967年（116）

資　料 1　「第12章　国際信託統治制度」の原文

………………………………………120

資　料 2　「旧日本委任統治諸島との信託統治協定」の原文（全文）

………………………………………127

資　料 3　「太平洋諸島信託統治領への合衆国政府調査団報告書」

（1963年 7 月〜 8 月）………………………132

目　次　vii

第五章　ミクロネシアの独り立ちと「自由連合協定」 136

一　ニクソンと「グアム・ドクトリン」 136

（一）「グアム・ドクトリン」とミクロネシア（136）
（二）アメリカ・ミクロネシア政治地位交渉（142）
（三）アメリカ・マリアナ地区政体交渉会談（150）
（四）アメリカ自治領北マリアナ諸島連邦の誕生（161）

二　カーターの人権外交とミクロネシア問題 170

（一）人権外交とミクロネシア政策（170）
（二）「自由連合協定」原則の合意（175）

三　レーガンと「自由連合協定」 182

（一）強いアメリカ（182）
（二）アメリカの安全保障と「自由連合協定」（190）
（三）アメリカの思惑とミクロネシア（193）

資　料1　「アメリカ合衆国との政治的連合のための北マリアナ
　　　　　諸島連邦創設盟約」（原文） 208

資　料2　「自由連合協定」（原文） 218

アメリカ－北マリアナ諸島連邦関係盟約締結後の4半世紀
──むすびにかえて── 227

一　アメリカが北マリアナ諸島連邦に与えた特権 227

二　ブッシュと2001年9.11テロ 233

三　バラク・オバマの8年間とミクロネシア 237

資　料1　「北マリアナ諸島連邦創設の盟約」（原文） 242

資　料2　「マリアナ海溝海洋国家記念物、太平洋遠隔島嶼海洋
　　　　　国家記念物及びローズ礁海洋国家記念物の指定に際
　　　　　しての大統領声明」（原文） 250

序　説

　ミクロネシアは、アメリカの自治領である北マリアナ諸島連邦、およびグアム島とミクロネシア連邦、マーシャル諸島共和国、パラオ共和国を擁する太平洋の一地域である。東経130度から180度、赤道以北から北緯22度に広がる海域に位置していて、大小約2300の島々があり、人口は約50万人である[1]。一つ一つの島の面積はきわめて小さい[2]。一番大きなグアム島ですら549平方キロメートルで、日本の淡路島よりやや小さい程度である。

　これらの島々に特筆すべき経済的価値を見出すことは困難である。昔から貴重な香辛料、宝石、資源がとれるわけでも、文化・文明的発展が目覚ましかったわけでもなく、ましてやシルクロードのように交易に適した地域でもなかった。しかしながら国際政治史においてその歴史を振り返ると、16世紀に近代民族国家が成立して以降、覇権国家や、その地位にとって代わろうとする国家と共に登場してくるのが、「ミクロネシア」なのである。つまり、近代民族主義国家の誕生と共に、国際政治史の裏舞台に登場し続けてきたミクロネシアを見据えることは、今後の覇権国家の外交を捉えるひとつの指標的価値があると提案するものである。本書で主軸となる「覇権国家」とは「近代民族国家」の中で経済的、軍事的側面も含めて覇権的地位を占めた国家のことを示す。近代民族国家については神川彦松の言葉を借りると

　　祖先を共にし、祖国を共にし言語、宗教、政治統制、経済財政、風俗習慣、歴史伝統、困難の体験を共同にしたそれぞれの民族共同体は、当然それぞれの自主・独立・

1　小林泉（監）『オセアニアを知る事典』平凡社、2010年。
2　地理学上の分類に従うと、ミクロネシアには、人口10000人のナウル共和国と、人口70000人のキリバス共和国も含まれる事になる。しかし、政治的にミクロネシアをさす場合には、第一次世界大戦後日本の委任統治下に置かれ、第二次世界大戦後はアメリカの「戦略地区」信託統治下に置かれたところを指す。グアム島は日本のかかわり方が違うものの、第二次世界大戦中は日本に占領されていた経緯から政治的区分でのミクロネシアの範疇に入る。よって前途の両国を除いた地域を示す場合が多い。そもそも言語や風俗や習慣がそれぞれ異なるこれらの島々を、便宜上一塊にすること事態に無理がある。

2 序 説

統一の主権国家を形成すべきであるという主義・主張が、近代政治の最高の原則となるようになりました。これがすなわち「近代民族主義」の原則に他なりません。この「一民族・一国家」の主義原則こそ、近代国際政治の最高の原則であり、根本の理念です。この民族主義の原理に立脚する国家が、すなわち「近代民族国家」であり、これが、近代国際団体の構成者なのです[3]。

という考えに基づくものとする。すなわち本書は、初めてミクロネシア地域を国際政治の文脈の中で捉えた専門書となる。ミクロネシアという特殊な地域を基点に覇権国家の政治史を振り返ることにより、超大国にとって地理的利便性が普遍的価値を持ち続けてきた事実を再認識するとともに、国際政治にとってのミクロネシアの重要性を捉えていきたい。

近代国家が成立して最初の覇権国家となったのはスペインである。カルロス一世の「プルス・ウルトラ（さらにかなたへ）政権」のもと、はじめてミクロネシアと出会ったのがヨーロッパであった。1521年のことである。スペインは、16世紀以降ミクロネシアを植民地にするが、徐々に超大国の地位から衰退していき、19世紀末に米西戦争で敗北した末グアムをアメリカに渡し、残りの島々をドイツに売った。当時、孤立主義政策を取っていたアメリカであったが、グアム島を手に入れたことをきっかけに太平洋戦略に着手し始める[4]。

第一次世界大戦後、敗戦国となったドイツが所有していた島々は、国際連盟からの委任統治という形で日本に任されることになる。日本はミクロネシア地域を「南洋群島」と呼び、大東亜共栄圏構想の重要な海外拠点の一環とした。しかし、その日本も、第二次世界大戦で負ける。

ミクロネシア地域が敗戦国日本から解放されたことを受けて、アメリカは、本腰を入れてミクロネシアの Pacific Islands を支配下に置こうとした。しかし第二次世界大戦後の、列強国による植民地化に対する国際世論の批判の高まりが壁となった。そこでアメリカは、国際連合を利用し「信託統治領」として徐々にミクロネシアのアメリカ化を推し進め、最終的には安全保障に関してはアメリカが責任を持つという「自由連合協定」を結ばせた上での独立に導いていった。1986年10月にマーシャル諸島共和国、11月にミクロネシア連邦、そして1994年にパラオ

3 　神川彦松『近代国際政治史』原書房、1989年25頁。
4 　Donald D. Johnson The United States in The Pacific—Private Interests and Public Policies, 1784-1899 (London: PRAEGER 1995).

共和国が、この行程で独立前にアメリカと自由連合協定を結んでいる。こうして、第二次大戦中、海軍長官ジェームズ・フォレスタル（後の初代国防長官）が"Our lake"と呼んだミクロネシアを、50年かけ、アメリカの支配下に置いていったのである。

16世紀にスペインの植民地になって以降のミクロネシア研究には、Mark Peattie の *Nanyo* に代表されるような優れたものがある[5]。しかしそのほとんどが、大航海時代であったり、委任統治時代であったり、「戦略地区」信託統治時代であったりと、時代ごとに区切っているものである[6]。通史にする意義がここにある。

---

5 アメリカの太平洋戦略を分析した研究としては DirkA, Balllendorf の "Captain Samuel J Masters, U.S. Consul to Guam, 1854〜1856: Harbinger of American Pacific Expansion" Diplomacy and Statecraft 2. (November 1991) と「アメリカとグアム、そして日露戦争」（軍事史学会編『日露戦争（二）―戦いの諸相と遺産―』2005）がある。日本がミクロネシアにどのように係わっていたかを政府レベル、軍事レベル、産業レベルで検討している代表的な著書は、Mark R, Peattie, *Nanyo: the Risa and Fall of the Japanese in Micronesia, 1885〜1945* (Honolulu; University of Hawaii Press 1988) である。アメリカの信託統治時代を扱った研究としては小林泉『太平洋島嶼諸国論』（東信堂 1994）『アメリカの極秘文書と信託統治の終焉―ソロモン報告・ミクロネシアの独立』（東信堂 1994）がある。アメリカの提案による政治地位交渉の過程でミクロネシア側がどのように対応していったかを現地調査も踏まえて明らかにしている。特に後者はケネディー政権下で作成された戦後アメリカのミクロネシア政権の原点とも言える「ソロモン報告」の内容を明らかにしたものである。この著書によってミクロネシア研究は一歩も二歩も先に進む事が出来たといっていいだろう。これ以外ではやはり小林泉の『ミクロネシアの小さな島々』（中公新書657）と斎藤達雄の『ミクロネシア』（すずさわ書店1975）がある。共にミクロネシアサイドから見たミクロネシア論である。ミクロネシアの住民が大国の政権で翻弄されている様子を明らかにしている。特に斎藤の著書はアメリカが実施したマーシャル諸島での核実験に焦点を当てている。「ミクロネシア」という地域を世に知らしめるきっかけを提供したといっても言い過ぎではあるまい。独立後のミクロネシアについては、松下泰勝『［アジア太平洋研究選書6］ミクロネシア―小さな島々の自立への挑戦』（早稲田大学出版会2007）が詳しい。グアム島については沖縄と比較しながら経済動向を検証している。以上あげたように欧米諸国とミクロネシアを大国サイドから扱っている研究書は本当に少ない。

6 アメリカの太平洋戦略を分析した研究としては DirkA, Balllendorf の "Captain Samuel J Masters, U.S. Consul to Guam, 1854〜1856: Harbinger of American Pacific Expansion" Diplomacy and Statecraft 2. (November 1991) と「アメリカとグアム、そして日露戦争」（軍事史学会編『日露戦争（二）―戦いの諸相と遺産―』2005）がある。日本がミクロネシアにどのように係わっていたかを政府レベル、軍事レベル、産業レベルで検討している代表的な著書は、Mark R, Peattie, *Nanyo: the Risa and Fall of the Japanese in Micronesia, 1885〜1945* (Honolulu; University of Hawaii Press 1988) である。アメリカの信託統治時代を扱った研究としては小林泉『太平洋島嶼諸国論』（東信堂 1994）『アメリカの極秘文書と信託統治の終焉―ソロモン報告・ミクロネシアの独立』（東信堂 1994）がある。アメリカの提案による政治地位交渉の過程でミクロネシア側がどのように対応していったかを現地調査も踏まえて明らかにしている。特に後者はケネディー政権下で作成された戦後アメリカのミクロネシア政権の原点とも言える「ソロモン報告」の内容を明らかにしたものである。この著書によってミクロネシア研究は一歩も二歩も先に進む事が出来たといっていいだろう。これ以外ではやはり小林泉の『ミクロネシアの小さな島々』

4　序　　説

　また本書では、政策決定を行う立場にいる権力者の出自や世界観が、対外政策にいかに影響を与え得るかということについても考察する。覇権国家が過去に実行してきたミクロネシア政策は、日本委任統治下時代を除き、いつの時代も施政者にとっての最優先事項とはなり得なかった。ミクロネシア地域は大国にとっては、国を左右するほどの大きな案件ではなかったのだ。つまり、政府組織が意思決定の選択肢を準備して提案し、決定するという事はなかったのである。しかしこの事実はまた一方で、ミクロネシア政策における決定事項に、施政者の直接意思を反映させることを可能にした。スペインの時代であれば国王の、アメリカの時代であれば大統領の出自や世界観が、ミクロネシア政策にはストレートに反映されている場合があることを踏まえ、本分野に新たな光を当て検証していきたい。

　上記の目的の為、本書は以下の通りの章立てとなった。第一章では、近代民族国家の中で最初の覇権国家となったスペインが、どのような経緯でミクロネシアを支配下に置く事になったか、そして国家のためにどのように利用したかを考察する。第二章では、衰退した大国スペインが米西戦争の結果、グアム島を渡さざるを得なくなったことがアメリカにはじめて太平洋戦略を計画させた事実を素描する。あわせて、スペインが領有していたグアム島以外の主だった島々をドイツが手に入れたことが、大英帝国イギリスに不安材料を与えた事を指摘した。第三章では、イギリスの後押しでミクロネシア地域を委任統治することになった日本の、対南洋群島植民地政策について検討する。第四章では、第一次世界大戦後のパリ講和会議で取り損ねたミクロネシア地域を、第二次世界大戦後にアメリカが必死になって取り込む過程を詳述すると共に、早くもケネディー政権の1960年代に恒久的に影響力を及ぼせる地域にする事を決意した事実を明らかにする。第五章では、建前と本音で苦悩するアメリカが、「自由連合協定」締結によってその両方を解決していく過程を明らかにしていく。最後に、本書で考察、または検証

（中公新書657）と斎藤達雄の『ミクロネシア』（すずさわ書店1975）がある。共にミクロネシアサイドから見たミクロネシア論である。ミクロネシアの住民が大国の政権で翻弄されている様子を明らかにしている。特に斎藤の著書はアメリカが実施したマーシャル諸島での核実験に焦点を当てている。「ミクロネシア」という地域を世に知らしめるきっかけを提供したといっても言い過ぎではあるまい。独立後のミクロネシアについては、松下泰勝『［アジア太平洋研究選書６］ミクロネシア―小さな島々の自立への挑戦』（早稲田大学出版会2007）が詳しい。グアム島については沖縄と比較しながら経済動向を検証している。以上あげたように欧米諸国とミクロネシアを大国サイドから扱っている研究書は本当に少ない。

してきた結果に照らし今後のミクロネシアの国際政治の分野での役割を概括したい。

第一章　ヨーロッパと太平洋の出会い

一　絶対主義時代のスペイン国王カルロス一世

（一）　スペイン王国の成立

　1469年カスティリア王国のカトリック信者イサベル（Isabel la Católica）と、アラゴン王国のカトリック信者フェルナンド（Fernando el Católica）が結婚し、その10年後にフェルナンドがアラゴンの王位についたことで、ふたつの王国が連合した。キリスト教のきずなで結ばれた両国は結束は弱いながらも統一国家となり、1479年スペイン王国となった。こうして始まったカトリック両王と呼ばれる時代に、キリスト教を軸とした精神統一が図られ、スペインに中央集権国家の基礎が築かれていったのだった。

　スペイン王国両王のうちイサベルは、特に野心の強い女王であった。まず、イスラム教を退け、国土回復運動を成し遂げた後ユダヤ教を追放し、さらに同じカトリック国であったフランスの膨張を抑え込んだ。子供達を政略結婚させることによって、自らの影響力を拡大させようとした。娘ファナ（Juana la Loca）を、フランス北部の国境に接するブルゴーニュ公国の大公でハプスブルグ家の王位継承者であるフィリップ（Philippe le Beau）のもとへ、もう一人の娘カタリーナ（Catalina）を、イギリス国王ヘンリー八世（Henry VIII）のもとへと、それぞれ嫁がせた。一人息子のファン（Don Juan）王子もまた彼女の計らいで、神聖ローマ帝国皇帝マクシミリアン一世（Maximilian I）の娘マルガレーテ（Margarete d' Austriche）と結婚したが、王子が婚礼後に18歳の若さで死亡したことにより、イサベルの神聖ローマ帝国への野心は砕かれる結果となった。

　イサベルは、当時多くの航海者を輩出していたジェノバの探険家クリストファー・コロンブス（Christopher Columbus）を雇い、新しい航路の発見と新資源の開拓に努めた。1492年8月サンタ・マリア号を中心とした3隻の船隊、総勢90

名でスペインのパロス港を出航したコロンブス一行は、10月に現在のバハマ島である サン・サルバドール島に到着する。コロンブス自身は死ぬまでこの地をアジアの一部であると誤解したままであったようだが、結果的にスペインは、アメリカ大陸に足がかりを得ることに成功した。これら地域からヨーロッパに持ち出された金・銀・財宝によって莫大な富を得たスペインは、こうして覇権国家に必要な経済基盤を築いていった。

　一方イザベルの夫、フェルナンドは、君主として優れた力量を持つ国王であった。マキャベリは『君主論』の18章「君主たるもの、どう信義を守るべきか」で次のように言っている。

　　そこで君主は、野獣の気性を、適切に学ぶ必要があるのだが、この中でも、狐とライオンに学ぶようにしなければならない。——名君は、信義を守るのが自分に不利を招く時、或いは、約束した時の動機が既になくなったときは、信義を守れるものでもないし、守るべきでものでもない。——狐（罠を見抜く能力）をたくみに使いこなした君主の方が、好結果を得てきたのだ。——こうした立派な気質を備えていて、後生大事に守っていくというのは有害だ。備えているように思わせること、それが有益なのだ。——今名前を出すのは控えるが、現代の君主の一人は、口ではたえず平和とか信義とかを説教するが、現実には逆の動きをする。この人物が、この両方を尊重していたら、彼の名声も領土もこれまで幾たび奪われていたことか[1]。

　これは『君主論』の中でも有名な一節であるが、マキャベリが名前を出すのを控えたこの人物こそが、スペイン王フェルナンドなのである。多くの施政者達のバイブルとなった『君主論』の著者マキャベリが、絶賛するほどの人物であったフェルナンド王は、実に政治的才に恵まれた人物であった。

　こうしてイザベルとフェルナンドの両王のもとで、着実に覇権国家へと成長し続けていったスペインにその時代をもたらしたのは、ふたりの孫であるカルロス一世であった。ついに覇権国家スペイン「太陽のその領土に没することなき大帝国」を実現したのである。

1　マキャベリ　池田『君主論』（中公文庫　600）102～106頁

（二）　カルロス一世

　1516年、スペイン王フェルナンドはこの世を去った。その葬儀の席上で、母親と共にスペイン王国の王座に就いたのが、カルロス一世（Carlos I）である。正式な次期王位継承者であった母親ファナは、そのときすでに精神を病んで狂女となっていたため息子カルロスが実質上の最高権力者となったのである。弱冠16歳であった。スペインの国王となってまだ間もない1519年に、今度は父方の祖父、神聖ローマ帝国皇帝マクシミリアン（Maximilian I）が死去する。このときも、父親のフィリップが既に死去していたために、その後継者となった。神聖ローマ皇帝カール五世（Karl V）の誕生である。（以降カルロス一世とカール五世は同一人物であるため「カルロス」に統一する）

　神川彦松はカルロス一世があまりに広大なヨーロッパの領土を短期間に支配下に入れた為に「これは実に全ヨーロッパ政治の大事件です[2]」と表現している。まさにカルロスは、ヨーロッパ並びに全世界の誉てない大帝国の統治者となり、主権者となったのであった。父方の祖父マクシミリアンからハプスブルグ家領を、祖母マリア（Marie de Bourgogne）からフランシュ・コンテ、ネーデルランドを、母方の祖母イザベルからカスティーリャ、グラナダ、及びアメリカ大陸を、祖父フェルナンドからアラゴン、ナヴァール、シチリアを継承したのである。

　カルロス一世（カール五世）は、ネーデルランドで生まれて育った。スペインの歴史家アンリ・ラペール（Henri Lapeyre）は「この時期にカールの人となりが形成された。カール五世は、幾多の領土の支配権を掌握した事によって国際人になり、また、イベリア半島に長く滞在したことと、そこで結婚した事によってスペイン人のようになったが、しかし何よりもまず、カールは《ブルゴーニュ》の君主であった[3]」と述べているが、この指摘は興味深い。ラペールはここで、カルロス一世には、国際人としての要素よりも、スペイン人としてのアイデンティティよりも先ず、商人的な性格があったのではないかと推察しているのである。実際、当時のブルゴーニュ領は、フランシュ・コンテとネーデルランドからなっ

　2　神川彦松『近代国際政治史』（原書房　1989年）35頁
　3　アンリ・ラペール『カール五世』（白水クセジュ　574）14頁

ており、特にネーデルランドは貿易の中心地であった。彼が生まれ育ったとされるネーデルランドの人々は、早い時期からバルト海からビスケー湾にいたる海洋で高度な技術をもった舟乗りとして活躍しつつ、また商人でもあった。彼等は、神聖ローマ帝国の穀物、スウェーデンの鉄や銅、ノルウェーの木材などをヨーロッパの各地に運んでいた。ライデンは、毛織物業の最大の中心地であったし、フランドルも豊かな地域だった。1469年には、時の文学者のエラスムス（Desiderius Erasmus）が、ロッテルダムに生まれていたことからも分かるように、フランドルは文化面で高い水準を誇り、ルーヴァン大学は早くからヨーロッパ有数の大学で知られていた[4]。ネーデルランドの経済力が、ヨーロッパにおいて大きな力を持つようになるのは、半世紀ぐらい後であるにしても、カルロス一世が幼年期を過ごしたこの時期のブルゴーニュが経済的に活気に満ちた所であったことは間違いない。

　カルロス一世は、先にも触れたが、母親ファナが日々追うごとに正気を失っていったため、祖父マクシミリアン神聖ローマ帝国皇帝の配慮で、伯母でネーデルランドの総督も務めた才女のマルガレーテ（Margherita）によって育てられた。この婦人は大変な教養があり、カルロスの教育に熱心にもであった。精神面では、当時ネーデルランドの優れた聖職者達に信頼されていたルーヴァンの聖ペテロ教会司祭長フロリゾーン（Florenszoon Boeyens）が、カルロスに与えた影響は大きかった。彼のお陰で、カルロス一世はその信仰心を決して失うことはなかったといわれている[5]。フロリゾーンは、後に、ローマ教皇ハドリアヌス六世（Hadrianus VI）となった人物である。

　何年か経ったのち、カルロス一世が太平洋を探検家達に探索させた際発見した新しい領土の住民をキリスト教に改宗させることに熱心だったのは、彼の固い信仰心に拠るものと考えられる。

　この様に育てられたカルロス一世は、1516年祖父フェルナンド国王の死去に伴ってネーデルランドを離れた。

　スペイン国王と神聖ローマ帝国皇帝を兼任することになったカルロス一世は、1517年から1529年まで、スペイン国王カルロス一世としてスペインに留り続け

　4　ジョセフ・ペレ著　塚本哲也訳『カール五世とハプスブルグ帝国』22頁（創元社　2002年）
　5　アンリ・ラペール　前掲書　15～16頁

10　第一章　ヨーロッパと太平洋の出会い

た。新しい国王となったカルロス一世にとって、国内における支配権の確立も重要であったが、当時スペインは、ブルゴーニュとイタリア半島をめぐって、隣国フランスの国王フランソワ一世（François I）と争っており、このフランスとの駆け引きに勝つことはスペイン王国にとっても、そしてカルロス自身にとっても、非常に重要であったためである。しかし同時にカルロス一世は、神聖ローマ帝国の皇帝カール五世として広大な領土や地域の管理にも関心を向けなければならなかった。ナポリ王国やハプスブルグ家の世襲所領を治めるためには摂政や副官を任命した。カルロス一世は、神聖ローマ帝国の皇帝カール五世として、中世的色彩を残す組織もまとめていかなければならなかったのだ。

　カルロス一世は、外交と戦争の指導権を掌握することに熱心だった。ラペールは、カルロス一世にとって、戦争は財政上の面から見ただけでも相当の負担になっていたと分析している。ラペールは言っている

> 長い間、歴史家達は、このテーマを見過ごしてきたが、最近になってロマン・カランデがこの点を解明した。カランデは、商人との間に結ばれた資金の前借や譲渡の契約について研究した。その結果、1520年から1556年にかけて、総額2885万8207ドゥカードにのぼる500の契約が結ばれていた事実を発見した。〜返済の多くは、カスティリヤ王国の収入に対する割り当て金で行われ、稀ではあったが、ナポリ王国の収入に対する割り当て金で行われる事もあった。幸いな事に、この時期に3600万ドゥカートにのぼる貴金属が、アメリカから流れ込み、その内1044万2465ドゥカートが王国の収入となった。カランデは、カスティリヤの金が許可を得た形で公に支出されている形跡を発見したが、おそらく、それ以上の額が内密に支出されていたのである。こうして、アメリカから流入する金と銀のお陰で、カール五世（カルロス一世）は、偉大な政策を実行する事が出来たようである[6]。

ここでラペールのいう「アメリカ」は、アメリカ大陸を指し示している。カルロス一世が、アメリカ大陸の一部で金銀財宝の宝庫であった、アステカ文明、マヤ文明を滅ぼしスペインの支配下に置いたことが、スペイン国運営のためにいかに有利であったことかは容易に想像できるであろう。このことについては、また後ほど述べる。

　当時のカルロス一世について、イタリアの文学者が人となりを推察できる興味

6　アンリ・ラペール　前掲書　30〜31頁

二 ポルトガル人マゼランと太平洋　11

深い指摘をしている。

> （カルロス一世が）好んで呼んだ本は3冊だけである。いずれも自分のために翻訳させ
> たものだった。一冊目はイタリアの文学者バルダサール・デ・カスティリョーネ伯爵
> の『廷臣論』で、私生活のあり方を考えるためのものだった。二冊目はイタリアの政
> 治思想家マキャベリの『君主論』で、国家の政治を考えるためのものだった。三冊目
> はギリシャの歴史家ポリュビオスの『歴史』で戦争に関する知識を得る為のものだっ
> た。しかし、彼は権力の基盤は軍隊にあると考えており、学問よりも軍隊の方をはる
> かに高く評価していた[7]。

　まさにカルロス一世は絶対主義時代の国王であったことがわかる。

　戦費の必要性のみならず、大帝国の運営費も含めて資金が入用だったカルロス
一世が、莫大な利潤をもたらす香辛料貿易に刺激を受けて、西廻りで香料諸島に
接近する事を試みた背景には、以上のような状況があった。ラテン語「プルス・
ウルトラ（Plus Ultra）」（「もっと彼方へ」）をモットーとしていたカルロス一世の下
で、西廻りルートの発見は国家目標であった。当時、ジブラルタル海峡にあるヘ
ラクレスの柱を越えることはタブーとされていたのだが、カルロス一世はリスク
をとってさらに前進することをモットーとしたのである。

二　ポルトガル人マゼランと太平洋

　マゼラン（Ferdinand Magellan）は、ポルトガル人の探検家である。ポルトガル
名をフェルナンド・マガリャンイス（Fernão de Magalhães）という。マゼラン
は、西廻りルートで香辛料諸島にたどりつけるという主張が受け入れられなかっ
たことと、1509年のポルトガルのインド遠征でイスラム艦隊を撃破した業績が認
められなかったばかりか指揮官に昇進させてもらえなかったことで、時のポルト
ガル王マヌエル一世（Manuel I）に不満をもっていた。マヌエルが、マゼランが
他国に仕えることに同意してくれたのを幸い、スペイン国王であるカルロス一世
に、新航路開拓を申し出たのである。大航海時代の優者であったポルトガルのも
とで、マゼランは何度か香料諸島の宝庫であるモルッカへの航海に成功してい
た。彼の功績を認めたカルロス一世は、成功報酬として新航路発見によって生ま

7　ジョセフ・ペレ　前掲書　148〜49頁

12　第一章　ヨーロッパと太平洋の出会い

れる貿易の権利の幾ばくかを与えることを条件として契約を結んだ。マゼランは
カルロス一世に宣誓した後に、5隻の船を率いて1519年9月スペインを出帆し
た。西廻りでの航海の開始である。トリーダ号110t、コンセプシオン号90t、サ
ン・アントニオ号120t、サンティアゴ号75t、ビクトリア号85t の総勢237名の乗
組員には行き先は告げないでの出発であった。乗組員の中には、ポルトガル人の
マゼランに反感をもつ者や、ポルトガル人のスパイもいたからである。

　スペインのサン・ルーカル港から出発して7ヶ月たった1520年4月、アルゼン
チンのサン・フリアン港に到着した。この頃からポルトガル人の指揮官マゼラン
に対してスペイン人の船長達が余りに独裁的采配だという理由で反乱を起こすよ
うになった。マゼランは、主犯格のビクトリア号の船長メンドーサを刺殺し、コ
ンセプシオン号の船長ケサーダを斬首の刑にし、サン・アントニオ号の船長カタ
ルヘナは海上に置き去りにした[8]。海上覇権をめぐってのポルトガルとスペイン
の対立の縮図である。航海は続けられて、1520年11月大海原にでた。太平洋で
あった。

　マゼランは太平洋の存在を充分に認識していなかったらしい[9]ことが、航海で
同行したイタリア人ピガフェッタ（Antonio Pigafetta）の記録を見ると明らかであ
る。以下、彼による「最初の世界一周の報告書—ヴィチェンツァの人、ローディ
［ロードス島］の騎士アントニオ・ピガフェッタの述べたる新世界の記録、並びに
新たに発見せる国々の様相」を資料として使いながら、ミクロネシア発見の様子
をまとめてみる。

　　11月に太平洋の真只中に突入した。それから3ヶ月と20日間、新鮮な食べ物は何一つ
　　口にせず、太平洋ひとすじに約22400キロにわたって航海を続けた。翌年の1521年3月
　　6日北緯12度、東経146度の所で小島を発見した。これがスペインとミクロネシアの出
　　会いである。いや、ヨーロッパと太平洋諸島との出会いである。

以上のように、ピガフェッタは記録している

　　北西の方向に小島を一つ、南西の方向にさらに二つの小島を発見した。〜提督は、こ

　8　エティエンヌ・タイユミット著　増田義郎訳『太平洋探検史』（創元社　1993年）32〜35頁
　9　コロンブス、アメリゴ、ガマ、バルボア、マゼラン著　増田義郎訳『航海の記録　大航海時代
　　叢書　第一期　第一巻』（岩波書店　1965年）483頁

二　ポルトガル人マゼランと太平洋　　13

の大きな方の島に錨を下ろして、新鮮な食糧を補給しようと望んだが、しかし、不可能だった。というのはこの島の住人達が、我々の船にしのびこんで来ては、手あたり次第に物を盗んだからで、あまり酷くて手がつけられなかった。〜そこでひどく立腹した提督は、武装兵40人を指揮して上陸し、4-50軒の家屋と多数の小舟を焼き払い、7人を殺し、小艇を取り戻した。そしてまもなく航行を続けるために出発した。〜あの島の者達はめいめいが自分の意志に従って生きており、彼等を命令するような人はいない。裸のままであり、ひげを生やしているものもいる。黒い髪の毛は、束ねているが腰まで垂れている。アルバニア人のような帽子を椰子の葉で作ってかぶっている。背丈は我々と同じくらいで、均整がとれている。何も信仰していない。顔色は生まれた時は白いが、オリーブ色をしている。歯を赤と黒に染めて、大変美しいと思っている。〜女たちは戸外では働かず、家の中で椰子の葉の莫蓙や籠を編んだり、そのほかの日用品をこしらえている。ココ椰子、芋、鳥無花果、甘藷、飛魚、その他のものをたべている。ココ椰子の油とジョンジョリの油を、からだと髪の毛に塗りつける。住居は丸太棒だけで組み立てられ、板を被せて、無花果の葉で屋根を葺く。高さは2ブラッチョほどで、床と窓がある。部屋と寝床に、全部椰子の葉の大変綺麗な莫蓙をしいている。細かく切り刻んだ柔らかな草の上に眠る。武器としては、魚の骨の尖らしたのを先端につけた一種の槍しか持っていない。彼らの生活は貧しいが、機敏でその上大変な泥棒である。そこで我々は、これら三の島にイゾレ・デ・リ・ラドーニ＝泥棒の諸島と名づけた。彼らの楽しみは、舟に女を乗せて漕ぎまわることである。〜これらの泥棒は、その挙動から判断するに、この地上に自分たちの外には人間が存在しないと考えている様子であった[10]。

　はじめてミクロネシア（現在のマリアナ諸島のグアム島とロタ島であったといわれる）の原住民と接したヨーロッパ人の印象は、「泥棒」という言葉からもわかるように決してよいものではなかったし、信仰心も見られず勝手気ままに生きている彼らの土地には、価値ある産品、すなわち香辛料も見られなかったわけであるから、その後ほとんど関心が払われることはなかった。

　1521年4月始めに一行はフィリピンのセブ島に到着する。マゼランは武力を使わずにセブ島の首長を説得して、スペイン国王の名においてキリスト教に改宗する盟約を結ばせた[11]。首長の洗礼名は、カルロス一世の名にちなんでカルロスとした。

　4月27日にマクタン島に渡ったマゼランであったが、島民の争いに巻き込まれ

10　コロンブル、アメゴ、ガマ、ハルオア、マゼラン　上掲書　527〜530頁
11　エティエンヌ・タイユミット　前掲書　40頁

14 第一章 ヨーロッパと太平洋の出会い

た際、王に殺され、41歳の生涯を終えた。

　マゼランの死後彼の乗っていた船は、一人スペイン人の副官が引き継ぎ、彼等の船は香辛料諸島のモルッカに向かった。こうして香辛料を積んだ船がスペインに戻ったのは、1522年9月のことであった。

　5隻のうち、無事に戻ってきた船は、たった1隻のヴィクトリア号で、生きてスペインに戻ることができた船員は、237名中たった18人ではあったが、なにはともあれ世界一周の偉業はここに達成されたのであった。あわせて地球は丸いこと、アジアとアメリカは別の大陸であることも認識された。

　しかし何よりも強調されるべきマゼランの航海の意義は、増田義郎が指摘しているように、それまでは「大きな湾」としてしか認識されていなかった海が、実は、途方もない広さの世界最大の大洋であることに気づいた点ある[12]。

　マゼランが発見した「泥棒諸島」の他にも1528年にマーシャル諸島を、1529年にポナペ島を、1543年にパラオ諸島をスペイン人が発見したとされている。東経130度から180度、赤道以北から北緯22度に広がる海域に位置していて、大小2315の島々は、のちに「ミクロネシア[13]」と呼ばれるようになる。

　カルロス一世の「プルス・ウルトラ」に話を戻す。カルロス一世は、マゼランに航海を命令してから2年後の1521年に、スペイン貴族で、軍人で、探検家のエルナン・コルテス（Herna'n Corte's）を、アメリカ大陸に行かせた。先述した通り、アメリカ大陸進出の目的は大量の黄金を手に入れることであった。金の郷＝黄金郷（エル・トラド）を求めたのである。アステカの王は、黄金を差し出して帰ってくれるように頼んだが、コルテスは、アステカ王国を滅亡させた。こうしてカルロス一世は、1522年からアステカ王モンテスマ二世（Montezuma II）の後継者として征服地を拡大していった。

　1532年にカルロス一世は、探検家であるフランシスコ・ピサーロ（Francisco Pizarro）に、インカ帝国を征服させた。彼が本国から連れて行ったのは、わずか185人の兵士と37頭の馬であった。溢れんばかりの黄金があり、高い文明を持っ

12　増田義郎『太平洋―開かれた海の歴史』（集英社新書　0273）54頁
13　この「ミクロネシア」という名称については、Rainbird, Paul（2004）*The Archaeology of Micronesia.* Cambridge University Press によると、最初に「ミクロネシア」という造語を使ったのは、1832年、Jules Dumont d'Urville によるものとされているが、その一年前に Domeny de Rienzi が使用していることが分かっている。

ていたインカ帝国は、わずかなスペイン兵によって滅ぼされたのである。インカ帝国王アタワルパ（Atahualpa）を殺害した後、古代アンデス世界が蓄積してきた莫大な量の金・銀の工芸品は、スペイン王権の窮乏する国庫に取り込まれていったのである。

　二大文明地域の征服によってもたらされた金・銀・財宝によってカルロス一世は、ヨーロッパにおける敵対勢力と対決することが出来た。

　スペイン国王カルロス一世として、そして神聖ローマ帝国皇帝カール五世としてスペインを歴史上初めての覇権国家に導いたカルロス一世であったが、こうしたカルロス一世の人生は、その特徴を二つの時期に分けて考察することができる。前半期は1529年以前、後半期は1529年以降である。

　1517年から1529年までのカルロス一世の関心は、スペインに集中していた。彼にとって最優先させるべきことは、スペイン国王としての立場だったのである。カルロス一世はこの時期に、マゼランやコルテスやピサーロを使って、果敢に新世界の発見に努めた。

　しかし1529年以降、カルロス一世の関心は、神聖ローマ帝国にも向けられるようになった。その背景には、スペインの帝国としての安定と充実があった。ラペールの言葉をかりるならば、「スペイン帝国の鷲が飛翔し始めた時期で、カルロス一世は一層自信を深めて行動力を身に付け、永遠の旅人、軍人、政治家に成長していった[14]」のである。

　両国を治める多忙なカルロス一世はしかし、自分が広大な領土全ての責任者であることを片時も忘れなかったという。偉大な祖父母をもち、狂人の美貌の母をもちながら、現実を直視ししてスケールの大きな人生を送ったのが、カルロス一世である。

　斯くしてスペインは、カルロス一世の下で、近代国際政治史上最初の覇権国家となっていった。その過程で、「ミクロネシア」は発見されたのである。

14　アンリ・ラペール　前掲書　19〜20頁

三　覇権国家スペインとミクロネシア

（一）　フェリペ二世

　1556年にスペイン国王になったフェリペ二世（Felipe II）は、父カルロス一世が国王を引退したことにより国王になった人物である。カルロス一世は、引退後スペイン中部のユステにある修道院で祈りを捧げながら生活する道をえらび、息子にスペイン国王の座を、自身の弟のフェルディナンド一世（Ferdinand I）に神聖ローマ帝国の皇帝の座を譲った。

　フェリペ二世が父から受け継いだ領土は、スペイン、アメリカ大陸、シチリア、ネーデルランドなど広大なものであった。まさに「太陽の沈む事なき大帝国」の国王となったのである。

　しかしまた、莫大な借金も引き継いだ。覇権国家スペインを維持していく為には多額の経常費用が必要で、王室は財源不足に陥っていた。年金支払いによる長期公債を売り出してはいたが、年金支払いは年々膨らんでいく一方で、神聖ローマ帝国をはじめとする国際金融業者からの短期借款に頼らざるを得ない状況になっていた[15]。結果フェリペ二世は、国王に就任した翌年の1557年に、一旦破産宣告をしている。財源の確保は、フェリペ二世に課せられた最重要課題であった。

　書類マニアといわれるほどのワーカホリックであったフェリペ二世の下で、文書でスペイン王国を統治する制度が整備されていった。それぞれの地域を統括する諮問会議が、フェリペ二世の下に設けられ、毎日のように検討会議が開かれた。諮問会議で了承されると、現地の副王宛の文書が作成され、国王の署名を得て交付された[16]。中央集権体制のさらなる充実が図られたということである。中央集権体制の強化とはすなわち政治体制の強化である。最も重要な部分の土台をしっかり固めたフェリペ二世は、スペインをさらに経済大国へと押し上げることに成功する。それこそ、次項で触れる「大圏航路の確立」である。一方で、フェ

15　立石博孝編『スペイン・ポルトガル史』（山川出版　2000年）157〜158頁

16　長谷川輝夫編『〈世界の歴史17〉ヨーロッパ近世の開化』（中央公論　1997年）139〜1404頁

リペ二世は、国際色豊かな地で育ちフランス語も話せた父王と違って、スペインからほとんど離れることなく、スペイン語しか話すことができなかった。そんなフェリペ二世は、晩年をカトリックの修道院で暮らした父以上に、カトリックに対しての情熱が強いキリスト教の信者であった。「異端者に君臨するくらいなら命を100度失う方が良い[17]」と述べたほどで、キリスト教による国家統合を大変に重視した。神川彦松は、フェリペ二世を「彼は、熱狂的な宗教心と騎士的栄誉心との権化でした[18]」と評している。

1554年、フェリペ二世は、イギリスの女王メアリー一世（Mary I）と結婚した。1558年に死亡したメアリー一世との結婚は、僅か5年であった。メアリー一世は、ヘンリー八世の娘で、イギリスをプロテスタントからカトリックに戻そうとして強権を振るったことで知られている。そのことから「血のメアリー（Bloody Mary）」といわれている。

広大な領土の維持、大変な財政難、そして熱狂的なカトリックへの忠誠心（一括りに言ってしまうのに無理があることは分かってはいるが……）を抱えていたフェリペ二世がまず着手したのが、諮問会議の設置などによる中央集権体制の強化、すなわち官僚制度の効率化だった。

フェリペ二世は、キリスト教のプロテスタントへの弾圧に熱心だった。これがネーデルランドのスペインへの反発を招いた。ネーデルランドの北部は、神聖ローマ帝国からはルター派と再生派が、フランスからはカルヴァン派が入ってきていて、プロテスタントの信者が多かった。フェリペはプロテスタントを撲滅すべく、スペインから軍を派遣して厳しい弾圧にかかった。その残忍さが引き金となりネーデルランドの指導者オラニエ公ウェレム（Willem I）の下で、独立運動へと発展していった。オランダ独立戦争の始まりである。

さらにスペインは、独立戦争でネーデルランド側を応援しているイギリスを叩く必要にも迫られた。そこでフェリペ二世は、1587年、前スコットランド女王でカトリックの信者であったメアリー（Mary, Queen of Scotland、フェリペ二世が結婚していたイングランド女王メアリー一世とは別の人）が、イングランド女王エリザベス一世によって処刑されたのを機に、イングランドへの侵攻を決意。このときス

17　立石博孝　上掲書　161頁
18　神川彦松　前掲書　37頁

18 第一章　ヨーロッパと太平洋の出会い

ペインは、1570年代からイスラムの海賊達とギリシャのレパント沖で衝突を繰り返しており、それに加えての戦いであった。

　1588年、スペインの「無敵艦隊（アルマダ）」は、イングランド艦隊とドーバー海峡でまみえるが、惨敗する。スペインの誇る「無敵艦隊」の敗北であり、覇権国家スペインの凋落の始まりであった。両国の戦いは、その後16年間も続いた。光の部分が経済圏の拡大であるのならば、陰の部分は、フェリペ二世の信条が強すぎたことから出た、強硬なカトリックの押しつけであった。

　このような状況の中で、覇権国家としての地位を何とか維持しつつ、信仰心からカトリック圏の拡大も望んだフェリペ二世の下、辺境の地ミクロネシアは、初めて本格的に利用されることとなった。

（二）　大圏航路の確立

　1565年、キリスト教聖アウグスティヌス会の修道士であり、航海士でもあるアンドレス・デ・ウルダネータ（Andres de Urdaneta）は、ガレオン船を使ってフィリピンのセブ島マニラからメキシコのアカプルコまでの航海に成功した。スペインはそれまで何度もアメリカ大陸―フィリピン間の航海を試みていたが、ことごとく失敗していた。往路は良いが、復路が困難を極めていたのだ。しかしウルネーダは、復路マニラからアカプルコ間に新航路を発見する。それまでの航海者が考えにも及ばなかった航路を発案したのだ。その航海ルートとは、まず黒潮にのって日本の近海を北上して、北緯40度あたりを、偏西風を捉えて東航するというものだった[19]。この新しい航路開通の成功は、スペインに太平洋貿易を可能にした。太平洋上スクエアを描くこの貿易ルートは「大圏航路貿易」と呼ばれた。増田義郎は「このいわゆる大圏航路によって、フィリピンからアメリカ大陸に航行する道が確定し、メキシコ副王領の出店としてのフィリピンの位置が定まったといってよい[20]」と分析している。そして、大圏航路の中で唯一ガレオン船が寄港したのが、往路に通る「泥棒諸島」、グアム島であった。船員達を休ませるためと、新鮮な水や食べ物を補給するためである。1565年の新航路の発見で、「泥

19　増田義郎　前掲書　57頁
20　増田義郎　前掲書　57〜58頁

棒諸島」は、スペインの島であるという領有宣言もされた。スペインにとって本格的にミクロネシアの確保が考慮されたのが、この時であった。

カルロス一世の時代に滅ぼした、アステカ文明やインカ文明から奪い取った金・銀・財宝に加えて、ボリビアのポトシ大銀山の発見や、メキシコの一連の銀山の発見が、フェリペ二世による太平洋でのスペインの貿易圏の確立を可能にしていた。

スペインやメキシコの商人は、大量の金・銀を持ってガレオン船に乗り、途中グアム島に寄港してマニラにやってきた。マニラには、中国人商人が、絹、絹製品、木綿、陶磁器、象牙細工、鼈甲細工、そして貴重な香辛料もそろえて待機していた[21]。両者の間で取引が成立したのだった。

立石博高は「この時代、国家の対外政策遂行能力は、王権の戦費調達能力と直接にかかわっていた。スペイン王権は広大な帝国の各地に軍隊を駐留させ、必要に応じて資金を調達しなければならなかったが、毎年セビーリャに着荷する正金としてのアメリカ銀は国際金融業者からの資金借受の信用（クレディット）として機能したのである[22]」と、アメリカ銀そのものの価値の重要性について言及しているが、一方で、これはアジアにおける珍しい品を手に入れるためにも非常に有効に使われた。

アカプルコ―グアム―マニラを拠点とする「大圏航路貿易」は、1815年まで続いた。ミクロネシアのグアム島は、約250年間、スペインのガレオン船の寄港地としての役を担ったのである。

（三）　カトリック圏の拡大

1565年の大圏航路の確立によって、ガレオン船は水や食べ物を補充する為、グアム島に立ち拠るようになった。しかし、この覇権国家スペインの黄金時代に、フェリペ二世はグアム島を植民地化しようとはしなかった。確かに、ガレオン船は寄港したが、ほんの2～3日のことであり、原住民の生活、風土などの点で植民地化するほどの価値を見出さなかったと考えられる。原住民の生活スタイルを

21　増田義郎　前掲書　70～71頁
22　立石博孝　前掲書　160～161頁

20　第一章　ヨーロッパと太平洋の出会い

変化させる干渉や事件は、何も起きなかった。グアム島にスペインの色が投影されるようになるのは、フェリペ二世の死後70年を経てからである。

1668年になると、カルロス二世（Carlos II）の命令によってすべてのガレオン船は、マニラ到着前に必ずグアム島に立ち寄らなければならなくなった。

さらにこの年からスペインは、キリスト教の布教活動を積極的に奨励するになった。グアム島にもイエズス会の修道士が派遣され、ディエゴ・デ・サンビトレス神父（Diego Luis de Sanvitores）による布教活動が始まった。1540年にスペインに設立されたカトリックのイエズス会は、ローマ教皇の庇護の下、この時期から勢力的に教育や布教を通してカトリック圏の拡大に努めていた。

同年、「泥棒諸島」という名称もカルロス二世の妃、マリアナ（Marianas）に因んで「マリアナ諸島」に改め、この島を正式にスペインの植民地とした。当初、布教活動は巧くいき、マリアナ諸島のグアム島、テニアン島、サイパン島には、教会や教会付属の学校が幾つかつくられた。最初の数年間で、宣教師達は5万人の原住民であるチャモロ族に洗礼を授けたと推測されている[23]。当時のチャモロ族の人口は5万～10万人だったといわれている[24]から、キリスト教の信者になったチャモロ人の割合は大変に高かったということになる。

しかし、チャモロ族の間で洗礼に使われる聖水に毒が入っているという噂が広まったことをきっかけに、宣教師達とチャモロ族の溝は一気に深まっていく。宣教師や教会に対する不信感は、洗礼やミサの拒絶に始まり、やがてチャモロ族によるスペイン人への武力反乱へと発展していった。それでも宣教師達は、チャモロ族を熱心に説得し続けたという。マリアナ諸島に詳しいヴィラゴメス（O. Donna Villagomez）によれば、子供達には、宗教の導きの大切さ、先祖代々の旧き習慣を振り払う為に祈りがどんなに大切であるかということを説教した[25]という。しかし、その努力も虚しく対立は激化の一途をたどり、1672年に、サンビトレス神父は殺害された。

この事件以降も、原住民とスペインとの争いは続いた。「スペイン・チャモロ戦争」である。戦争とはいうものの、その実態は周到な準備もなく派遣されてき

23　Villagomez, O. Donna（1981）*Marianas Art & Culture Under the Spanish Administration 1668-1899*, Saipan, Commonwealth Arts Council Saipan Museum. p. 2
24　Villagomez, op. cit p. 1.
25　Villagomez, op. cit p. 2

たスペイン軍に対する原住民の蜂起であった。1674年からスペインは、守備隊を編成して宣教師達の保護にあたった。こうして1695年に反乱は鎮圧され、マリアナ諸島は名実共にスペインの支配下に置かれることになったのである。

「スペイン・チャモロ戦争」が続いている間、スペインが紛争鎮圧に向けて守備隊を送り込む以外何も行動を起こさなかったのかというと、そうではなかった。1681年以降スペイン政府は、グアム島に総督を派遣するようになった。初代総督に任命されたアントニオ・サラビア（Don Antonio de Saravia）は、両者の安定のために村長にチャモロ族を任命するなどして、部分的政治権力移譲を認めたのである。さらに、とうもろこし、米、綿などの栽培方法を教えたり、衣服の縫い方を指導したりもした[26]。

この頃のスペインは、既に覇権国家ではなくなっていた。1598年にフェリペ二世が死ぬと「三人の無能な王達」が続いたからである。フェリペ三世（Felipe III：1598〜1621）、フェリペ四世（Felipe IV：1621〜1665）、カルロス二世（Carlos Ⅱ 1665〜1700）である。この無能と名高い王達のいた時代、巧みに国王を操り政治を動かしていったのは、彼等の宰相達であった。

特にフェリペ四世の時代になると、相変わらず戦費は増え続けていたのに加えて、アメリカ銀の産出がめっきり減ってしまう。そこでフェリペ四世の宰相オリバーレス伯爵（Conde-Duque de Olivares）が打ち立てたのが、海外の植民地も含めたスペイン帝国回復のための「軍隊統合計画」だった。スペイン帝国の構成員が、割り当てられた人員を供出することで、軍費負担の均等化を図るという内容であった。しかしこれが内部分裂を招いた。カタルーニャで反乱が起き、1640年には、1580年以降併合していたポルトガルでクーデターが発生し、反乱の波は、イタリアのアラゴン領、ナポリ王国、シチリアにまで及んだ。かくして1648年にウエストファリア条約が調印された際、「太陽の沈む事なき大帝国」スペイン帝国は既に破綻していたのだった。

> その上、なおもフランスと戦い続けたスペインが、1659年のピレネー条約で遂にフランスに屈したその時をもって、スペインの『黄金時代』は永遠に幕を閉じた。同時にそれは、フランスを中心とする西ヨーロッパの新秩序『ルイ十四世の新世紀』の幕上げを告げるものであった[27]

26　Villagomez, op. cit p. 3

のである。

　覇権国家スペインの最終章に、能力に欠けるフェリペ三世王達はそれでも、カ
ルロス一世とフェリペ二世から引き継いだ遺産を、何とか維持しようとした。し
かし、遺産として引き継ぐことができたのは、カトリック圏を拡大していくとい
うスピリットだけだったのである。対ミクロネシア政策には、それが顕著に現れ
ている。

　スペインにとってのミクロネシアは、マゼランによるグアム島とロタ島の発見
以降16世紀まで、利用価値は貿易ルート上にある寄港地という限定的な関わりで
あった。17世紀に入ると、宗教を強要することで不安定な関係となっていった。

　この不安定な関係が幾分落ち着くのが18世紀に入ってからの100年であるが、
それはまさに、スペインの国力が低下したために、ミクロネシアに圧力をかける
パワーがなくなってきたからに他ならないのである。

　さらに付け加えるのであれば、1700年に死去したカルロス二世の影響も大きい
だろう。カルロス二世には、子供がいなかったため、スペインのハプスブルク家
とフランスのブルボン家との間に後継者争いが起こった。理由は明白で、カルロ
ス二世の妹がフランス王ルイ十四世（Louis XIV）の妃になっていたこともあり、
カルロス二世は、ルイ十四世の圧力に屈し、ルイ十四世の孫にあたるアンジュー
伯フィリップ（Felipe V）を後継者として認めていたのである。ブルボン家の勝
利に終わったこの後継者争いによって、フィリップはフェリペ五世（Felipe V）
として即位した。こうして、ハプスブルク家は終焉を迎え、カルロス二世は、ハ
プスブルグ家最後の国王となったのである。

　スペインの政治的運命は、ハプスブルグ家からブルボン家へと移行したのであ
る。斉藤孝は「18世紀は、極端なフランス化の時代であった。大国フランスの興
隆は、没落したスペインとは対照的であった。スペインの指導者が、伝統を犠牲
にしてフランスを模倣することこそ、国家を建て直す道だと考えたのも当然で
あった[28]」と述べている。

　スペインの伝統的な植民地にもカトリックを強要する姿勢は、この時以降考え
直されることになった。

27　長谷川輝夫編　前掲書　209頁
28　斉藤孝　前掲書　52頁

1769年には、スペイン政府は、イエズス会の修道士達を、マリアナ諸島から引き揚げさせた。1850年には財政援助も打ち切ったのである。その間、政府から派遣されたビラロボス（Don Francisco Ramón de Villalobos）などの総督が、福利厚生に尽力はしたものの[29]、力及ばずであった。

29　Commonwealth Council for Arts and Culture Life in the Northern Mariana Islands During the German Administration（1899-1914）Saipan, Commonwealth of the Northern Mariana Islands. 1982. p. 2

第二章　アメリカ太平洋戦略の起源

一　ドイツと太平洋

　スペインに代わって、ミクロネシアに本格的に関心をもったのはドイツだった。1871年にプロシアの国王であったウィルヘルム一世（Wilhelm I）は、ドイツ統一を果たし、皇帝に即位した。首相には、ドイツ統一の立役者であるオットー・ビスマルク（Otto von Bismarck）が就任した。ビスマルクは、プロシア国の首相だった頃、戦争によるプロシア国家の拡大政策を推進していた人物で「鉄血宰相」と呼ばれた。ビスマルクの外交政策は、保障機構政策といわれた。つまり、主要国と三帝協約、二国間条約、三国同盟[1]を結び、ドイツが国力を蓄えるまで、戦争を極力回避する方針をとったのである。

　15年後には、国内に安定がみられるようになり、次第に外に向けての発展を考えるようになる。岡義武は当時の国際状況を下記のように分析している。

> ドイツ及びイタリーが膨張に進むにいたったのについては、主としては、政治的統一によって資本主義的発展が著しく進展するに至ったことによるが、しかし、なお他面、膨張によって国際政治における自国の比重を高める事は、統一によって高揚された民族感情にとってきわめて魅惑的であった[2]

　ついに植民地の開拓に乗り出したドイツではあったが、めぼしい地域は、もうそんなに残ってはいなかった。そこで、もはや覇権国家としての地位を失っていたスペインが支配していた太平洋の島々に着目したのである。ドイツは、スペインのミクロネシア領土権に注目し、ミクロネシアに食い込むことにした。

　1　1873年、ウィルヘルム一世、オーストリア皇帝フランツ・ヨーゼフ一世、ロシア皇帝アレクサンドル二世との間で、三帝協約を締結。1879年には、オーストリアとの間に、独墺同盟の二国間条約、1881年には、オーストリア、イタリアとの間に独、墺、伊との間に三国同盟を結んだのである。フランスを国際的に孤立させることがねらいであった。
　2　岡義武『国際政治史』岩波書店　1976年　105頁

ドイツはまず1885年にカロリン諸島の通商権を得て、同年、戦艦ノーチラス号をマーシャル諸島に差し向け、保護領とした。1888年には、それまであった幾つかのカロリン諸島とマーシャル諸島の会社を統一して「ヤルート（Jaluit Company)」とした。「ヤルート」は通常の企業活動に加えて、ドイツ政府に代わってマーシャル諸島における行政権も行使できる特許会社にした[3]。

　それより約2年前の1886年にドイツは、イギリスとの間に太平洋をめぐる協約を締結していた。「ベルリン協約」である。ドイツがニューギニア島北東部、ビスマルク諸島、ソロモン諸島北部、ナウル、マーシャル諸島を勢力圏下に、イギリスがニューギニア島南東部、ソロモン諸島北部、ギルバート・エリスなどを勢力圏下に置くことを相互承認しあった。

　協約は締結したものの、イギリスは、新興国家ドイツが、帝国主義的行動に移ったことを、快く思わなかった。イギリスは、強力な海軍を育てつつあるドイツを見て「島国としての孤立」[4]を捨て、武力外交を準備する必要性を感じるようになっていった[5]。日本と同盟を結ぼうという発想の原点がここにある。1902年、イギリスは日英同盟を締結した。

　話は太平洋に戻る。1898年、スペインの植民地であったキューバで、独立戦争が起こる。これが、キューバの独立を支援していたアメリカとスペインの間で、アメリカ・スペイン戦争＝米西戦争（以下米西戦争とする）に発展する。詳しくは次項で述べるが、この戦争で敗北したスペインは、ミクロネシアからの撤退を余儀なくされた。米西戦争の講和条約により、グアム島はアメリカが買い取ることになったが、グアム島以外の島々も買い取るべきか否かをめぐり政府内で対立が起きた。その隙にドイツは、スペインからミクロネシアの島々を買い取ることに成功したのである。1899年、それまで手に入れていたマーシャル諸島とビスマルク諸島に加え、通商権しかなかったカロリン諸島とパラオ諸島、そしてマリアナ諸島のサイパン島やテニアン島、ロタ島をスペインから600万ドルで手に入れた。さらに、南太平洋のサモア諸島はアメリカと分割した。

　3　松島泰勝　『アジア太平洋研究選書6ミクロネシア【小さな島々の自立への挑戦】』（早稲田大学出版部、2007年）、16頁
　4　1850年代以降イギリスは、圧倒的な経済力と軍事力を背景に主要国と等距離外交を展開していた。このことを「島国としての孤立」と当時表現していたのである。
　5　ジャン・モリス　『パックス・ブリタニカ（上）大英帝国最盛期の群像』講談社　2006年　24頁

26　第二章　アメリカ太平洋戦略の起源

　これにより、太平洋にドイツ圏が形成され、334年間続いたスペインのミクロ
ネシア統治は終焉した。既に1888年からドイツは、皇帝ウィルヘルム二世（Wil-
helm II）の下で、海軍の強化を図っていた。ウィルヘルム二世は、アメリカの海
軍士官アルフレッド・マハン（Alfred Thayer Mahan）の影響を受けていた。マハ
ンの海軍戦略については後で触れるが、マハンの研究者である麻田貞雄が次のよ
うに指摘している「ドイツにとっても『海上権力史論（The Influence of Sea Power
upon History, 1660-1783）』（1890年のマハンの著書）は重大な政策転換期に現れたタ
イムリーな書物であった。皇帝はマハンの新著を採用して『ドイツの将来は海上
発展にある』という『信念を正当化』し、それを実行に移しはじめた[6]」。1897年
には、アルフレート・ティルピッツ（Alfred von Tirpitz）を海軍大臣に任命し、
ドイツ帝国大海軍の建設を目指した。

　1898年には帝国会議が「第一次艦隊法」を成立。20年間かけて、集中的に海軍
力の増強を図ることを決定した。建艦政策に着手していたドイツにとって、太平
洋の島々を手に入れたことは国策上まさに渡りに船であり、「帝国の将来は海上
にあり」とするウィルヘルム二世の外交政策の下、海軍増強が進められることに
なった。

　それからわずか15年足らずではあるが、グアム島を除くミクロネシアの島々
は、ドイツの支配下に置かれたのだった。ドイツの植民地となったミクロネシア
には行政担当が置かれた。

　1899年11月、地区行政長官となるジョージ・フリッツ（George Fritz）が、サイ
パン島に到着したドイツ人初のマリアナ行政区の長官として、約12年間務めた。
ドイツ本国で財務省に勤務していたフリッツは、植民地開拓者としてアルゼンチ
ンのパラグアイで生活した経験があり、スペイン語も話すことができた[7]こと
で、本任務に抜擢されたと考えられる。サイパンに赴任し、いちから植民地建設
に取り組んだ。オフィスの準備から始め、地登記システムや、入植者プログラム
を立ち上げ、さらに、ドイツ人教師による学校も開校させた。1900年、フリッツ
はコプラ事業を開始する。マリアナ諸島に約5000本のココナッツの木を植えた。
1901年には400トンの生産量であったが、1903年には920トンとなり、その後もコ

　6　麻田貞雄　「歴史に及ぼしたマハンの影響―海外膨張論を中心に」　麻田貞雄訳『アメリカ古典
　　文庫8アルフレッド・T・マハン』研究社出版　1977年　26頁
　7　Commonwealth Council for Arts and Culture, op. cit. p. 3

プラの生産は順調に伸びていった。当時ヨーロッパでは、成熟したココナッツの果肉を乾燥させたコプラは、石鹸やロウソクの原料として、大変需要があった。ドイツ政府は、そこに着目し、植民地でコプラを生産させ、ドイツ経済に寄与させようとしたのである。コプラの生産のねらいは、もう一つあった。チャモロ族やカロリニア族ら原住民に経済活動の仕組みを教えながら、労働力として使うことだった。当時ドイツの主要三商社である Alf Capelle、Godeffrey、そして Sons from Hamburg and Hernsheim が、コプラを取り扱った[8]。

　労働力として利用する一方で、スペイン統治下で行われた、チャモロ族をキリスト教に改宗させようとする政策は、ドイツ統治下でも行われた。スペイン統治時代には、イエズス会の修道士達が宣教師としてマリアナ諸島にやってきたが、ドイツ時代にはストラスブルグに本部を持つカプチン会の修道士達がやってきた。1912年にカプチン会は、3133名の原住民のうち、2717名がキリスト教の信者であるという報告書を出している[9]。

　1914年8月4日、イギリスの宣戦布告で、ドイツは本格的に第一次世界大戦に突入するも敗戦する。戦争終結後のパリ講和会議で、ドイツの統治下にあったヤップ島、クサエ島、ポナペ島、パラオ島、アンガウル島、トラック島、サイパン島は、イギリスの同盟国であった日本が統治（正確に言うならば国際連盟に委託された委任統治である）することとなった。

　こうして、約30年に及ぶドイツのミクロネシア統治は終わりを告げることとなった。

二　セオドア・ルーズベルトと米西戦争

(一)　セオドア・ルーズベルトとヘンリー・キャボット・ロッジ

　米西戦争（1898年）をきっかけに、太平洋の西側も意識しはじめたアメリカは、海洋帝国の構図を検討することにした。

　1794年に創設されたアメリカ海軍は、1822年には、太平洋艦隊を編成していた

8　Commonwealth Council for Arts and Culture, op. cit. p. 6
9　Commonwealth Council for Arts and Culture, op. cit. p. 20

太平洋海図

http://www.ibiblio.org/hyperwar/PTO/Magic/COMINT-CoralSea/maps/
COMINT-CoralSea-2.jpg

が、その関心は主に東太平洋方面に向けられていた。

　太平洋全域を捉えるような視点をアメリカにもたらしたのは、科学技術将校チャールズ・ウィルクス（Charles Wilkes）が1838年から1842年にかけておこなった探検航海と、海軍観測水路測量局長マシュー・モーリ（Matthew Fontain Maury）が作成した海図であった[10]。

　1853年にはマシュー・ペリー（Matthew Calbraith Perry）提督が、小笠原諸島の領有を宣言したのを皮切りに、1858年アメリカは、ジョンストン島、1867年にミッドウェー諸島とアリューシャン列島の領有宣言を行った。

　さらに、リンカーン大統領（Abraham Lincoln）の国務長官を務めていたウィリアム・シワード（William H. Seward）は、アメリカを海洋帝国にすべく、アラスカをロシアから720万ドルで購入し太平洋への拠点とした[11]。

10　遠藤泰夫「太平洋世界の相互イメージ—19世紀のアメリカと日本における太平洋の表象」遠藤泰夫編『変貌するアメリカ太平洋世界①　太平洋世界の中のアメリカ—対立から共生へ』彩流社 2004年　24頁～26頁

二　セオドア・ルーズベルトと米西戦争　　29

　アメリカは、1846年に勃発したアメリカ・メキシコ戦争に勝利したことで、メ
キシコより現在のカリフォルニア州、ネバダ州、アリゾナ州、ユタ州、コロラド
州、ニューメキシコ州にあたるところを1825万ドルで割譲されていた。これで、
アメリカ本土の領域が確定したのだった。
　また、1861年から1865年迄繰り広げられた南北戦争により、政治的関心は内政
に向けられていたが、経済的にはこの20年で世界有数の工業国へと目覚ましい成
長を遂げていたことで、海外市場の必要性を主張する声も出てきていた。
　まさにこの時期、アメリカ外交の研究者であるドナルド・ジョンソン（Donald
D. Johnson）のいう「先駆的エリート[12]」といわれる人物が登場してくる。セオド
ア・ルーズベルト（Theodore Roosevelt）とヘンリー・ロッジ（Henry Cabot Lodge）
である。共に海軍大学校の校長であるマハン海軍大佐の主張する海洋帝国論の支
持者であった。マハン大佐の考えは、次の通りである。

　　生産、海軍、植民地—この三者のなかに、海洋国家の政策、およびその歴史を解き明
　　かす鍵が求められる。つまり生産があれば、生産物を交易する必要が生じ、その交易
　　のために海軍が必要になる。また植民地があれば、海軍の操業を容易にするとともに
　　輸送量を拡大させ、また安全な拠点をふやすことで海運業を保護することができるの
　　である[13]。

具体的には、戦艦は今後、戦争時だけでなく平時にも民間の商船を保護する任務
が出てくるだろうという予想のもと、燃料補給や船体修理ができる拠点をより多
く作っておく必要があるだろうというものである。
　マハンは、1885年、海軍大学で戦術担当の教官を務めた後、一時期海上勤務に
出たものの1889年から海軍大学校校長となった。1890年には、後に拡張論を唱え
る勢力者達のバイブルとなった『海上権力史論』を著す。当時マハンの著書を読
んだトレイシー（Benjamin F. Tracy）海軍長官は、マハンに「作戦計画—ウォー
プラン」の立案への参加を要請している[14]。トレイシーの目に留まったマハン

11　斉藤真　『アメリカ政治外交史』東京大学出版会　1975年　144〜145頁
12　Donald D. Johnson *The United States in The Pacific—Private Interests and Public Policies,
　　1784-1899*（London: PRAEGER 1995）p. 147
13　T. マハン　「海上権力の歴史に及ぼした影響」麻田貞雄訳『アメリカ古典文庫　8　アルフレッ
　　ド・T・マハン』研究社出版　1977年　60頁
14　麻田貞雄　前掲論文　30頁

は、米西戦争が勃発した1898年の海軍作戦会議の際、戦争指導に関し海軍長官に勧告する立場としてメンバーに加わることとなった。

セオドア・ルーズベルトは、ニューヨークの名家出身である。この頃のアメリカには、優秀な人材は政治を志すよりも経済界に進むべきだという風潮があった。実際リンカーンの後、しばらくは後世に名を残すような大統領は出ておらず、その仕事は立法に基づいて淡々と行政を行うことであった。そんな中、ハーバード大学を卒業した後、「ノーブレス・オブリージュ＝ noblesse oblige ＝高貴な者ゆえに果たさなければならない義務」的使命感をもったルーズベルトは、上流階級出身のインテリが政治の支配者になるべきであると公言し、政界に入った[15]。

1897年にウィリアム・マッキンレー（William McKinley）大統領の下で海軍次官に任命されたルーズベルトであったが、翌年勃発した米西戦争では、マッキンレー大統領の孤立主義的姿勢に反対し、自ら義勇隊を組織してキューバに赴き、国民的英雄となった。この活躍を機に、マハン大佐の影響を強く受けていたルーズベルトは、より一層海軍強化を提唱するようになった。

ヘンリー・ロッジは共和党議員で大変な秀才であった。ハーバード大学に進んで1876年にはなんと、ハーバード大学初の政治学博士号を取得している。1878年から政治家として活動を始め、米西戦争の時には上院議員を務めており、外交畑で活躍していた。彼はアメリカの外交政策について、孤立主義政策から、より積極的な外交政策に転換していく必要があると考えていた。ルーズベルトとロッジは信頼で結ばれており、マッキンレー大統領にルーズベルトを海軍次官にするよう強く推したのはロッジだった。

（二）　米西戦争

前項で触れたように、アメリカとスペインの間で1898年4月、米西戦争が勃発した。スペインの植民地であるキューバのハバナ港に停泊していたアメリカの戦艦メイン号が、スペインの機雷に触れ沈没したことを発端とする説もあるが、未だ不明瞭な点が多い。

15　有賀貞『ホワイトハウスの政治史』NHK 出版協会　1988年　67～69頁

　　　　　　　　　　　　　　二　セオドア・ルーズベルトと米西戦争　　31

　キューバの独立運動が起因であったことは、まず間違いないだろう。1895年、
スペイン支配への不満から、キューバで反乱が起きた。スペインは、約100000名
の軍隊をキューバに送り込み鎮圧にあたったが、失敗に終わる。このとき既に、
スペインには植民地の反乱を抑えるほどの力は残っていなかったのだ。当時スペ
インの首相であったカノバス（Antonio Cánovas del Castillo）による「キューバは
スペインのアルザス・ロレーヌであり、スペインの誇りがかかっている」という
思いは、虚しく散ることとなったということである[16]。

　この頃製糖業において世界一の生産量を誇っていたキューバであったため、独
立運動による政情不安を懸念したアメリカは、キューバに干渉しはじめた。緊急
事態に備え、キューバにいるアメリカ人の生命保護を目的に、戦艦メイン号を派
遣していた。この独立運動に同情的であったアメリカ議会は、メイン号が爆破さ
れ、兵士や民間人を含む252名が死亡したことで、「キューバは独立すべき」との
決議を採択する。スペイン政府は、この決議を宣戦布告とみなし、1898年4月25
日、米西戦争が始まった。

　孤立主義者であったアメリカのマッキンレー大統領は、この戦争に消極的で
あったが、5月に入るとすぐ、ジョージ・デューイ（George Dewey）提督率いる
アメリカ極東艦隊がマニラに侵攻し、スペイン艦隊を撃滅した。6月には、陸軍
がキューバに上陸。その後は順調に、マリアナ諸島のグアム島を、7月にはプエ
ルト・リコ島を占領した。こうしてアメリカ軍は、スペインの植民地であった
キューバ、カリブ海、マリアナ諸島とフィリピンを約4ヶ月で席巻したのであ
る[17]。

　1898年12月、米西戦争の講和条約がパリで調印され、スペインはアメリカに対
し植民地を割譲することを正式に決定するが、この決定に至るまでのアメリカ
は、一枚岩ではなかった。アメリカの拡張主義的傾向に反対する勢力がいたため
である。そして、その中心にいたのが、先に述べた孤立主義者のマッキンレー大
統領であった。

　この年既にアメリカは、マハン大佐の以下のような提言を具体化していた。

　（一）太平洋支配の要として、ハワイ諸島が戦略、通商、国際政治の上で至大の重要性

16　渡邉利夫　「米国にとっての米西戦争」『外務省調査月報』2000／No.2　9頁
17　渡邉利夫 前掲論文　16～21頁参照

32　第二章　アメリカ太平洋戦略の起源

をもつこと。（二）将来建設されるべき中米運河と連結し、それを防衛する根拠地として
ハワイ領有が焦眉の急務であること。（三）ハワイ併合は、アメリカ国民を『海外に
目を転じ』させる政策の具体的な成果になること[18]

　ハワイ諸島の領有で充分と考えていたマッキンレー大統領とその支持者、いうなれば孤立主義者たちは、スペインの植民地の割譲をめぐって、これ以上の領土拡大の必要性は無いと主張した。これに対し、拡張主義者であったロッジとルーズベルトは、人口も増え、経済的にも発展したアメリカには、より積極的な外交政策への転換が必要であると熱心に説得し続けた[19]。

　当時上院議員であったロッジはウィリアム・デイ（William R. Day）国務長官に、こう手紙を書いている。

　1898年8月11日、ロッジからデイ宛の手紙

　私は、フィリピンを扱うことの難しさを充分理解しております。ルソン島を所有することについては、さほど心配しておりませんが、、、フィリピンについて、まず重要なことは、現実的にこの地を米西戦争の賠償として捉えることです。いったんルソン島以外のフィリピンは、バハマ、ジャマイカ、西インド諸島と引き換えということで、イギリスに譲ってはどうでしょうか？　そして、しばらくしてから、イギリスから割譲してもらえばいいのではありませんか？　西太平洋にまで勢力を拡大することへの抵抗を和らげることのもなりましょうし、フィリピンとの関係を友好的に保てることにもなりましょう[20]。

　孤立主義政策を継続している中でのロッジの提案は、一見突拍子もないものに見える一方、この機会にマニラ湾を有するフィリピン諸島をアメリカの海洋政策に取り込んでおきたいという彼の強い意志が伝わってくる。彼が手紙の中で「賠償として捉えること」と述べるに至る背景には、マッキンレー大統領やホアー（Ebenezer R. Hoar）上院議員などの孤立主義者による批判があった。そこでロッジは、フィリピンを「購入」するというアイディアを提案し、それまでアメリカが領土を拡大する際にとっていた「買い取る」（例えばロシアからアラスカを、メキ

18　麻田貞雄 前掲論文　31頁
19　Johnson, op. cit. p. 154
20　Johnson op. cit. p. 150

シコからカリフォルニアを手に入れた時のやり方）方法を踏襲することで、彼らの批判をかわそうとしたのである。結果アメリカは、フィリピンをスペインから2000万ドルで購入したのである。

この金額は、プエルト・リコ、グアム島も含んだものであった。給炭地として利用できるという理由で、グアム島獲得の必要性を唱えたのは、マハン大佐と、デューイ提督であった[21]。

グアム島とフィリピンを領有したほうが良いという動きは、ロッジからデイに宛てた手紙であったり、ロッジとルーズベルトのやり取りであったり、ルーズベルトとマハン大佐とデイによる夕食の席での話し合いであったりした。このように外堀からじわじわと固められたマッキンレー大統領が、遂にフィリピンとグアム島領有の必要性について首を縦に振ったのは、1898年9月16日のことだった[22]。こうして同年12月、パリ講和条約は無事に調印されたのである。

アメリカ政治が斎藤真のいう「『政治屋』から『政治家』によって掌られるようになったであろうという時期[23]」に「先駆的エリート」と呼ばれる人達によって、太平洋への関心が喚起されたのであった。拡張主義者であった彼らに海洋主義国を目指す必要性の理論的裏付けを提供していたのがマハン大佐であり、彼の著した『海上権力史論』だったのである。

1901年に副大統領に就任したルーズベルトは、8ヶ月後にマッキンレー大統領がアナーキスト（無政府主義者）によって暗殺されたため、大統領に就任することになった。それから三代続くエリートの大統領の下で、更なる太平洋戦略はつくられていくことになる。

三　オレンジ計画

（一）　日露戦争

米西戦争ののち、グアム島を自治領にして以後、アメリカが太平洋に関心を向けたのは日本の存在であった。日露戦争終結のために日本がアメリカに講和条約

21　Johnson op. cit. p. 152
22　Johnson op. cit. p. 150
23　斎藤真　前掲書　152頁

34 　第二章　アメリカ太平洋戦略の起源

の仲介を頼んだのがきっかけとなった。

　1901年9月、第26代大統領となっていたルーズベルトが、ハーバード大学時代、机を並べて共に勉学に励んだ、元司法大臣金子堅太郎からの調停役依頼に応じた結果であった[24]。9月にポーツマス講和条約が成立し、日本は韓国の支配権と南樺太の領有権を獲得した。

　しかし一方で、日露戦争は、アメリカと日本がアジア政策で衝突する種も蒔いた。日本の凄まじい近代化と度重なる戦争の勝利に列国は脅威を抱き始めており、アメリカも例外ではなかった。

　ルーズベルトは、日露戦争のさなか、イギリスの友人に次のような手紙を送っていた。

　　　もし、日本が勝を制するならば、スラブ人だけでなくわれわれすべてが、東アジアにおける新しい、大きな力を考慮に入れなければならなくなるだろう。戦勝は日本をアジアにおける恐るべき強国にたらしめるだろう。[25]

　1853年、ペリー提督が浦賀に来航し、近代日米関係の幕があけられて以来、良好であった両国関係に日露戦争を転機に、翳りが見え始めるのである。先出のマハン大佐も、日露戦争における日本の勝利後は黄禍論を推し進め「日本移民の流れを拱手傍観するならば、10年もたたないうちに、ロッキー山脈以西の人々の大半が日本人によって占められ、同地域は日本化されてしまう[26]」と憂いていた。神谷不二の言葉をかりれば、その後の日米関係はまさに「30年以降一瀉千里に大戦の奈落へと向かうことになる[27]」のである。

（二）　カラープラン

　これまで述べてきたように、日露戦争の勃発は、新興国家日本の脅威をアメリカに認識させたと同時に、手中に収めてはいたものの放置していた太平洋の島々の利用価値について考えさせる糸口となった。

24　松村正義『日露戦争と金子堅太郎：広報外交研究』新有堂、1987年参考。
25　神谷不二　『戦後史の中の日米関係』新潮社　1989年　28頁
26　T.マハン　前掲論文　42頁
27　神谷不二 前掲書　27頁

三　オレンジ計画　　35

　例えば、グアム島の知事代行となった海軍中尉ルーク・マクナミー（Luke Mc-
Namee）は、グアム島に戦略的価値を見出し、無数の海底電線を張り巡らせた。
マクナミー中尉は「1905年4月2日、カロリン諸島から海底電線がグアムまで通
じ、両地域間の海底電線による連絡は完璧になった。――4月28日、海底電線は
ヤップ島からセレベス島のメナドまで延長され、東、東南アジア全般に電信網が
出来あがった[28]」と報告している。

　このマクナミー中尉の報告書を受けたアメリカ政府は、早速海軍の予算を増額
し、グアム島の港や道路、そして通信施設の整備を促した[29]。

　まさに、日露戦争の研究者アンソニー・バレンドーフ（Dirk Anthony Ballen-
dorf）が再三強調しているように、第一次世界大戦後アメリカがミクロネシアを
欲しがった理由はここにある。

　一方、陸軍でも1904年、アドナ・シャッフェー（Adna R. Chaffee）陸軍参謀総
長の草案で「カラープラン」を作成していた。イギリス＝赤、ドイツ＝黒、メキ
シコ＝緑、日本＝オレンジというように、国別に色を決め、対策を講じることに
した。陸軍と海軍が同じシンボルで計画をたてることを望んだためである。

　一見用意周到な印象を受けるこのカラープランであったが、この時点ではま
だ、万が一国別に色分けした国との間で戦争が起こった場合の諸原則のみで、戦
争計画と呼ぶに及ばない程度のものであった。対日戦略の「オレンジプラン」が
本格的に検討されるようになるのは、1907年になってからである。

　1906年、カリフォルニア州議会が日本人の移民制限に関する決議案を採択した
ことで、いよいよ黄禍を懸念していたアメリカによる日本人に対する人種差別問
題が表面化してきた。1885年以降、日本からアメリカに移住する人口は増え続け
ていた。勤勉で、低賃金、そして長時間の労働に甘んじる日本人の移民は当初ア
メリカで歓迎された。しかし皮肉にも、日本人の勤勉さがアメリカ人から職を奪
うという脅威に結びつき、日本人排斥の原因となった。この日本人脅威論が「オ
レンジプラン」へと発展していった。

　日露戦争によって日本への脅威がもたげつつあった時期に、アメリカ国内での
移民問題が重なって、日米関係は翳りをみせ始めた。こうした中アメリカは、マ

28　D. A. バレンドーフ　佐伯康子訳「アメリカとグアム、そして日露戦争」軍事史学会編『日露
　　戦争―戦いの諸相と遺産―』錦正社　2005年　220頁
29　D. A. バレンドーフ　上掲論文　221頁

36　第二章　アメリカ太平洋戦略の起源

ハン大佐の判断を仰ぎながら、対日戦略構想として「オレンジプラン」に着手したのである。

　1908年1月、主要な海軍基地を太平洋のハワイにある、パールハーバーに置くことを決定した。5月には、議会の承認によって1000000ドルの予算が計上される。「オレンジプラン」で、ハワイのパールハーバーが対日戦争の拠点となったのである。

　同じ頃、日本でも陸軍参謀本部と海軍軍令部共同起草の「帝国国防方針」が策定された。陸軍がロシアを、海軍がアメリカを仮想敵国とするもので、対米艦隊決戦思想は以来、太平洋戦争まで日本海軍の伝統思想となった[30]。

　アメリカ側の「オレンジプラン」はその後、三度にわたって再検討される。一度目は、1919年、第一次世界大戦後のパリ講和会議で、赤道以北の旧ドイツ領、すなわちマーシャル諸島、カロリン諸島、マリアナ諸島が日本の委任統治に決まったときである。アメリカは、日本の軍事姿勢を警戒して、この状況に対応すべく大西洋に置いていた主力艦隊を太平洋に配置換えし、サンフランシスコを基地として、最新鋭の戦艦12隻を置くことにした[31]。

　二度目は1924年である。1922年のワシントン条約を受けて日本をよく分析した上での計画だった。

　　　日米戦争はフィリピンをめぐって起きる。日本は強力な陸軍と海軍を持っており、即座にフィリピンを占領するだろう。フィリピンを奪い返すためにアメリカ海軍は、直ちにハワイに集合し、太平洋を渡っていく。そして日本の艦隊より優勢なアメリカ艦隊は、コレヒドールやバターンを日本から取り返す。その後、マニラの海軍基地を強化し、沖縄方面へ移動する。そして海上封鎖を行い、食料、石油などの資源を輸入できないようにして日本を降伏させる[32]

このプランは、「新オレンジプラン」＝「陸海軍統合作戦計画—オレンジ」と名付けられた。

　大統領がフランクリン・ルーズベルト（Franklin D. Roosevelt）になると、三度目の検討がなされ日本の南洋群島を占領して基地化していくことが新しい戦略と

30　神谷不二　前掲書　31頁
31　NHK"ドキュメント昭和"取材班　『ドキュメント昭和5　オレンジ作戦』角川書店　1986年
　　37頁

なった。セオドア・ルーズベルトの甥にあたる、この第33代大統領ルーズベルトもやはり海軍拡張論者であった。マーシャル、マリアナ、カロリン等の日本南洋委任統治領を占領して基地をつくるという飛び石作戦が新しい戦略として登場したのである[33]。

　拡張主義者であって、海軍力を重視するセオドア・ルーズベルトの下で、太平洋戦略は始まった。日露戦争をきっかけに「台頭する日本の姿に安閑たり得なかった[34]」アメリカ大統領がいたのである。

　その後、検討が重ねられた「オレンジプラン」にとって、通信網はきわめて重要であった。アメリカ艦隊は、太平洋のどこにいても常に中央政府や各基地との連絡を迅速に行う必要があった。1920年代アメリカは、本土―ハワイ―ミッドウェー―グアム―フィリピン―上海の間を結ぶ海底電線を設置しており、本土―ハワイ―フィリピン―サモア―グアム間には無線通信施設を整備した。

　以降、アメリカの太平洋戦略は米西戦争で手に入れたグアム島とパールハーバーのあるハワイを拠点とし、日露戦争中に整備した海底電線を活用しながら発展していくことになる。

32　NHK "ドキュメント昭和" 取材班　上掲書　44頁
33　NHK "ドキュメント昭和" 取材班　上掲書　196頁
34　神谷不二　前掲書　30頁

第三章　日本と南洋群島の委任統治

一　第一次世界大戦と海軍の「南進論」

（一）　永久占領論の抬頭

　アメリカが日本を念頭に太平洋戦略を策定していた1914年、ヨーロッパでは、第一次世界大戦が勃発した。新興国家であるドイツによる強気の３Ｂ政策、更に前章でも触れたミクロネシアの島々のスペインからの買収行為などが、当時の覇権国家であったイギリス、そしてフランスとロシアの３国を怒らせた。結果、ドイツの植民地であった太平洋の島々も戦場と化した。

　1914年７月28日、第一次世界大戦が起きた当時、日本の首相は大隈重信、外務大臣は加藤高明、海軍大臣は八代六郎中将だった。

　八代海相や当時軍部局長であった秋山真之少将は、参戦をめぐって積極的な姿勢をとった。両者は「海軍大学校で海軍戦術を論じ、肝胆相照らした仲であった秋山軍務局長の次官就任を（八代海相が）強く望んだ[1]」ほど、密接な関係であったという。８月８日、元老大臣会議が参戦を承認、８月23日、日本はドイツに宣戦布告した。

　日本海軍は、ドイツの戦艦が太平洋上にあるドイツ領の島々を本拠地としていると判断し、まず９月３日、第三艦隊の巡洋戦艦鞍馬・筑波、巡洋艦浅間および駆逐艦の第16駆逐隊山風・海風で、山屋他人中将を司令官とする南遣支隊を編成。「横須賀ヲ基点トシ、マリアナ諸島、東西カロリン群島方面ヲ巡航索敵シ海上ノ保安ヲ図ルベシ[2]」との訓令を出した。この時点で日本は、イギリスから正式な援助の要請を受けていない。というのも、イギリス外務省内で、日本に援助

1　平間洋一　『第一次世界大戦と日本海軍―外交と軍事の連接』慶應義塾大学出版会　1998年　24頁
2　平間洋一　上掲書　36頁

を要請することを躊躇う動きがあった為である[3]。

　しかし戦域が拡大していくと共に、イギリスにとって海軍力の補充は不可欠となっていた。9月16日、ついにウィンストン・チャーチル（Winston Leonard Spencer-Churchill）海相は、日本海軍に、ドイツの巡洋艦エムデンとケーニヒスベルクの捜索撃滅の為インド洋に軽巡洋艦2～3隻、そしてマーシャル諸島方面に装甲巡洋艦2～3隻の派出を依頼する。

　これを受けて日英同盟下であった日本側は、直ちに行動を起こす。海軍は「英海軍ノ希望既ニ斯ノ如クナルヲ以テ、我海軍ニ於テハ他ノ一支隊派出ノ決心ヲ強クシ[4]」9月21日、松村龍雄少将を指揮官とし、戦艦薩摩、二等巡洋艦平戸・矢矧で第二南遣支隊（第二南遣支隊の新編に伴い、山屋中将を司令官としていた南遣支隊は、以後第一南遣支隊と改称された）を新たに編隊し「西カロリン方面ニ帰航シ何分ノ令アル迄該方面ニ留リ、便宜根拠ヲ定メテ索敵ヲ継続シ、時々巡洋艦ヲシテ『モルッカ』海及『バンダ』海方面ヲ遊弋セシメ、豪州航路の保安ヲ図ルベシ[5]」との命令を出した。

　第二南遣支隊初代司令官となった松村少将は、9月26日、佐藤鉄太郎少将より第二南遣支隊司令官につくよう指示される。佐藤少将は、アメリカ人アルフレッド・マハン大佐を崇拝していることから「和製マハン」といわれていた人物であった。

　翌9月27日、松村少将は八代海相と面談した。八代は、

> 別に特に注意する事とては無いが、此の出征に於て独領群島を占領するという様なことは、非常に外務大臣に於て外交上面白からぬ結果を来すと思っている故、万一止むを得ず兵員を上陸せしむる如き事あるも国旗を掲ぐることなき様、又陸戦隊員もなるべく速やかに召還する様にせねばならぬ[6]

と伝えた。第一次世界大戦に積極的であった八代海相が、そうでなかった外務大

　3　平間洋一　上掲書　37頁。中立国アメリカ、中国、自治領オーストラリアやニュージーランドの反対、それにドイツの扇動などもあり、アメリカの支援や自治領との円滑な関係、中国における権益維持のため、イギリス外務省には可能ならば日本の参戦を阻止して戦域を制限したい気持ちが働いていたのである。
　4　平間洋一　上掲書　61頁
　5　平間洋一　上掲書　61頁
　6　松村龍雄　「南洋軍等占領の思ひ出」『南北』第一巻　1936年　149頁

40 第三章 日本と南洋群島の委任統治

臣である加藤を多少なりとも気にしている様子が伺える。さらに国旗掲揚を憂慮する背景には、出すぎた行動をすることで、イギリス側の気分を損ねてはならないとの考えがあったと思われる。

ところが、これに対し軍務局長であった秋山少将は松村少将に

> 海相の云うような事が、戦争に出来るものと思うか、いみじくも敵の領土である以上は、之を占領するのに何のはばかる処があるべき、又既に占領したる上は、理由なくして之を撤退するという事が戦の法に在りとは思惟せぬ[7]

と、海相の考えを一蹴している。両者とも海軍において「南進論推進派」ではあったが、より秋山少将の方が強行論者であったことが分かる。

海軍の内部事情に詳しい平間洋一は、秋山少将の立場を以下のように分析している。

> 秋山少将には東郷平八郎元帥の部下で名参謀と賞賛された過去の栄光や名声があり、八代海相とは海軍大学校で学生と教官、さらに八代海相が秋山の仲人という両者の密接な個人関係、秋山軍務局長を押さえるべき鈴木貫太郎次官が秋山少将の辞退によって実現したという異例の人事、それに秋山少将の独特なパーソナリティなどが省務間の意思の疎通を妨げてもいた[8]

実に、当時の海軍の立場に複雑な人間関係が絡んでいる様子を伺い知ることができて面白い。

10月1日、第二南遣支隊は佐世保港を出発。しかし松村少将には、第一南遣支隊に宛てたほど具体的な指令は出されなかった。松村少将に対する海軍の信頼のほどが分かる。松村少将は、ドイツ領ミクロネシアを占領しに行くにあたって、司令長官としての強い決意をこう述べている

> 山屋隊には一々占領すべき所を指定しうるに、我が隊へは殊更之を指定せずに、漠然西カロリンの要地とせられてある事である。これは考えようによって二様に分れる。即ち一は、別に指定せずとも、松村は既にヤップを我手に占領する事は英国との国交上面白からぬと云うことを充分合点して出発した事ゆえ、今殊更ヤップを除くと云う様な事を云わずとも、自ら松村は適当の処置を採るならんと云う見地の下に此の訓令

---

7 松村龍雄 前掲論文 151頁
8 平間洋一 前掲書 24頁

が出たと云う消極的な判断と、今一つは、国交上の関係よりヤップを占領せよと命し難きゆえ、それは出先の提督の考えに一任しておけば、必要あらばヤップにも手を懸けるであろうと云う見地の下に、漠然西カロリンの要地と指定した事と判断するが他の見方であった。是れが積極的とでも云うべきであろう。さて、その当局となった我輩が、之を何れに判断すべきかと云うに、赤レンガで聞いた事は要するに内輪話に過ぎないのであって、我輩はその任務たるや、あく迄も正々堂々にあるべき筈であるから、主として軍事上の便宜を先にし、それに多少他の都合を加味するのが順序であり、後日に於て俯仰天地に恥じざる行動と云う得べきであろうと思う。是れに依れば、云う迄もなく直に進路を転じて、ヤップに向かうべしである。斯くするのに何の躊躇の必要があろうか、況んやヤップに向かうもパラオに向かうも現在の場所より進路に於て一点以内のわずかな変針に過ぎないので、別に之が為に後より来る処の矢矧に告げしめたのである。但し海軍省への報告は都合ありて翌日迄に延期した。我輩としては既に決定した以上は、敢て何人も之に容喙すべき理屈は少しも無く、海軍省への報告が少々遅延しても何等差支えはないと認めたのである[9]

　しかし同時に、松村少将は陸戦隊指揮官に日本の国旗を掲揚する際は、あわせてイギリスの国旗も揚げるよう申し渡している。

此の際いささか我輩の真意を告白して置かねばならぬと思う。無論帝国軍隊の手に依って占領すること故、わが国旗のみにて足るのではあるが、往々に軍事的占領は、後日自己の領土とする様な野心的欲望と認められても止むを得ぬ事もあり、兎角此の混乱紛れに日本は自ら為にするに非るかと外国人等は思うようであるから、帝国の正々堂々たる態度と、何等の欲望を存せずして一意同盟の信義により行動し居る事を、機会ある毎に示しておくのは極めて肝要の事と考えたのであって、ましてヤップ島英国側に於て何となく日本の領土を快しとせぬ形跡があると聞く所であるから、狭やくなる見地をもって事をなし、占領の事実を誤解せしめない様に、わが広き寛大の念を彼等に示すには、英国国旗を併せ掲げるこそ至当で、これに何の怪しむべきことがあろうぞと思ったからである[10]

　これは、司令官という立場にあった松村少将が、太平洋上の日本海軍の関与を良しとするチャーチル海相と、制限したいとするエドワード・グレイ（Edward Grey）外相の対立を抱えるイギリスへの配慮だけではなく、日本が太平洋上において存在感を示すことに危惧しているアメリカ、オーストラリア、ニュージーラ

　9　松村龍雄　前掲論文　159頁
　10　松村龍雄　「南洋軍等占領の思ひ出」『南北』第二巻　1936年　148〜149頁

ンド等との国際関係を気にしていたことがわかる、貴重な記述である。

　イギリス側も日本に気配りをみせている。10月2日のチャーチル海相からの謝電に加えて、10月17日には、イギリス海軍からも「日本海軍が同盟国を援助するために努力し、日本艦隊が太平洋におけるドイツの主要根拠地を根絶するという大目的はもとより、いたるところで敵艦隊の捜索、通商保護、護衛任務など無限の援助を与えていることに深く感謝する[11]」との電報が日本政府に寄せられている。

　この10月3日から10月14日の間に、第一南遣支隊及び第二南遣支隊によるヤールート、クサエ、ボナペ、ヤップ、パラオ、アンガウル、トラック、サイパンの島々の占領がなされたのであった。

　そして12月になると、海軍の内部で南洋群島に対しての永久占領論が具体性を帯びるようになる。講和会議に対する要求事項を検討していた日独戦後講和準備委員会が「帝国ノ国防ヲ完フセンガ為ニハ『トラック』『パラオ』等良港ヲ有スル南洋群島ヲ帝国ノ権下ニ置キ、我本土ト相応シ米国ノ交通線ヲ中断シ菲立賓ヲ押ヘ、布哇ヲ衝クノ体勢ヲ持セサルヘカラス。此点ヨリ見テ南洋群島ノ領有ハ極メテ緊要ナル事ニ属ス[12]」と意見を発表した。

　第一次世界大戦への積極的な関与を唱え、南洋群島の占領に前向きであった秋山少将は、12月17日に松村少将に宛てて次のような書簡を送った。（次ページ秋山真之から松村龍雄への手紙①参照）

　その文面には、はっきりと「永久占領」という言葉が使われている。

　海軍は12月迄に、全群島を六軍政区にわけ、それぞれに支庁を置き、守備隊を配置した。守備隊長は各々、軍政支庁長を兼務し、各支庁を統括する軍政庁が設置した。軍政庁の長は、軍政司令官とよばれ、民政事務も管掌した。その初代司令官に任命されたのが松村少将である[13]。

　翌年になると、秋山少将は占領した南洋群島における日本の経済活動をどうするかについてさらに言及している。（43ページ秋山真之から松村龍雄への手紙②参照）

　こうして「南進論」の基礎は、秋山少将を中心として築かれていった。

11　平間洋一　前掲書　64頁
12　平間洋一　前掲書　62頁
13　防衛研修所戦史室　『戦史叢書　中部太平洋方面海軍作戦〈1〉』朝雲新聞社　1970年　12頁
　（以下『中部太平洋方面海軍作戦〈1〉』とする）

秋山真之から松村龍雄への手紙①

十二月十七日　　　　　　　　　　　　　　秋　山　真　之

松　村　少　将　閣　下

出典:「南洋群島占領の思ひ出」『南北』第四巻　1936年　33頁

秋山真之から松村龍雄への手紙②

拝啓　先便申進たる南洋経営株式会社も愈と成立株式募集案に着手し主として三千萬有力家来主となり充分信頼し得べき会社と組成侯に尤も経営会社資度　将又南洋貿易会社も田中丸養殖が三十五萬圓を出資し在来の会社財產を十五萬圓とし五十萬圓の資本に経営する事に確定致侯に付是亦充分御信頼あつて宜しく、何れも大臣次官共に御承知にて南洋発展の稲助たらしめん内意に有之侯其他二三の企業出願者あれ共多くは資力もなく又は機利覧員に上前々殿んとするものゝみなれば御地にて出願するとも充分御用心波成度、當局の経識に依れば渡流出願等に對し許可を與へたる後其の許可状を振り廻して金策を為す者多く、現に一度渡沈を報じたる豆細亞丸の如きも其手段にて金策をなし遂らずして沙汰止みとなり申侯　尚南洋経営会社「パラオ」「アンガウル」を恭鴎として「ボルネオ」「セレベス」に手を伸す予定に有之、且同会社にて月二回の南洋定期航路船を始むる筈にて前に千噸内外の小汽船にて「マーシャル」「カロリン」諸島の東西「ローカル」航路をも開始する筈に御座侯　又南洋貿易会社の方は主として東「カロリン」「マーシャル」の経営をなし更に「ビスマルク」「ニューギニア」「ギルバート」方面に手を伸すと申居侯

右両一報迄不取致如此御座侯　匆々

一月十八日

秋山眞之

松村仁兄御侍下

出典：「南洋群島占領の思ひ出」『南北』第四巻　1936年　46頁

　当時の海軍の動きについて平間は「要するに海軍は一時占領か永久占領か最終的には講和会議で決せられることは理解していたが、これを有利にするための占領の既成事実化に努力を集中したのであった[14]」と述べている。その音頭取り役が、秋山少将だったのである。

　しかしこの時点で日本海軍首脳部はまだ、アメリカ、オーストラリア、ニュージーランドにある対日感情がどの程度であるかが読めずに不安であったようだ。海軍首脳部は、1915年、燐鉱が豊富に埋蔵されているアンガウルについて今後どうするかを検討していくにあたり、南洋群島永久占領派の筆頭である秋山少将を遠ざけていた節がみられる。松村少将は当時のことをこう振り返っている。

　　ここに尚前に述べた中に洩れている事を付け加えねばならぬ。それは八代海相が我輩に燐鉱官営の計画を注文した時に『此の事は秋山に言わずに置いて貰い度い』という一言があった事である。我輩はこれを大いに不可解なものとして疑問を持った次第

14　平間洋一　前掲書　68頁

で、実はこれ迄南洋の統治に関しては、誰よりも先づ秋山少将との密接な連絡をとり、其の手紙類は直ちに中央の意思を充分代表するものと信じて処置したのであるが、八代海相より何か秋山に対して秘して仕事をせねばならぬ事情が存するとすれば、これは大いに変な事と感じざるを得ぬ[15]

　この記述からも、海軍の内部では未だ全体の意見が統一されるに至っていなかったことがわかる。

　海軍は、アメリカやオーストラリア、そしてニュージーランドに断片的な情報が伝わることを警戒していたのである。

（二）　パリ講和会議

　第一次世界大戦がはじまって４年目の1917年、南洋群島永久占領を唱える海軍の「南進論推進派」にとって、有利に動ける転機が訪れる。イギリスが、またもや駆逐艦を地中海に派遣してくれるよう要請してきたのである。この時、首相は寺内正毅に代わっており、外務大臣も加藤高明から石井菊次郎を経て、戦争積極関与を主張する本野一郎になっていた。1915年に海軍大臣となっていた加藤友三郎中将は、秋山少将らの意見を汲んで２月10日の閣議で軍艦一隻、駆逐艦八隻の地中海への派遣を諒承させた。その折「南洋群島の領有を交換条件とすること[16]」をあわせて決定した。

　第一次世界大戦下の日本の秘密外交について丁寧に検証した義井博は、日本政府が1917年２月16日から３月23日迄の間に、山東および南洋群島の領有に関する秘密協定を、イギリス、フランス、ロシア、イタリアとの間の往復文書交換で締結していたことを明らかにしている[17]。

　駐英大使珍田捨巳がイギリスの外務大臣、アーサー・バルフォア（Arthur Balfour）と交渉した結果、２月16日、駐日グリーン（Sir William Conyngham Greene）大使が本野一郎外相にあてて覚書を手渡した。

15　松村龍雄　「南洋軍等占領の思ひ出」『南北』第六巻　1936年　85頁
16　平間洋一　前掲書　214頁
17　義井博　「第一次世界大戦中の山東および南洋諸島にかんする日本の秘密協定についての一考察」『軍事史学』第２巻第２号　1966年８月　37頁

46 第三章 日本と南洋群島の委任統治

> イギリス政府は平和会議のさい、山東におけるドイツの諸権利ならびに、赤道以北の
> ドイツ領諸島の処分に関し、日本の要求を支持するという保障を求めた日本政府の希
> 望にたいして、ここに喜んで応諾の意を表す。もっとも、それは来るべき平和協定の
> なかで、赤道以南のドイツ領諸島にたいするイギリスの要求も、日本政府が同一の精
> 神で迎えるであろうという諒解があるものとする[18]

　ここに、日英間に密約が成立。日本が第一次世界大戦後、旧ドイツ領であった
南洋群島を支配できる可能性が、非常に大きな割合で現実味を帯びた瞬間で
あった。

　後にイギリス政府は1919年のパリ講和会議で、この約束を守ってくれることに
なる。

　さて内閣は、地中海への駆逐艦派遣を決定した２月以降、５月の閣議でさらに
４隻の増派を決定した。巡洋艦一隻を含む第二特務艦隊の17隻の艦艇はマルタ島
を基地とし、輸送護衛と対潜水艦戦を統制するイギリス地中海艦隊司令部のもと
で１年９ヶ月の間、連合国にとって最も重要な軍隊輸送船の直接護衛を引き受け
た。護衛回数は統計348回、護衛した船舶数788隻、兵員は70万人に達し、被雷し
た船舶から7075人を救助するなど、その働きぶりは、イギリス議会が日本海軍に
感謝決議を採択するほどであった[19]。

　1918年11月、第一次大戦はドイツ陣営が敗北する形で終結した。日本は、1919
年１月から開かれるパリ講和会議で、第一次大戦以前ドイツ領であった南洋群島
と、ドイツがもっていた中国山東半島の権益が日本のものになるよう主張するつ
もりであった。

　しかしパリ講和会議では、アメリカ代表であるウッドロウ・ウィルソン
(Thomas Woodrow Wilson) 大統領が「平和のための十四ヶ条」に基づいて講和を
すすめようと目論み、戦勝国による領土の分配を禁止する国際連盟の創設を声高
に唱えることで日本の主張に異議をはさんできた。南洋群島をすんなりと渡して
くれないことを理解した日本政府はあわてた。随員であった堀内謙介はこう述懐
している。

> 　講和会議中、痛感したものがある。たとえ日本にとってはじめての檜舞台であったと

18　義井博　上掲論文　45頁
19　平間洋一　前掲書　217〜18頁

はいえ、いかにも準備が不十分であったことだ。直接利害関係のある問題—山東問題
とか南洋群島問題とかにだけ没頭して、世界全般に関係する平和機構の問題とか、国
際機構の問題とかについては、まったく研究が行き届かず、いかにも視野が狭い。
ヨーロッパの諸問題については全然無知識といっても言い過ぎではないほどで、会議
の出席の全権にしても、専門委員にしても、だいたい沈黙の美徳を守るほかなく、実
に情けない状態であった[20]

　アメリカの突然の国際連盟の創設提案に右往左往している。
　南洋群島について1917年2月にイギリスと秘密協定を結んだ当事者である珍田
捨巳は、パリ講和会議開催中の4月22日に、牧野伸顕次席全権とともに、ロイ
ド・ジョージ（David Lloyd George）イギリス首相、ジョルジュ・クレマンソー
（Georges Clemenseau）フランス首相、ウッドロウ・ウィルソンアメリカ大統領に
対して日本の立場を説明。この会談を受けて夕方になってロイド・ジョージ、ク
レマンソー、ウィルソンが、中国代表顧維均と中国山東省問題について話し合っ
た。その中で、ロイド・ジョージイギリス首相は「あのときのドイツ潜水艦攻撃
を思いかえしてください。われわれの駆逐艦は全部大西洋にいたのです。日本に
助けを求めなければなりませんでした。大変苦しい状況だったのです。そして日
本は努力してくれました。それを今になって"あのときはどうもありがとう、で
ももうサヨナラ"などといえません[21]」と述べ、第一次世界大戦中に、イギリス
が日本と結んでいた密約を守らんとする姿勢を明らかにした。
　1919年5月7日、講和会議は赤道以北の旧ドイツ領諸島を日本の支配下に置く
ことが決まった。
　日本において、政府レベルで南洋群島の重要性に触れたのは溯ること1876年で
あった。榎本武揚駐ロシア公使が寺島宗則外務卿にあてて「南洋ラドローン群島
買入議案[22]」を提出している。南洋ラドローン群島とは、マリアナ諸島のことで
ある。榎本は寺島に対して「グアム島に県庁を置き、以て伊豆七島より小笠原諸
島迄も合して一局を為してこれを管理していくこと[23]」を提案。松本清張[24]は
「榎本と寺島は、我国とロシアとの間で、樺太と千島交換条約を締結したので

20　NHK取材班編　『日本の選択①　理念なき外交「パリ講和会議」』角川書店　146頁
21　NHK取材班編　上掲書　184頁
22　松本清張　『清張日記』日本放送協会出版会　1984年　84〜85頁
23　松本清張　上掲書　184頁
24　松本清張は、広いジャンルに渡って執筆を行ったが、海軍及び南洋群島にも関心が深かった。

48　第三章　日本と南洋群島の委任統治

『南洋ラドローン群島買入』の発想となったのであろう[25]」と歴史研究家としての視点で分析している。榎本と寺島の発想は、秋山少将という海軍きっての知将の下で現実となった。

　1919年、南洋群島を支配下に置いた日本は、これを機に南進政策へと進んでいくことになる。アメリカとの軋轢が始まったのは、まさにここからであった。

二　日本の委託統治

（一）　対南洋方策研究委員会

　このように南洋群島は、第一次世界大戦中において活躍した日本への褒美として安易に譲渡されたものではなかった。イギリスからの巡洋艦や駆逐艦の派遣要請は、日本が南洋群島の価値と重要性を認識するきっかけとなったが、日本は南洋群島入手に至る迄苦労している。日英同盟下であったものの、密約まで交わすことになったのは、日本の影響力を恐れたアメリカの強靱な態度が原因であった。

　太平洋における日本の優位を抑えたいアメリカにとって、残された道は、旧ドイツ権益を継承した日本と国際連盟の間に新たな合意を取り付けることだった。

　これが1920年の国際連盟委任統治条項である。

　アメリカは、国際連盟委任統治条項を通じて日本に「築城又ハ陸軍根拠地ノ建設及警察又ハ地域防衛以外ノ為ニスル土民ノ軍事教育ヲ禁遏[26]」との軍備制限を加えた。しかしその後も南洋群島に関心を抱き続け、日米間の不信感は高まっていく一方であった。

　日本政府は、戦争終結に伴い速やかに占領時代の軍政を廃止し民生に移すため、1922年4月、パラオ諸島のコロール島に南洋庁を設置し、初代南洋庁長官に、軍政時代の臨時南洋群島防備隊民政部長手塚敏郎を任命した。

　南洋庁となってからも南洋群島と日本海軍との結びつきは深く、同庁には海軍省の横須賀鎮守府参謀兼軍需部員である在勤武官がおり、南洋庁と海軍関係事項

25　松本清張　前掲書　85頁
26　国際連盟規約第22条5項

二　日本の委託統治　　49

の交渉処理を行っていた[27]。彼らは南洋庁の蔭の実力者といわれた。

　南洋庁は、行政官庁として、パラオ、サイパン、ヤップ、ポナペ、トラック、ヤルートに６つの支庁を置き、資源の調査とともに行政にあたった。日本に対しての各国の疑惑の目は厳しかった。

　国際連盟でも、日本が委任統治条項を破って南洋群島に軍事施設を建設しているとの風評に対処するため、常設委任統治委員会が度々この問題を取り上げてはいたが、委員による形式的な質問とそれに対しての日本政府の否定という形式的な応酬がくり返されるにとどまっていた[28]。

　最も強く日本を警戒していたオーストラリアでは、国際連盟の委任統治に関する草案を作成して連邦副首相を務めていたジョン・レイサム（John Greig Latham）が、表向きは日豪間の貿易問題について話し合うという名目で来日して広田弘毅外相と会談した。「日本は秘密裏に南洋群島を基地化しているのではないか」とのレイサムの質問に、広田は言下にこれを否定して「日本は今後も非軍事化義務を含む委任統治の諸条項を遵守する」と確約をした[29]。当時、広田がレイサムとの確約を守ろうとしていたかというと、そうではない。戦略的価値を認め、やっとの思いでイギリスとの秘密裏の交渉によって手に入れた南洋群島を、海軍が利用しないはずはなかった。実際、ワシントン条約から５年経過した1922年、海軍は、テニアン島の平らな土地をいずれ航空基地に拡張することを目的として、水上機不時着場や農・漁業用干場として建設している[30]。

　このような監視下に置かれ軍備制限を強いられる中、表立って動けない海軍の代わりに建設作業を請け負ったのが、この地で広く経済活動を行っていた南洋興発（株）（以下南洋興発という）であった[31]。1930年には、海軍が南洋群島基地調査を南洋興発社長松江春次に依頼したこと、また南洋興発の農務技師がサイパン、パラオ両島で飛行場建設のための測量を実施したことの詳細が、海軍省の資料にも残されている[32]。日本の南進政策に詳しい我部政明は、

27　防衛研修所戦史室　前掲書　15頁
28　等松春夫「南洋群島をめぐる戦後構想―1942年～1947年―」『第二次世界大戦（３）』錦正社　1995年　265頁
29　等松春夫「南洋群島委任統治継続をめぐる国際環境1931～1935」『国際政治第122号』　1999年　107頁
30　防衛研修所戦史室　前掲書　『中部太平洋方面海軍作戦〈１〉』　60頁
31　防衛研修所戦史室　上掲書　52頁
32　防衛研修所戦史室　上掲書　56頁

海軍は、南洋群島の軍事的拠点化構想に固執し、民政移行後の南洋庁に対して、軍事的配慮を要望し、又東南アジアに接近するパラオに司令部移転を図った。このことは、1936年に、国策として南進が採用されていく上で、大きな布石となる[33]

と述べている。

1930年代後半に入ると、海軍では、軍用の燃料不足が深刻な問題になるが、それと同時に、資源獲得のためのアジア侵攻の拠点として、南洋群島の戦略的価値が高まってくる[34]。この問題の解決に向けて1935年7月、海軍創立以来、初めての組織的な南洋研究会「対南洋方策研究委員会」（以下「対南研」とする）が発足した。

委員長には、軍令部次長加藤隆義中将、委員には、軍務局長吉田善吾中将以下、21名が任命されるが、11月に入って、委員長には、島田繁太郎中将が、軍務局長には、豊田副武中将がとってかわる[35]。委員長、軍務局長を除いて他はすべて海軍省の主要部局の中核をなす佐官級によって占められた。発足した年には、約6ヶ月間に計3回に渡たり委員会が開催され、その下部機構である「対南研小委員会」においては、実に21回も開かれている。この委員会の構成メンバー、委員会開催の頻度からみても、同委員会が、海軍省において極めて重要な位置を占めていたことは明らかである[36]。（1936年末迄には、「小委員会」の開催数は、99回に及ぶ）

「対南研」における主要調査研究事項は、

　　第一、帝国、国防上ヨリ見タル表南洋各地域に関する調査検討

　　第二、表南洋発展に対する諸方策

　　第三、対表南洋実行具体案[37]

であった[38]。第二、第三の研究事項から、すでに海軍が、表南洋への進出を考えていたことがわかる。特に、第三事項は「第一款　対表南洋方策実行ニ対スル各

33　我部政明「日本のミクロネシア占領と〈南進〉」（2）『法学研究』第55巻第8号　86頁

34　波多野澄雄「日本海軍と南進政策の展開」杉山伸也、イアン・ブラウン編著『戦間期東南アジアの経済摩擦』同文館　1990年　151〜152頁

35　土井章監修『昭和社会経済史料集成　第一巻　海軍省資料（1）』大東文化大学東洋研究所　1978年　282〜286頁（以下『海軍省資料（1）とする』）

36　土井章　前掲書『海軍省資料（1）』（5）頁

37　表南洋とは、蘭領印度、暹羅、フィリピン、英領マレー、英領ボルネオ、英領ニューギニア、ソロモン諸島、ギルバード諸島、仏領印度支那、葡領チモール、新南群島を言う

38　土井章　前掲書『海軍省資料（1）』　294〜300頁

種障害ノ検討並ニ障害排除方策ノ研究」「第二款　対表南洋方策実行ニ対スル外交政策ノ研究」「第三款　対表南洋方策実行ニ対スル海軍政策ノ研究」「第四款　対表南洋方策実行ニ必要ナル諸工作」とさらに分類されているのである[39]。

「対南研」は、これらの研究・調査を実行するにあたり、南洋興発の働きに期待を寄せていた。1936年になると、月7〜8回という頻度で「対南研小委員会」が開かれている。その第61回「対南研小委員会」の開催通知が出された5月28日、南洋興発は「南方国策ノ強化ト其ノ障害除去ニ関スル件」と題する報告書を提出。内容を要約すると：

(一)、当初、開拓を絶望視されていた南洋群島が、施政十年にして、財政独立を達成し、生産年額約二四〇〇万円、移住内地人の数は、五五〇〇〇人に達している。

(二)、南方貿易において、対南洋輸出は、一九三一年より三五年迄に、総額二五億円の内二億八〇〇〇万円（一割強）を占めている。

(三)、資源の自給の面から、ニューギニアが有力である。

(四)、人口問題の解決を考えた場合も、ニューギニアが最適である。

(五)、さらに、具体的に南方経営の障害除去を検討してみるならば、南方発展に於て最も主要なる目標地たるべき、蘭領東印度での恐日感情を除去すべきである。

(六)、和蘭政府が日本を恐れている原因は、

(イ)、満州、上海両事変並に、連盟脱退に現れた日本の強硬態度、

(ロ)、蘭領印度の経済的疲弊、並びに財政的窮迫、

(ハ)、植民地再分割論の抬頭、

によるものである。

(七)、外資駐在員のデマを制止する必要がある。

(八)、国際信義を無視する入国令の変更には、抗議すべきである。1916年の蘭領印度の入国令が、1933年と35年に変更になり、邦人企業がこまっている。

(九)、輸入制度及び企業制限を、打破する必要がある。1934年、蘭印政府

39　土井章　上掲書　298〜299頁

52　第三章　日本と南洋群島の委任統治

　　　が、関税の新設並びに引き上げを行ったことで、在留邦商は、死活的打
　　　撃を受けた。
　（十）、以上述べてきたような現状より、和蘭が日本に対し抱きつつある脅威
　　　感を打破し、日蘭相互の福祉の増進を目的とする経済提携を実現するた
　　　め、和蘭本国に、親善使節、並びに経済使節を派遣するべきである。[40]

というもので、「いかにして表南洋に進出するか」を目的とする「対南研」にお
ける研究事項の中でも最も重要な「表南洋に進出するには、障害をどのように排
除したらよいか」という部分に対する南洋興発の意見であった。
　6月19日、第7回「対南研」の、議題（一）南洋水産業発展方策、（二）対比
島方策、（三）対仏領印度支那方策、（四）対葡領「チモール」方策[41]を受けて、
7月20日、ポルトガル領チモールに対する進出方針に関する件覚が出された。

　　　対葡領『チモール』方策ニ関シテハ対南研甲第十二号ヲ以テ対南洋方策研究委員会委
　　員会ヨリ報告アリタル處現下機微ナル内外ノ情勢ニ鑑ミ同地ニ対スル我方進出ニ当リ
　　テハ慎重事ニ当リ其ノ第一歩ヲ誤ラザル如ク指導スルコト肝要ナリト認メラルルニ付
　　テハ関係省間ニ左記要領ニ依ル方針ヲ速ニ確立シ之ヲ実行ニ移スコトトス

　　　　　　　　　　　　　　　記

　　一、具体的進出ノ実行力ヲ有スル南洋興発株式会社ヲシテ第二号ノ要領ニ依リ自由手
　　腕ヲ振ハシメ『チモール』ニ足場ヲ固メシム
　　　競争的ニ進出セントスル他ノ企業者ハ当分ノ間主務省ニ於テ之ヲ阻止ス（但シ油田
　　ニ進出スル場合ハ協和鑛業ヲシテ当ラシムルコト）
　　二、現地ニ於ケル事業ハ『チモール』官憲ノ要望スルモノヨリ着手シ該官民ヲシテ漸
　　次親日的傾向ニ導キ先ヅ我地歩ヲ占メタル後第二段ノ策ヲ講ズ
　　三、詳細ナル調査ハ第一歩ヲ確保シタル後漸ヲ追ッテ之ヲ行フコトトシ調査ノ為数々
　　人ヲ派遣スルガ如キハ之ヲ避クルコトトス
　　四、進出ハ不言実行ヲ旨トシ買収等ニ関スル我方ノ意向ハ此ノ際絶対ニ秘匿シ極力南
　　洋興発株式会社ヲ内面的ニ支援シ我方実勢力ノ速カナル扶植ヲ図ル[42]

40　土井章監修　『昭和社会経済史料集成　第二巻　海軍省資料（2）』大東文化大学東洋研究所
　　1980年　118～130頁を要約した。（以下『海軍省資料（2）とする』）
41　土井章　上掲書　『海軍省資料（2）』　188頁
42　土井章　上掲書　261～262頁

二　日本の委託統治　　53

　第7回「対南研」から1ヵ月後の8月11日、閣議で「国策の基準」が決定され、

　　南方海洋殊ニ外南洋方面ニ対シ我民族的経済的発展ヲ策シ努メテ他国ニ対スル刺激ヲ
　　避ケツツ漸進的平和的手段ニヨリ我勢力ノ進出ヲ計リ以テ満州国ノ完成ト相俟ツテ国
　　力ノ充実強化ヲ期ス[43]

こととなった。「対南研」の研究が取り入れられた。
　一方では、確かに長い目でみると、
　　1、「中継基地」として期待された南洋群島は、相変わらず委任統治領で、
　　　　軍事基地化が妨げられた。
　　2、蘭印進出をめぐる国際環境が悪化した。
　　3、陸軍が、華北工作から日中戦争へと、大陸への介入をさらに深化させる
　　　　のに応じて、海軍も、南支に深く介入していった。[44]
など、「対南研」が作り出した実践的フレームワークは、充分生かされなかった
ことも事実であろう。しかしまた一方では、海軍の南進政策に、具体案を提出し
た意義は大きく、その実行者には、「対南研」で度々指摘されていた南洋興発が
考えられていたのも事実である。「対南研」の主要メンバーは、「海軍政策及制度
研究調査委員会」の委員も兼ねていた。
　軍縮問題で欧米との確執から1933年に国際連盟を脱退した日本は、海軍軍縮条
約交渉の最終段階にあった。また、1935年12月に、第二回ロンドン軍縮会議を控
えていた。1935年の第二回ロンドン軍縮会議で、軍備の平等と、攻撃型艦船の全
廃または大規模な削減を求める日本と、あくまでワシントン条約と第一回ロンド
ン条約の維持を求めるイギリスやアメリカとの距離は縮まらず、1936年1月、日
本は、ロンドン軍縮会議を脱退。1937年1月1日より、海軍軍備について無条約
国となった。
　しかしこれは、海軍首脳部内の一部が望んでいた結末でもあった。
　省内で勢力を掌握しつつあった強硬派は、1934年以降軍令部を中心に、この事
態も予想して、独自の政策を検討する必要を感じていたのだ。

43　土井章　上掲書　291～292頁
44　波多野登雄　前掲論文　221～222頁

（二）　海軍政策及制度研究調査委員会

　1936年３月に「海軍政策及制度研究調査委員会（以下『海軍制度調査会』とする）」が発足し、海軍省と軍令部の両者で特に重要と思われる案件を検討することになった。

　発足の動機は、「軍務局の任務があまりに増えたため、何とかせねばならなかったことと、石原莞爾参謀本部作戦課長着任以来の、陸軍側の北方重視思想に対して、海軍側も、海軍政策及び海軍軍備充実についての検討が、必要となったため[45]」である。

　「海軍制度調査会」は３組織から成った。

　　第一委員会の研究調査目的は、
　　　「帝国ノ国策並ニ之ガ実現ニ必要ナル海軍政策ノ具体案ヲ研究調査立案ス」
　　第二委員会の目的は、
　　　「帝国海軍ノ内容充実及能率化ニ必要ナル諸制度及定員改正ノ具体案ヲ研究調査立案ス」
　　第三委員会の目的は、
　　　「財政計画ヲ検討シ　且海軍予算ノ経済化ニ対スル具体案ヲ研究調査立案ス」[46]
であった。

　研究調査の内容から、第一委員会は「対南研」と重複する部分があり、メンバー19名のうち、以下の７名が「対南研」の委員であった。

　　委員長　豊田副武中将（海軍省軍務局長）
　　委員　　近藤信竹少将（軍令部第一部長）
　　　　　　高須四郎少将（軍令部第三部長）
　　　　　　岡敬純大佐（海軍省臨時調査課長）
　　　　　　中原義正大佐（軍令部第一部直属部員）
　　　　　　保科善四郎大佐（海軍省軍務局第一課長）
　　　　　　小川貫爾中佐（海軍省出仕）[47]

45　防衛研究所戦史室編　『戦史叢書　大本営海軍部・聯合艦隊（１）』朝雲社　1976年　（以下『大本営海軍部聯合艦隊（１）』とする）　290頁
46　防衛研究所戦史室　上掲書　292頁
47　土井章　前掲書　『海軍省資料（２）』　285〜286頁　及び292頁

当時の海軍省の中核的人物達である。

「対南研」の場合と同様、「海軍制度調査会」でも、海軍の南進政策を具体化させるための手段として、南洋興発に期待をしていた。南洋興発は、

　　（一）、アラフラ海真珠業の統制機関をパラオに設け、母船を作り、燃料油の供給と、真珠の収集を行いたいこと

　　（二）、蘭領東印度、シャム国に経済進出したく、シャム国への経済進出は、砂糖会社の新設に割り込んで合弁とし、ゴム採植事業も行いたいこと[48]

などの計画をもっていた。海軍の、移植及び経済の両面で南進を行いたい意向とまさに合致する。

南洋興発は、1937年5月、南太平洋貿易株式会社を設立した。南太平洋貿易株式会社は、蘭領セレベス島における、ヤシ、ゴム、カポック等の農園経営、コプラ貿易を主事業としたもので、その傘下に農園経営の別働隊としてのセレベス興業合資会社と、群島各地と内地で、搾油事業を行う南洋油脂興業株式会社を有していた。資本金は1000万円で上場会社であった[49]。

同年6月、南洋興発はさらに、真珠貝採取事業を目的とした、海洋殖産株式会社をパラオに設立。当時乱立していたアラフラ海における白蝶採取事業を統合運営したもので、以降、南洋拓殖（国策会社）との共同事業へと発展していく[50]。

海軍が考えたことを、南洋興発が実行していったのであるから、南洋興発の計画はスピーディかつ、着々と実現されていった。

「海軍制度調査会」第一委員会では、アラフラ海まで進出を考えていた一方、米英蘭からの圧迫に対しては、「常ニ慎重ノ用意ヲ以テ臨ミ、且万一ニ対スル実力ノ準備完成ヲ要ス[51]」と、海軍軍備充実の必要性を訴えている。

南洋方面への進出の必要性は、広田内閣の五相会議での「国策の基準」に反映されたことで、公式の場に登場「帝国内外ノ情勢ニ鑑ミ当ニ帝国トシテ確立スベキ根本国策ハ外交国防相俟ツテ東亜大陸ニ於ケル帝国ノ地歩ヲ確保スルト共ニ南方海洋ニ進出発展スルニ在リ[52]」となった。

48　土井章　上掲書　296～297頁
49　武村次郎『南興史』南興会　1974年　86頁
50　武村次郎　上掲書　87～88頁
51　防衛研究所戦史室　前掲書　『大本営海軍部聯合艦隊（1）』　297頁
52　土井章　前掲書　『海軍省資料（2）』　291頁

さらに、1940年7月には、「世界情勢の推移に伴う時局処理要綱」で、武力を伴う国策に迄高められていくのである。

「北の満鉄に南の南興」とよばれた南洋興発こそが、日本海軍の太平洋戦略の担い手だったのである。

三　南洋興発（株）

（一）　南洋興発と東洋拓殖

南洋庁設置より約1年前の1921年2月、かねてより南洋群島での糖業開発に興味をもっていた新高製糖株式会社元常務松江春次は、サイパン、テニアンの両島に実地調査に赴き、その調査結果を大分新聞に発表した。この記事が、当時南洋庁の前身である臨時南洋群島防備隊で民政部長をしていた手塚敏郎の目に留まる。

この頃南洋群島は、日本の委任統治領となってから一年を経過したが、サイパン、テニアンの両島で、移民飢餓問題がもち上がっていた。というのも両島で事業を起こそうとした西村拓殖株式会社と南洋殖産株式会社が両社とも失敗し、合わせて1000名もの移民が、飢餓状態のまま放置されている状態であった。

委任統治となったばかりで、国際関係上、列国の注目の的となっていたところへ、1000名もの飢餓移民のいる実情は、まことに由々しき事態であった。民政部長手塚は、サイパン、テニアン両島に何か事業を起こして移民を救済する方法はないものかと考え、実地調査を試みた松江に南洋で製糖事業の立ち上げを提案した[53]。さらに資金面では、朝鮮を主事業地とする国策会社の東洋拓殖株式会社総裁石塚英蔵を、松江に紹介した。

松江は、東洋拓殖（株）総裁との会見の様子を次のように述べている。

> 私はこの時、東洋拓殖（株）の意向が、大体綿花に傾いていたことを聞いていたので（中略）台湾において総督府の援助を受けて起こした三井物産の綿花栽培が失敗に終わった原因等も説明し（中略）糖業ならば、充分台湾より有利な経営が出来ることを説明したのであった[54]

53　松江春次　『南洋開拓拾年誌』南洋興発株式会社　1933年　62頁

三　南洋興発（株）　57

このように、南洋に野心をもつ事業家が、移民飢餓問題を何とか解決したい政府の仲介によって、国策会社から資金を受け生まれたのが南洋興発であった。

1921年11月、ついに南洋興発株式会社が設立。新会社は、南洋興発株式会社社長松江春次主導のもと「サイパン島における浮浪移民を吸収し、かつ、健全な発展力に富む会社を海外に築き、内地の人口問題に寄与するため、拓殖移民を標榜する[55]」という基本構想をうちたてた。

　　資本金は3000000円、総株式60000株の内分けは次のようであった。
　　東洋拓殖　　42000株
　　海外興業　　4000株
　　旧西村拓殖関係　10000株
　　旧南洋殖産関係　4000株
　　　　　　　（計60000株）[56]

新しく投資資金となったのは、東洋拓殖と海外興業の分であるが、海外興業の分は、西村拓殖に対する貸出を株式に直したものであるから、現金払込はわずかに東洋拓殖の42000株2100000円であった。さらに、この中から南洋殖産の現金買収費200000円、西村の事業地負債等400000円、その他の旧債600000円を負担したのであるから、資金操りは、当初より相当厳しいものであった。松江の努力が実るのは、それから約10年後のことである。

　経営の全責任を任された松江は、「東洋拓殖が良く此の事情を了解し、必要な資金は随時出して遣るからとのことであったので、之を唯一の力とした[57]」と述べている。言うまでもないが、一民間人の松江が設立した南洋興発ではあったものの、その資金を国策会社の支援に頼っていたという点で、極めて政治色は強

54　松江春次　上掲書　63〜64頁
55　武村次郎　前掲書　78頁
56　武村次郎　上掲書　68頁の資料を引用、正確には、新会社の資本金三百万円の総株六万株の
　　内、四万四千株は新投資、残りの一万六千株は旧会社の資産引当であって、前者を甲号株、後者
　　を乙号株と称していたのであるが、本文では、わかり易く株引受会社別に表した。原文は以下の
　　ようである。
　　「東洋拓殖　甲号　42000株
　　海外興業　2000株
　　旧西村拓殖関係　乙号　10000株
　　旧南洋殖産関係　4000株
　　海外興業　2000株
　　計　60000株」
57　松江春次　前掲書　69頁

58　第三章　日本と南洋群島の委任統治

かった。

　1923年に、サイパンに製糖工場を竣工、操業から3年目の1925年に、製糖量8937tﾝという飛躍的成果を収め、南洋糖業の基礎を確立するに至った。1930年にはテニアン工場が、また1936年からはロタ工場での生産も加わるようになった。特に1930年から1943年迄は、年平均52434tﾝの砂糖生産実績をあげている[58]。

　この間、1931年には、蘭領ニューギニアに南洋興発合名会社（オランダ法人）を設立した。南洋興発合名会社は、ドイツのフォニックス社のニューギニアにおける権利を買収したものである。

　松江の、蘭領ニューギニアへの思い入れは並々ならぬものがあり、ニューギニア進出を果たした翌1932年8月には、ニューギニアの踏査を終えた後、ジャワ島に渡り、蘭印総督と会見している。松江は、

> 持てる国（資源を―筆者記）は、その不用とする部分の植民地を、持たざる国の管理に移し、管理を受託した側は、その経営に全力を注ぐとともに、門戸開放と、補償の制度によって管理を委託した側に、利益の一部を供与する方法を講じ、両国の共助的繁栄を図ることが賢明である[59]

と考えていた。その対象が、蘭領ニューギニアだったのである。1934年には「蘭領ニューギニア買収案」を上程し、海軍に対して国家的提案を行っている。

　この構想を実現させるため、松江は斉藤実首相に詳細を説明しに行ったり、自ら料亭を借り切って、山本五十六、永野修身、光内光政、末次信正、豊田副武、高橋三吉、加藤寛治、島田繁太郎といった海軍省幹部に陳情を行ったりしている。その要旨は、

> 今や、ジャワ糖業の没落をはじめ、蘭領印度の経済的破綻は必至の情勢にあり、加えて欧米列国は、世界恐慌による国内の対応に追われ、進んで外国と事を構える立場にあらず、その他あらゆる条件において、今こそ蘭領ニューギニアの買収に関し、オランダ政府と平和的交渉を開始し、曠古の大業を成就するに、千載一遇の好機というべし[60]

58　武村次郎　前掲書　107頁
59　武村次郎　上掲書　66〜70頁
60　武村次郎　上掲書　Ｖ頁

三　南洋興発（株）　　59

南洋興発　年度別利益金、配当率、抱擁人口の推移

年　度	期　間	期末資本金	利益金	配当率	抱擁人口
大正11年度	大10.10〜11.9	3,000	△　12	0	
大正12年度	大11.10〜12.9	3,000	89	0	
大正13年度	大12.10〜13.9	3,000	51	0	
大正14年度	大13.10〜14.9	3,000	336	8	
大正15年度	大14.10〜15.9	3,000	326	8	
昭和2年度	大15.10〜2.9	3,000	355	9	
昭和3年度	昭2.10〜3.9	2,600	345	9	
昭和4年度	昭3.10〜4.9	2,600	336	9	10,000
昭和5年度	昭4.10〜5.10	7,000	501	7.5	12,000
昭和6年度	昭5.11〜6.10	7,000	644	7.5	14,000
昭和7年度	昭6.11〜7.10	7,000	859	9	15,500
昭和8年度	昭7.11〜8.10	20,000	1,447	9	16,000
昭和9年度	昭8.11〜9.10	20,000	1,872	9	18,000
昭和10年度	昭9.11〜10.10	20,000	2,965	9	28,000
昭和11年度	昭10.11〜11.10	20,000	3,415	10	31,000
昭和12年度	昭11.11〜12.9	40,000	4,428	12	33,000
昭和13年度	昭12.10〜13.9	40,000	5,149	12	34,000
昭和14年度	昭13.10〜14.9	40,000	4,605	12	35,000
昭和15年度	昭14.10〜15.9	40,000	3,811	10	35,000
昭利16年度	昭15.10〜16.9	40,000	4,027	9	35,000
昭和17年度	昭16.10〜17.9	50,000	4,254	7	46,000
昭和18年度	昭17.10〜18.9	50,000	5,353	6	48,000
昭和19年度	昭18.10〜19.9	50,000	3,296	6	48,000
昭和20年度	昭19.10〜20.3	50,000	1,434	4	

（注）1　配当率は数種の株式のある場合、優先株のものを掲げた。
（注）2　出典：『南興史』より付表（1）、付表（9）をまとめ一つの表にした。

というものであった。

　この時期の南洋興発は、まさに破竹の勢いで発展していった。事実、1922年に開設された南洋庁は、財政的に毎年何百万円の赤字が続き、その不足額を国庫か

らの補助金に頼っていたが、1930年代に入ると南洋興発の納税額は、南洋庁の総収入の60%を占めるようになり、1932年以降、南洋興発が納入する出港税が増加したことで、台湾総督府に次ぐ財政の黒字化を実現している[61]。

これほど南洋群島に大きな足跡を残し政府からの資金援助があったとはいえ、南洋興発を起こした松江春次とは、いかなる人物であったのかについて触れてみる。

(二) 松江春次

松江春次は、1872年1月15日、福島県会津若松で、松江久平とのぶの次男として生まれた。

1896年、松江は東京高等工業学校（現、東京工業大学）応用化学科に入学する。ここで、校長手島精一と出会い、専攻科目に砂糖と醸造を選んだことが、事業家松江春次の出発点となった。当時、科学工業界のシンクタンクの頂点を目指していた程水準の高かった東京工業学校で、松江は、寝食を忘れ研究に没頭した日々を送ったという。

南洋興発前に南洋群島での事業に乗り出した南洋殖産株式会社、西村拓殖株式会社等が失敗した原因は、日本と違った風土での製糖業や綿花業を行うにあたっての事前調査と研究の不足であったと考えられる。松江春次が、南洋群島という特異な気候の地で、砂糖きびを育てるのに成功した最大の理由は、彼が科学者だったからである。自ら土壌を綿密に調査し、その土壌にあった甘藷栽培の手法を工夫したことが大きな成功に繋がった。

松江の実家は貧しく東京工業学校の学費は父親の九平が田畑を売って何とか工面をした。

1899年、東京工業学校を首席で卒業した松江は、一旦第日本製糖株式会社に入社するが、サラリーマン生活よりも、砂糖の研究を続けたいという意欲にかられ、農務省海外事業練習生の派遣試験を受験、難関を突破し、アメリカに渡った。1903年のことであった。

---

61 Peattie, M. R.（1992）*Nanyo – The Rise and Fall of the Japanese in Micronesia 1885-1945*: University of Hawaii Press: Honolulu: pp. 130

三　南洋興発（株）　61

アメリカでは、東京工業学校の先輩で明治製糖社長相馬半治が学んだ、ルイジアナ大学大学院砂糖研究科に入り、足かけ３年の留学生活を送る。1905年に、同大学院の修士号（Master of Science）の称号を得ている。

さらに、フィラデルフィアにあるスプレックルス製糖会社に入社し、技師としての腕に磨きをかけた。スプレックルス社を退社した1906年には、１ヶ年をかけてアメリカ各地の製糖工場を見学してまわっている。その後、ヨーロッパに渡り、そこでも各地の製糖業を視察。1907年、５ヶ年の海外遊学生活を終えて帰国した。

明治の時代に、単身でアメリカに乗り込み、渡欧も含め、５年間を過ごしたことは、松江の視野を広げるのに大いに役立った。

松江の存命中に、松江を研究し本を書き上げた能仲文夫は、その著者の中で

> （留学の）偉大なる収穫は、松江の視野が国内から海外へと拡大されたということである。言い換えれば、彼の産業開発に対する理念は、国内より転じて新たなる未開の地の開拓へと向けられたことである。彼がアメリカ国内を歩き廻り、転じて欧州の各地を歩いて感じたことは、日本の産業開発が、あまりにも国内のみに汲々として、そこにはいささかなる遠大なる計画も樹立されていないことに気づいたのである[62]

と述べている。

さらに、ルイジアナ大学大学院の砂糖研究科で、修士号を受けたことは、この時点で世界的水準からみても、松江が一流の砂糖技師になっていたことを証明している。松江は、帰国後すぐに日本で初めての角砂糖を作りに成功している。事業家としてだけではなく、技術者としても、松江の名は日本の製糖業界史上永遠に残る業績をあげたのである。

1907年、アメリカから帰国した松江は、サラリーマン生活を再開する。1920年に単独で南洋に製糖業を起こすことを決意して、サラリーマンを辞める迄の間に、大日本製糖株式会社から斗六製糖株式会社、そして明治製糖株式会社から新高製糖株式会社と、実に４社も渡り歩いている。

斗六製糖株式会社は、社長田辺貞吉、相談役相馬半治、専務取締役松江春次、取締役松方正熊、石川昌次という住友の大番頭田辺貞吉を軸にできた新しい会社

62　能仲文夫　『南洋と松江春次』時代社　1941年　77頁

であった。相談役の相馬は、当時明治製糖株式会社の専務取締役、石川は、新高製糖株式会社社長、松方は、帝国製糖株式会社社長というように、夫々、要職を兼務していたこともあり、経営は松江に任されることになった。ここでようやく松江は、アメリカで学んだ近代的製糖法と近代的経営合理化の知識を実践できる機会を得たのであった。

斗六製糖株式会社の業績は、創業2年目から1割の配当、3年目には1割2分の配当を行ったほどであった。しかし、短期間で業績をのばしたことが、神戸にある鈴木商店社長金子直吉の目に留まり、斗六製糖株式会社を何とかして手に入れたいと画策した金子によって、斗六製糖株式会社の株は買収されてしまう。そしてついに1914年、斗六製糖株式会社は、金子の出資会社東洋製糖株式会社に併合されることとなった。斗六製糖での仕事を任されていた松江は、やむを得ず明治製糖株式会社に転ずることになったのだ。会社経営の表と裏を知り、そして食うか食われるかの修羅場を体験したことは、後の南洋興発の経営に役立ったと考えられる。

その後松江は、明治製糖株式会社から新高製糖株式会社に移った。新高製糖株式会社では、常務取締役として手腕をふるったが、南洋群島への進出と調査の進言が容れられなかったことで失望し、1920年12月辞任する。そして2ヶ月後、独自に南洋群島のサイパン島とテニアン島に調査に出掛け、製糖業がこの地でやっていけるという確信をもつに至る。[63]

こうして1921年11月、松江は、南洋興発株式会社を設立した。

「砂糖王松江春次」を考える時、最も彼に影響を与えた人物は、手島精一であろう。手島は、松江の出身校である東京工業学校の校長であり、また妻ふみの父親でもあった。松江の人生観は、手島から受けた教育によって作られたといっても過言ではない。

手島は、1849年沼津藩藩士田辺四友の次男として生まれた。12才の時、父四友の僚友である手島右源太の養子となった手島右源太は、沼津藩で博学で勉強家ということでつとに名が知られていた人物であった。[64]

養父の影響で、熱心に勉学に取り組みながら成長した精一は、20才の時、明治

63　能仲文夫　上掲書　146頁
64　安達龍作　『手島精一伝』化学工業技術同友会　1962年　10〜11頁

三 南洋興発（株） 63

維新を経験した。1870年から74年迄アメリカに留学、イーストン大学に学ぶ。イーストン大学では、建築学と物理学の講義を受けた。このアメリカ留学時代、明治政府から派遣された牧野伸顕と知り合い、生涯友情を結んだことは、手島が明治政府で活躍するきっかけともなった。その後渡ったヨーロッパで、廃藩置県や征韓論のニュースを異国で聞き、苦学しながら勉学に励んだのであった。このころのヨーロッパ大陸では、ドイツ帝国が成立する一方でフランスが衰退していくという過渡期であった。イギリスでも1870年から始まった経済不況で庶民の生活は苦しく、やっと労働組合法が制定されたという有様であった。そんな中、手島は「黒パンをかじり、水をのみながら、来る日も来る日も図書館に通ったり、産業地帯を丹念に調査したりして、務めてイギリス文明の呼吸を、目と耳と足とで感じることに精力を費やした[65]」のであった。

手島は、日本のまさに激動期に海外にいて、これからの日本の進むべき方向を、広い視野で考え得る立場にあった数少ない日本人の一人であった。手島は、この足かけ5年に及ぶ海外生活で、日本の工業技術の遅れを痛感したのであった。

帰国後も、世界の工業技術を日本に紹介することを使命と思い、1878年パリ世界博覧会、1884年ロンドン万国衛星博覧会、1888年パリ万国博覧会、1891年シカゴ・コロンブス博覧会、1904年セントルイス博覧会で、日本側の事務局あるいは事務官長を務めている。日本の工業技術の水準が少しでも欧米に追いつけばという気持ちからであったことは言うまでもない。

手島の努力は、これにとどまらなかった。職工を養成する教員や、教員を指導し工業水準の質的向上をはかる有能な技術者の教育機関が必要だと判断した手島は、文部省に要請し、東京職工学校の設立に尽力した。現東京工業大学の前身である。1890年には、東京職工学校から東京工業学校と改称し、校長に就いた。42才の時である。技術者の多くは、決して豊かな恵まれた家庭の出身とはいえなかった。手島は、貧富の枠を外して、より広く、人間平等の社会的視野に立ち、資質ある人材の育成、知能の啓発に努めることに取り組んだ。東京工業学校の規則の中に「貧困者の優秀子弟のための奨学制度[66]」を設けたのはそのためである。

---

65 安達龍作 上掲書 38頁
66 安達龍作 上掲書 142頁

64 第三章　日本と南洋群島の委任統治

　その後、文部省普通学務局長、文部省実業教育局長、文部省商業学校長等を兼任しながら、東京工業学校を工業教育の総本山に育てあげた。東京工業大学前総長山内俊吉は、「明治、大正を通じて『煙突のあるところに蔵前あり[67]』と言われ、外国工業の移入に基づく我国工業の画期的発展に極めて大きな貢献をなした。[68]」と述べている。校長を約30年にわたって務め、日本の工業教育に手島精一ありと言われた。

　松江が東京工業学校に入った時は、手島が校長にになって6年目、苦学生でありながら日夜勉強に励む松江に、手島は大変目をかけたという。努力家の秀才ではあるが、家からの少ない仕送りで何とか勉学を続けている松江に、手島は自分の若かりし頃を重ねたのかもしれない。東京工業学校を首席で卒業した松江が、アメリカ留学から帰国した翌年、手島は松江に愛娘ふみを嫁がせている。

　日本ばかりを見ることなく常に視野を広くもつ姿勢を、松江は、岳父手島精一より教えられたのである。手島には、当時の日本をリードしていた何人もの知己がいた。その中には、留学中から懇意にしていた牧野伸顕を始め、実業界で活躍していた渋沢栄一、久原房之助、森村市右衛門、大倉喜八郎、政界にいた金子堅太郎、官界では浜尾新などがいる。彼らはそれぞれの分野で後世に名を残しており、手島は死ぬ迄彼らとの親交を温めていた。このことは手島が終生高い見識と、広い視野を持ち得た要因の一つであろう。

　このような手島精一と親族関係の絆で結ばれたことこそ、松江春次が未開の地の南洋群島で製糖業を起こし、「砂糖王[69]」と言われる迄になった最大の理由であると考えられるからである。

　手島精一の実父の田辺四友と久女の間には、二男二女があった。次男であった手島の兄にあたる長男は、住友銀行頭取を務めた長男貞吉であった。田辺貞吉は官界を引いた後住友家に入り、住友家の総理格であった広瀬宰平の下で、実業人として頭角を表わした人物である。

　松江は、南洋興発が資金繰りの悪化でどうしようもなくなった1923年に、田辺貞吉の口利きで住友銀行より融資を受けている。

67　蔵前とは、東京工業学校の通称である
68　安達龍作　前掲書　序より
69　サイパン島には現在観光名所として、"Sugar King Park"（砂糖王公園）がある。整備された広々とした公園の中に、松江春次の像がそびえ立っている。1934年に建てられたもので、戦時中もアメリカ軍マッカーサーの命令により、壊されることなく今日に及んでいる。

三　南洋興発（株）　　65

　南洋興発は民間会社ではあるが、総株式の相当数を東洋拓殖株式会社という国策会社が持つことでスタートした。資産家ではない松江にとって、会社は創りたしされど資金はなし、ということで、東洋拓殖株式会社からの資金援助はやむを得なかった。

　東洋拓殖株式会社は1908年、日本が日露戦争で得た朝鮮に対する権益に基づいて、韓国の農業開発、土地の売買、賃借、経営、管理等を行う目的で設立された国策会社である。当時東洋拓殖総裁の石塚英蔵が、製糖業に向いている南洋群島に是非赴きたいという松江の案に興味をもち、出資を決定した。

　サイパンでスタートしたばかりの南洋興発にとって、最初の試練は2年目の1923年におきた。第一期の精糖に失敗したのである。加えて、この年の9月には、関東大震災が起こり、わずかにとれた砂糖の大半を東京の倉庫で焼失してしまった。このため南洋興発は極度の資金難に陥ったが、東洋拓殖にも救済の余裕はなかった。現地への物資輸送、送金も杜絶してサイパンの情勢が険悪化したほどであったという[70]。

　この窮地の時に、南洋興発の将来的発展を期待して融資の口添えをしてくれたのが、住友の大番頭田辺貞吉であった。住友銀行からの融資と、松江自身の私財の処分で、この難局を乗り切った。南洋群島放棄論さえ抬頭しつつあったこの時期を何とか凌げたからこそ、後に、従業員約5万人、資本金5,000万円の会社にまで発展させることができたのである。岳父手島精一の兄にあたる田辺貞吉との繋がりは、松江にとってまさに大事であり貴重な人脈であったことは間違いない。

　さて、松江春次が南洋興発を発展させることができたのには、いくつかの理由が考えられる[71]。まず、先に述べたように、新高製糖（株）の常務という地位を投げうって独立を果たした松江が、科学者だったことである。東京工業学校（現、東京工業大学）を首席で卒業した後、アメリカ・ルイジアナ大学大学院砂糖研究科に進み、修士号を得ている。南洋群島という未開の地に製糖業を興そうというのであるから、常に過酷な自然環境との闘いがあったことは当然である。第一回製糖が無残な結果に終わったのは、害虫のオサゾウ虫による被害のためで

70　武村次郎　『南興史』　前掲書　78頁
71　松江春次の人物論については、拙稿「砂糖王　松江春次論─南洋興発の発掘と崩壊」『名古屋明徳短期大学紀要』第3号を参照願いたい。

あった。これを受けて松江は、南洋群島に適した品種として、オサゾウ虫に強いジャワ品種の甘薯の導入の決定を早急に下している。1926年には、早くもサイパンに清酒工場を創設。東京工業学校時代の醸造を専攻し研究したことを生かした。サイパンの糖業が軌道にのったその年に、テニアン調査課を設置して綿密な事前調査を開始した。経営面だけの知識と経験だけでは到底判断できない問題で溢れていた未開の地の開拓には、科学者松江春次の知識と姿勢が必要不可欠であった。

　次にあげる理由には、首を傾げる人がいるかもしれない。しかし、そこを敢えて述べるとすれば、それは、松江が資産家ではなかったことである。会社の設立資金も、東洋拓殖からほとんど出資してもらっている。常に東洋拓殖から金銭的管理を受けて、これが頭痛の種にもなってはいたようであるが、だからこそ失うものがない松江は、次々に未開の地へと事業を拡大できたのだと考えることができる。

　最後に、松江が事業家として大きなスケールをもった人物だったことは、事業を発展させる上で、重要な要素であったことは言うまでもない。青年期にアメリカとヨーロッパを足掛け5年間見て歩いた松江は「企業はどうあるべきか」だけでなく「日本はどうあるべきか」といった視点ももちあわせていた。会社はサイパン、テニアン等での内南洋の製糖業が軌道にのり、1925年からは株の配当率も8％になるという順調な発展ではあったが、松江はそれだけでは満足せずに、表南洋への進出を考えていた。オランダ領ニューギニアが世界恐慌の影響をうけて経済危機に陥っていたことを知り、ここを買収しようと思い立ったのだ。1930年のことである。そして実際、翌年の1931年には、ニューギニアに南洋興発合名会社を設立している。1932年、『南洋開拓捨年誌』を著し、いかに南洋群島に経済的価値があるかについて力説している[72]。また、時期はもう少し後になるが、表南洋への進出にはさらなる海軍の協力が必要不可欠だと考えた松江は、海軍省の総会に自ら赴き南洋の経済的価値について講演を行っている[73]。

　それ迄も海軍からの要請で南洋群島の軍事関連施設の築造を請け負っていた南洋興発であったが、内南洋に続く表南洋への発展に向けて、松江の方でも海軍と

72　1933年発行の『南洋開拓拾年誌』で、松江は、そのことを主張している。
73　松江春次は1935年1月14日に海軍省総会において、「南洋問題について」という題目で講演している。

三　南洋興発（株）　　67

の密接な結びつきを欲していたことが伺える。

　「南進論」を揚げていた海軍は第二次世界大戦が勃発し、真珠湾攻撃によって日米戦争が始まると、日本軍は早くも12月10日にグアム島を軍事占領する。その勢いはしかし、翌年の6月のミッドウェー海戦で失速。アメリカの軍事力の前に、日本は太刀打ちできず、1944年7月のサイパン戦を経て、終戦を迎えることとなる。サイパン戦は1ヶ月を要した。後に太平洋信託統治歴史学研究所所長となるスコット・ラッセル（Scott Russell）は、終戦迄のマリアナ諸島の様子を以下のように述べている。

　　アメリカの手に落ちたマリアナ諸島には飛行場が建設されていった。1944年の11月に最初のB29が到着した。その後の9ヶ月間、これらの飛行場から飛び立った絨毯爆撃攻撃が日本本土を焦土にした。テニアンを基地とした爆撃機から投下された原子爆弾によって日本の二つの都市が完全に焼け野原になるほど破壊されるまで、日本が降伏に最終的に応じることはなかった。輝かしく30年前に始まったマリアナ諸島の日本占領は、公式には本国送還船が生き残った日本人、朝鮮人、沖縄人を1946年春から夏にかけて彼らの母国に送り届けたときに終わった[74]

74　Russell, S.（1983）*Rising Sun Over the Northern Marianas: Life and Culture under the Japanese Administration*（*1914-1944*）: Issla Program for Social Studies: pp. 24

第四章　アメリカ「戦略地区概念」と「動物園理論」

一　トルーマン政権と「戦略地区」

（一）　ルーズベルト大統領の太平洋政策

　1939年に勃発した第二次世界大戦は、1941年12月、日本が枢軸国側に、アメリカが連合国側に加わったことにより、当然のことながら、ミクロネシアを廻る日米対決は熾烈を極める結果となった。

　1941年12月7日（アメリカ時間）、日本から奇襲攻撃を受けたアメリカは、今度こそ孤立主義政策を捨てる決意をもって日本を完膚なきまでに打倒し、国際政治の舞台から葬り去らなければならないと考えた。セオドア・ルーズベルト大統領が想定した太平洋を舞台とする日米対決は、30年の時を経て、遂に現実となったのである。

　開戦当初は、日本側が優勢であった。ミクロネシアに関していえば、ハワイの真珠湾攻撃から5時間後には既に、グアム島上空で日本海軍による航空攻撃が開始されていた。こうして12月10日にジョージ・マクミラン（George McMillan）総督を捕らえた日本軍は、降伏文書に署名をさせ、米領グアムの日本占領を宣言した。グアム島の歴史に詳しい山口誠は「多数の米軍が常留し、米国市民も生活していた米国の領土が敵の攻撃を受け、何百人もの米国捕虜とともに占領されてしまったという事実が、当時の米国本土に与えた衝撃は小さくなかった。〜米国にとってグアムは敵に占領された唯一の米国領土であり、戦後の日本人が忘れても、米国人は決して忘れなかった[1]」と指摘しているが、この点は戦後アメリカの太平洋政策を理解する上で重要である。アメリカにしてみれば、グアム島は

1　山口誠　『グアムと日本人』　岩波新書　3〜4頁

（当時、太平洋における中継港[2]としての役割を担わせていた）スペインとの戦争に勝利したことで得た領土であった。そのグアム島が「大宮島」と改名され、日本の占領地になったことは、まさに屈辱だった。太平洋上から日本を完全に駆逐し、ミクロネシアを支配下に置かなければならないとするアメリカ海軍の強い態度の源泉は、真珠湾攻撃に始まり、アメリカ領グアム島の日本占領、そして太平洋戦略の出端を挫かれた屈辱にあるといえよう。先に触れたバレンドーフも指摘しているように、アメリカはグアム島を要として太平洋戦略を構築しようとしていた。

　また一方で、アメリカは、戦後の新たな集団安全保障機構の主要なメンバーとして大きな役割を果たさなければならない立場にあった。その強い信念について、永井陽之助はこう解している。「ヴェルサイユ平和会議を実質的に空洞化した大国間の戦時秘密協定や、『勢力圏』のとりきめ等の大国の『力の政治』に対する、呪いに似た嫌悪感が生まれた。ウィルソンの誤りを二度と繰り返すまいと言う固い決意は、いわば《ウィルソンの亡霊》として、F・D・ルーズベルト大統領の外交＝（イコール）政治行動を大きくする制約する条件となっていく[3]」のである。

　《ウィルソンの亡霊》とは、うまいことを言ったものである。

　アメリカのアジア太平洋政策においても、ヤルタ会談迄は特に、この亡霊の威力は大きかったように思われる。ヤルタ会談でアメリカは、日本が国際連盟から受け負っていた委任統治地域であった「太平洋諸島ミクロネシア地域」の処理が戦後のアジア・太平洋政策の要だと認識していながらも、完全合併してしまうか、または国際機構の中に取り込むか、もしくは何とかして融合するか、という選択肢の中で揺れているのがわかる。

　戦後世界機構の構想は、1941年8月に発表された大西洋憲章に基づいて、参戦直後より国務省で検討しはじめた。

　日本の支配している国際連盟委任統治領であるミクロネシアをどうするかの検討も国務省で始まった。「国務省領土問題小委員会」は国務省の太平洋問題専門家のジョージ・ブレイクスリー（George Brakeslee）を中心として、後にコロンビア大学の学長となるグレイソン・カーク（Grayson Kirk）、同じくコロンビア大学

2　山口誠　上掲書　51頁
3　永井陽之助　『冷戦の起源』　中央公論社　1987年　89頁

70 第四章 アメリカ「戦略地区概念」と「動物園理論」

の教授となるヒュー・ボートン（Hugh Borton）、陸軍からはジェームス・オリーブ（James Olive）大佐、海軍からはハリー・ペンス（Harry Pence）大佐が参加して太平洋諸島の戦略的価値について検討を重ねた。この委員会は1943年5月に基本方針をまとめている。

> アメリカの極東における安全保障は、日本をどうコントロールできるかに負うところが大である[4]

上記は小委員会の委員たちの共通の見解であったが、しかし国務省を代表するブレイクスリーは、

> アメリカは太平洋諸島を全て支配下においてしまうことが望ましいのかもしれない。しかし我々には大西洋憲章の立場に立つという前提がある。これは、政治的には難しさを増すことになるかもしれないが、完全な主権を把握するのではなくてある種の権利を獲得することが必要なのかもしれない[5]

と主張した。一方で、かねてより太平洋を「our lake（我々の湖）[6]」と呼んで憚らなかった海軍のペンス大佐は、国際組織に取り込められるというのは「理想（大西洋憲章）に傾きすぎる[7]」と強調した。このように国務省と軍部との間で、ミクロネシアをどう扱うかについての見解の隔たりは大きかった。しかしながら、この距離を認識できたことが、後に太平洋地域をめぐって国際連合の信託統治の中に「戦略地区」という独特の発想を生み出すことにつながったのである。

　結果的に、1943年の結論は、軍部と国務省の意見を羅列しただけに過ぎないような内容となったが、これは当時のルーズベルトが、3月に行われた米英会談において、太平洋にある日本の委任統治諸島は、国際機構の下に置かれるべきであると主張していたことが影響したからと考えるべきだろう[8]。

　1943年11月、アメリカ、イギリス、中国の代表者によるカイロ会談で「日本国より1914年の第一次世界大戦開始以後において日本国が奪取し、又は占領したる

4　Louis, W.R. (1977) *Imperialism at Bay; The United States and the Decolonization of the British Empire, 1941-1945*, Oxford University Press: Oxford, U.K. pp. 74-82
5　Louis, op cit., pp. 74-82
6　Louis, op cit., 75
7　Louis, op cit., 85
8　Foreign Relation of the United States（以降「FRUS」とする）(1943), Vol. III; pp. 38-39

太平洋における一切の島嶼を剥奪すること[9]」が決まる。この年、コーデル・ハル（Cordell Hull）国務長官によって国際連合憲章の原案も作成されつつあった。ただし信託統治については具体化しなかったのである。

その原因としては、アメリカが単独で処理できない朝鮮半島をめぐる信託統治構想が複雑な様相を帯びていたからである。小此木政夫は、次のように述べている「ルーズベルトの信託統治構想は、大西洋憲章で表明されたウィルソン的な国際主義の枠を超えていた。それは明らかに権力政治的かつ地政治的な観点から語られており、大国としての中国の存在と『四人の警察官構想』を前提にしていたのである。したがって、それはソ連の参加を必要としていた[10]」ルーズベルトは、中国国内での革命の可能性を低く見ていたのだ。1943年の2月にはルーズベルトはこう発言している。「私は巨大な太平洋地域に点在する島々から徐々に日本軍を駆逐していこうとは思っていない。そんなことをしていたら何十年もかかってしまうだろう。中国を基地として利用することが日本を倒す唯一の方法だ[11]」太平洋諸島についても、単独ではなく、中国と協力することを考えていたことは明らかである。

1944年になると、統合参謀本部は、完全に太平洋諸島を統治する以外にアメリカの国防政策を実現させる方法はないことを確信し始めていた。そこでルーズベルトは、委任統治に変わる "sacred trust" という発想で、国務省には、信託統治の立場に立って更なる検討を進めさせ軍部に対して太平洋地域の永久支配についての方法を検討するよう指示した[12]。一見矛盾するように思われるルーズベルトの態度であるが、実際彼自身の中で迷いがあったとみることはできないだろうか。ルーズベルトはグランドストラテジー（基本戦略）に関しては、ほとんど国務省や軍部の中間のレベルの専門外交担当官の意見に耳を傾けず、もっぱら個人情報源に頼った。「ルーズベルト自身の私設外務省」といわれた個人秘書のハリー・ポプキンズ（Harry L Hopkins）をはじめ、ウィリアム・リーヒー（William Daniel Leahy）提督やジョージ・マーシャル（George Catlett Marshall, Jr）元帥等側

9　カイロ宣言（財）鹿島平和研究所編 『現代国際政治の基本文書』 原書房　1987年　8頁
10　小此木政夫 「朝鮮独立問題と信託統治構想」『法学研究』 第82巻　第8号　12頁
11　Dallek, R. (1995). *Franklin D. Roosevelt and American Foreign Policy 1932-1945*, OUP: Oxford, U.K. pp. 388-89
12　Louis, op. cit., p. 366

近の意見を尊重した。「1943年のカサブランカ会議の頃から、戦時外交政策の形成に国務省の果たす比重は急速に凋落し、ルーズベルト大統領は死に至る迄自己の手に外交を掌握するようになっていた[13]」という。

　又ルーズベルトは、共和党の重鎮2人を閣内に招いた。東部エスタブリッシュメントの代表者であるヘンリー・スティムソン（Henry Lewis Stimson）を陸軍長官に、シカゴ新聞界の大物ウィリアム・ノックス（Willian Franklin Knox）を海軍長官に任命した[14]。国の重要政策決定は現実主義的考えを持つ一握りのパワーエリート達のみで行ってしまおうとするルーズベルト流のやり方である。しかし《ウィルソンの亡霊》も感じていた。

　1944年にノックスの後に海軍長官になったのはジェームズ・フォレスタル（James Forrestal）であった。ウォール街で大成功を収めていた財界人の彼は、1940年には「ホプキンズ子飼いの大金持ちたち」の一人に数えられていて、ホワイトハウス入りを要請された[15]。シカゴ新聞界の大立者に可愛がられていたフォレスタルは、ホワイトハウスの行政補佐官になったその年に早くも海軍次官に転出していた。そしてノックス海軍長官の死後、後を継いだのである。従ってルーズベルトは、フォレスタル海軍長官の意見には耳を傾けた。

　1944年秋のダンバートン・オークス会談を前にした7月4日、統合参謀本部は、ルーズベルトに対して、軍部としては太平洋諸島の完全支配以外は考えられないとの覚書を提出[16]。国務省の作成した国際連合の信託統治制度案に太平洋諸島地域を含むことに真っ向から反対した。アメリカ側の戦後平和への構想が見えてこないこの段階で、国際機構の設立の準備を進める必要性に疑問を持ったのだ。フォレスタル海軍長官は「ダンバートンオークス会談の目的は何なのだ？　一体誰が海軍を代表するのだ？　一体どんな準備ができているというんだ[17]」と苛立ちをみせている。

　これに対してルーズベルトは、「軍部の意見も尊重できるが、これらの地域に対する統治は、戦争の結果生じるということを忘れるべきではない。あく迄国際

13　永井陽之助　前掲書　78頁
14　村田晃嗣　『米国初代国務長官　フォレスタル』　中央新書　1999年　54頁
15　村田晃嗣　上掲書　54頁
16　Louis, op. cit., p. 373
17　Forrestal, D. (1892-1949), Millis, W. (edt) (1951), *Forrestal Diaries*, Viking: New York, p. 8

連合が、旧日本委任統治領の委任統治をアメリカに頼んでくるという方向に持っていきたいのだ[18]」と述べた。

さらに統合参謀本部は "Fundamental Military Factors in Relation to Discussion concerning Territorial Trusteeships and Settlements" という報告書を出し、まずアメリカが、太平洋諸島に対する戦略を明確にしておかなければ、かえってイギリスや中国と衝突することになろうと警告した[19]。この結果、ダンバートン・オークス会談では、信託統治について一切話し合わなかった。

太平洋地域の安全保障政策をめぐる国務省と軍部の隔たりは、ルーズベルトによる迷いによるものであったが、両者の考え方の根底には先述した「国務省領土小委員会」の方針があり、つまり、太平洋諸島の戦略的価値の重要性は充分意識していたと考えられる。

ルーズベルトは、満州と台湾は中国に、南樺太はソ連に返還され、太平洋諸島にあたる日本の委任統治諸島は国際連合の信託統治下に置かれるべきであるという考えに固執もしていたからである[20]。「ウィルソンの亡霊」と例えた永井の言葉を再びかりるならば「1945年迄、アメリカ外交政策決定機構は40年ごろとさして変わらず、極言すればなきに等しいものであったといっていい[21]」ということになるのである。

1944年は、依然としてルーズベルトの「個人外交」の威光が強かったが、一方でそれを許さない状況も生まれていた。事実アメリカは、ドイツに対しては有力な戦いができてはいたものの、対日戦争においては、まだ見通しが立たない状態だった。太平洋諸島の心臓部であるマリアナ諸島が陥落して主要な地域は米軍の手に落ちたもののアメリカ軍の死傷者は40,000人にものぼっていた。西ヨーロッパにおいてソ連の優勢が伝えられると、同じ連合国であるものの、太平洋地域に共産主義国家であるソ連が介入してくれば、資本主義国家であるアメリカ独自の安全保障戦略が立てにくくなるのではないかという不安が統合参謀本部に生まれたのである[22]。

---

18 Louis, op. cit., p. 373
19 Louis, op. cit., p. 374
20 FRUS (1943), March 27 1943, Vol. III, pp. 38-39
21 永井陽之助　前掲書　78頁
22 Louis, op. cit., p. 375

74　第四章　アメリカ「戦略地区概念」と「動物園理論」

1945年に2月、政府内に「従属地域に関する各省混成委員会」が結成され、国務省、内務省、軍部から優秀な人物が送り込まれてきた。軍部の代表者はラッセル・ウィルソン（Russell Wilson）海軍大将、スタンリー・エムビック（S.D Embick）陸軍大将等で、国務省からはネルソン・ロックフェラー（Nelson Rockefeller）次官補が来た。国務省のレオ・パスボルスキー（Leo Pasvolsky）が議長を務めた。2月2日に第一回会議が開催され、ここで国際連合の考えに沿った信託統治案として「戦略地区」という概念が生まれた[23]。ここにきて新たな概念が生まれたという事実は重要である。

「戦略地区」という概念を国際連合憲章に挿入するのに熱心だったのはウィルソン海軍大将で、彼は統合参謀本部に送られてきたルーズベルトからの覚書を再度検討して、ルーズベルトが太平洋におけるアメリカの戦略的立場を弱める意志はないことを確認した。その上で「戦略地区」と「非戦略地区」という2つのタイプの信託統治を国際連合憲章に規定することで、軍部と国務省両方の要望に応えられると主張したのである[24]。この発想は、委員会メンバーにとっても1945年という時期的にも重要であった。なぜなら、この当時のアメリカは日本と太平洋地域をめぐって真剣に対峙していたからである[25]。

このようにしてヤルタ会談を目前にしたこの時期に、国務省と軍部との間で、信託統治に関する大きな歩み寄りがみられた。1945年2月11日に発表された「クリミヤ会議の議事に関する議定書」では「実際の地域に関するいかなる討議も、近く行われようとする連合会議の際において、又は準備協議においては予定されていないということ、いずれの地域が信託統治の下に置かれるかは、その後の協定によって決定される事項であるということが明らかにされることを条件とするものである[26]」と信託統治に関しての決定がされた。「戦略地区」という考え方は、この時点ではまだ内密事項であった。

「戦略地区」という国際連盟の時代には想像もつかなかった概念が盛り込まれることになるわけであるが、それでも太平洋諸島を完全併合したいと考えていた軍部にとっては、国際組織である国際連合の信託統治下においてしまうことの不

23　Louis, op. cit., p. 477
24　Louis, op. cit., p. 478
25　Louis, op. cit., p. 478
26　カイロ宣言（財）前掲書　14〜15頁

安があった。「太平洋諸島はアメリカの安全保障のみならず、世界の保障機構にとって重要であるからこそ、エゴイズムではなくこれらの島々を維持するのはアメリカでなくてはならない[27]」とフォレスタル海軍長官は言っている。海軍のこの主張は、1946年10月迄続くことになる。硫黄島作戦に同行し激戦を目の当たりにしたフォレスタル海軍長官にとって太平洋は地理的要素からも特別であったのだ。

　ルーズベルトの死去は、さらに各省間の話し合いを促進させた。1945年 4 月14日には、国務省、陸軍省、海軍省の 3 省で太平洋諸島について徹底的に討論した。陸軍長官であるスティムソンと海軍長官であるフォレスタルは「国際組織に関する連合国会議」では、信託統治について突っ込んだ話し合いをしないように国務省に求めた。国務省は、全く触れないというのは無理であるが、一般的な議論にとどめておくことを承諾した[28]。

（二）　サンフランシスコ会議

　1946年 4 月25日に「国際組織に関する連合国会議（United Nations Conference on International Organization）」（以下サンフランシスコ会議と呼ぶ）が開催される迄に、アメリカ政府は、その準備としてミクロネシア問題について 2 つのことに取り組んだ。信託統治の規定案の原案を作ったことと、国務省、陸軍省、海軍省との間で話し合いをしておくことである。サンフランシスコ会議の10日前の 4 月14日、3 省が太平洋諸島について討論したことは前章で触れた通りである。加えて、サンフランシスコ会議では、ミクロネシア地域を含む信託統治問題について他国にはできるだけ議論させないことを約束していた[29]。

　実は、サンフランシスコ会議は、議題が「クリミア会議、主催国団の承認した中国提案、参加国によるコメントによって補足されたダンバートン・オークス提案について」であった。1944年のダンバートン・オークス会談（Dumbarton Oaks Conversations）で合意されたダンバートン・オークス提案（Dumbarton Oaks Proposal）を土台として、参加国でさらに提案・補足・修正していきましょうという会議だった。しかし、ダンバートン・オークス提案は、信託統治制度については

27　Forrestal, op. cit., p. 38
28　Forrestal, op. cit., p. 44
29　Forrestal, op. cit., p. 44

何も規定していなかった。述べてきたように、アメリカ国内における、軍部と国務省の対立が激しく、提案できるレベル迄にまとまっていなかったからである。よって、サンフランシスコ会議で規定が作られるということになっていた。

サンフランシスコ会議は、General Committee と呼ばれる運営、執行、調整、信任状の各委員会と、本会議において最終的に討議されるための基礎案文を決定する４つの委員から成り立っていた。一般規定の研究をする第Ⅰ委員会、総会の研究をする第Ⅱ委員会、安全保障理事会の研究をする第Ⅲ委員会、司法裁判所の研究をする第Ⅳ委員会である。第Ⅱ委員会の第４専門委員会が信託統治制度の為の委員会となった[30]。

そこで、この第Ⅱ委員会第４専門委員会が、信託統治の機構と原作作りをまかされることになった。「後の協定によって信託統治のもとにおかれるべき従属地域のための、国際信託統治制度の機構に関する規定」の起草を委託されたのである[31]。

アメリカはここに至って、それ迄練り上げてきた「戦略地区」構想を盛り込んだアメリカの信託統治案をイギリス、ソ連、中国、フランスに提出。イギリスは、信託統治概念は、戦略地区構想とは相容れないものであると反対し、ソ連と中国は、ある地域を安全保障地域とする決定権があるのは安全保障理事会だと主張した。「しかし、アメリカは『戦略的信託統治地域』は他と全く切り離して、その統治国がそれを指名するという主張をかえなかったため、他の大国も渋々これを受け入れることとなった[32]」のである。

サンフランシスコ会議は、50カ国が参加していた。会議の事務総長は、アルジャー・ヒス（Alger Hiss）で、事務次長は、ジョン・ロス（John Ross）、共にアメリカ政府の人間であった。事務局は総勢1058人、この他に米国海軍の委員とボランティアがいた。会議の費用200万ドル弱は、主催国としてのアメリカが負担した[33]。アメリカの費用でアメリカ人を使いながら、アメリカが練り上げたダンバートン・オークス提案を追認するための "でき会議" であったことは否定でき

30　加藤俊作　『国際連合成立史』　有信堂　2000年　87〜88頁

31　国際連合広報局編　中央大学国際関係法研究会＆中央大学図書館訳　『創立50周年記念　国連年鑑特集号　国連半世紀の軌跡　1945〜1995』（以降「国連年鑑特集号」とする）　中央大学出版部　1995年　32頁

32　加藤俊作　前掲書　108〜09頁

33　国際連合広報局編　『国連年鑑特集号』　前掲書　18頁

ない。各専門委員会は、運営委員会が指名した。運営委員会委員長は、アメリカ国務長官エドワード・ステチニアス（Edward Stettinius Jr）が務めていたのである。このような状況下で、アメリカ案に盾突くには相当な根拠が必要だったのである。

　アメリカの強気の戦略地区構想を盛り込んだ提案は、5月15日第Ⅱ委員会第4専門委員会に提案された。内容の要旨は次の通りである。

A　一般的政策
現代の激烈な状況のもとで未だ自立できていない人民の住む地域の施政につき責任を有する国連加盟国は、この地域の住民の福祉を、国際共同体の中で最大限促進することが文明の神聖な信託であるとの一般原則を承認する。

B　地域的信託統治制度
この機構は、その権威のもとに国際信託統治制度を創設する。
信託統治のもとにおかれる個々の地域のための信託統治協定は、直接の関係国によって締結される。
信託統治協定によって、その協定の適用される地域の一部または全部についてこれを戦略地域と指定することができる。
戦略地域に関するこの機構のあらゆる任務は、その信託統治協定の承認・修正ないし改正を含め、安保理によって行われるものとする。
戦略地域に指定されなかった他のすべての地域の信託統治地域に関するこの機構の任務は、総会がそれを行うものとする。
信託統治制度上の任務のうちで安保理が担当しないものについて、総会がこれを遂行するのを援助するため、総会の権威のもとで活動する信託統治理事会を設立するべきものとする[34]

　第Ⅱ委員会第4専門委員会に出された草案は15項目に及んだ。第Ⅱ委員会第4専門委員会は、この作業文書を審議の基礎として採用した。信託統治協定の条件に関しては、若干の修正を施した上で、アメリカが主張する提案を承認したの

34　国際連合広報局編　『国連年鑑特別号』　前掲書　32～34頁

である。アメリカの主張する信託統治協定は「直接関係する国」によって合意され、施政当局を指定しなければいけない。いかなる信託統治地域においても戦略地区を指定することができる。戦略地区を除く信託統治地域に関する国連のあらゆる任務は総会により、戦略地区に関する任務は安全保障理事会により遂行されるべきである。これらの内容を含んだものが、国連憲章第11章、12章、13章となった。原文については、巻末資料を参照のこと。特に重要な第82条と第83条はここに挙げる。

国際連合憲章

第12章　国際信託統治制度

第82条（戦略地区の指定）
いかなる信託統治協定においても、その協定が適用される信託統治地域の一部又は全部を含む1又は2以上の戦略地区を指定することができる。但し第43条に基づいて締結される特別協定を害してはならない。

第83条（戦略地区に関する任務）
1. 戦略地区に関する国際連合のすべての任務は、信託統治協定の条項及びその変更又は改正の承認を含めて、安全保障理事会が行う
2. 第76条に掲げる基本目的は、各戦略地区の人民に適用する
3. 安全保障理事会は、国際連合の信託統治制度に基づく任務で戦略地区の政治的、経済的、社会的及び教育的事項に関するものを遂行するために、信託統治理事会の援助を利用する。但し、信託統治協定の規定には従うものとし、また安全保障の考慮が妨げられてはならない

第82条については、ジャン＝クロード・ゴトロン（Jean-Cloude Gautron）が「信託統治の一般制度の採用を可能にした妥協のあらわれである」と述べその理由として「米国の支配的な世論は、この地域で起こったもろもろの軍事上のできごとを考えると、この地域の管理を国際的監督のもとにおくことには反対であり、国際的監督よりも、日本軍から太平洋諸島を勝ち取った延長として、無条件の併合を望んでいたのである[35]」として、戦略地区という発想がいかに妥協の産物であ

35　アラン・デプレジャン・ピエール・コット共著（中原喜一郎、斉藤恵彦監訳）『コマンテール
　　国際連合憲章—国際連合憲章逐条解説—』　東京書籍　1993年　400頁

るかの理由に触れている。第83条については、戦略地区については、請願の審査、定期視察団の派遣、質問書の作成、施政権者の報告の審議、及び年次報告を安全保障理事会にゆだねられることが規定された[36]。

1945年6月25日のサンフランシスコ会議最終日に行われた本会議においてこの専門委員会が提唱した国連憲章は50カ国の全会一致で承認された。8月8日、アメリカの上院が批准。10月24日、国際連合は、ポーランドも加わった51カ国で発足した。

ミクロネシアに関して次にアメリカが進むべきは、国際連合加盟国によってアメリカがミクロネシアの保護国となる承認を得ることだった。具体的に言い換えるならば、アメリカが施政権者となり、旧日本委任統治諸島を「戦略地区」にすることを、安全保障理事会常任理事国イギリス、フランス、ソ連、中国に、拒否権を使われずに承認してもらえるかが、大きな山であった。

（三） ミクロネシア信託統治協定

1946年当初は、孤立主義政策を捨てたアメリカにとって、独自の外交政策実現に向けての Tune-up の時期であった。2月22日、ケナン（George F. Kennan）駐ソ大使代理の有名な「8,000語の電報」がモスクワから国務省に届いた。

> 半世紀間、西ヨーロッパでなすところなくくすぶっていたマルクス主義が、ロシアで最初に手がかりをつかみ、燃え上がったのは偶然のことではない。友好的な隣国も知らず、また国内的にも国際的にも、別々の勢力間の寛大な均衡関係など経験したことのなかったこの国だからこそ、社会の経済的矛盾は、平和的手段では解決できないとする理論を、成功させることができたのである。──この政府（注：ソビエト政府）そのものが、現実に陰謀の中の陰謀そのものだと疑うに足る理由がある。──ロシアは、ソビエト勢力の拡大の可能性、あるいは他の諸国の勢力を抑制、ないし弱める可能性があると、自分たちがみなす国際機構には公式に参加するだろう[37]

この時ケナンは、ウィリアム・ハリマン（William Harriman）ソ連大使の下で次席であった。強い反共主義者のケナンと違い、ハリマンは慎重であった。ハリマン

36　同上　405〜406頁
37　ジョージ・F・ケナン（清水俊雄訳）『ジョージ・F・ケナン回顧録　下』　読売新聞社　1973年　付録C　1946年2月22日のモスクワからの電報（抜粋）324〜26頁

80 第四章 アメリカ「戦略地区概念」と「動物園理論」

が1943年10月からソ連を離れたため、ケナンはソ連大使代理として本国に報告する立場を得た。このケナンの電報は、ハリマンの不在の際にケナンによって送られたもので、同じく反共主義者であったフォレスタル海軍長官に持論を正当化するきっかけとなった。

　ケナンの公電のコピーは、フォレスタルによって、大統領をはじめ国務省、陸軍、空軍、海軍の高官に配られ、大変な反響をよんだ。後にＸ論文の基礎となった「ソ連の対外政策の心理的背景」を書くことを勧めたのもフォレスタル海軍長官である[38]。フォレスタルは、ケナンをワシントンに呼び出し、新設のナショナル・ウォー・カレッジの教官に起用もした。フォレスタルがワシントンでのケナンのパトロン役を演じるようになる[39]。

ソ連についてケナン駐ソ大使代理はこうも言っている。

　　我々がここで問題にしているのは、合衆国と永続的な協定などは結ばず、ソビエト権力の安泰のためには、われわれの社会の内部調和がかき乱され、われわれの伝統的生活様式が破壊され、わが国の国際的権威が打ち砕かれることが望ましく、また必要だという、そんな信念を狂信的に信奉する政治勢力なのだ[40]

ケナンの分析を受けて、フォレスタルはソ連の膨張を増長させないよう具体化できる政策の実現に目に向けるようになっていった。

　1945年12月末、アメリカは国連総会第１回第１期の参加に向けて作成した「信託統治にアメリカが関与するにあたっての覚書」で、旧日本委任統治諸島をアメリカが単独で信託統治することに関して安全保障を考えると絶対に必要であるとの見解を明記していた。しかし他国を説得するための明確かつ正当な理由と、もし反対する国がでれば説得できる説明を想定しておかなければならなかった[41]。

　この構想について世界に向けて発表する機は熟していないと判断したトルーマン大統領は、1946年１月15日の大統領記者会見で記者の質問に答えて、「旧日本

38　永井陽之助　前掲書　28頁
39　ジョージ・Ｆ・ケナン（清水俊雄訳）　前掲書　130頁
40　ジョージ・Ｆ・ケナン（清水俊雄訳）　同上　331頁
41　FRUS（1946）"United States Policy Regarding Questions Relating to The Establishment of International Trusteeship System Under the United Nations Charter; President Truman's Declaration of November 6 Proposing A Strategic Area Trusteeship With The United States As Administering Authority For The Pacific Islands Formerly Under Mandate to Japan"（pp. 544-711），Vol. I., pp. 545-46

委任統治諸島について、どの島々をアメリカを施政権者とするかについて、まだ
決めていない。国務・陸軍・海軍3省調整委員会（State-War-Navy Coordinating
Committee：以後 SWNCC と記す）にできるだけ早く検討してもらうようのぞむ[42]」
と述べた。この頃、ジェームズ・バーンズ（James Francis Byrnes）国務長官も旧
日本委任統治諸島を通常の信託統治とするか、それとも戦略地区に指定するか、
もっと陸軍、海軍と議論を重ねなければならないと考えていた[43]。一方国務次官
に対しては「トルーマン大統領が、国際世論を敵にまわさないようにしながら、
旧日本委任統治諸島の単独占領を考えているらしい[44]」とも伝えていた。

　アメリカは、国連総会に出席するにあたっての目標は定めてはいたものの、
「信託統治理事会を発足させる」ための最良の方法は見出せずにいた。このよう
な状況下であった1946年当初、当然、旧日本委任統治諸島の取り扱いに関する統
一見解を示せなかった[45]。

　第1回国連総会第1期の決議は次のようであった

> 総会は、信託統治理事会の設立が望まれなかったからではなく、信託統治理事会の設
> 立の前に信託統治協定が締結されなければならないという理由から、第一回総会のこ
> の第一期で設立され得なかったことを遺憾に思う。――望ましくは、第一回総会の期
> 間中には（年末に第二期が開かれることになっていた）これらの協定を承認に付すた
> めに、目下委任統治下にある地域を施政している国家に対して、直接に関係する他の
> 諸国と連携して、憲章79条実施のための具体的手段をとることを要請する[46]

　1946年4月に入るとまずアメリカ海軍が動いた。フォレスタルが、バーンズに
手紙を書いたのである。4月4日のことであった。「太平洋諸島（旧日本委任統治
諸島地域のこと）だけは、アメリカの戦略上大変に重要な地域であるということ
を言わせていただきたい。他の国々もここには関心をもっていることがわかるか
らこそ、アフリカと同様に扱われてはならないし、もしそのように扱えば、それ
は大変に愚かしいということを特に申し述べさせて頂きたい[47]」

42　FRUS（1946）, op cit., Vol. I., pp. 551-58
43　FRUS（1946）, op cit., Vol. I., p. 553
44　FRUS（1946）, op cit., Vol. I., p. 553
45　FRUS（1946）, op cit., Vol. I., p. 558
46　国際連合広報局編　『国連年鑑特別号』　前掲書　238～39頁
47　FRUS（1946）, op cit., Vol. I., pp. 565-66

82 第四章 アメリカ「戦略地区概念」と「動物園理論」

　国務省も動いた。4月20日の国務省スタッフ委員会で「もし旧日本委任統治領を戦略地区にしたいのであれば、安保理で、ロシアが反対票を投じないように根回しすることが必要である[48]」とした。

　旧日本委任統治領をどうするかについての明確な方向性を求める両者の様子が伺える。「戦略地区」というものを国連憲章の中に盛り込むことに成功したものの、具体的にアメリカに有利なように活用できないでいた。それから5ヶ月後の9月10日、漸く両者の意向をくんだ信託統治協定原案が出来上がった。

　第42回SWNCC（国務・陸軍・海軍3省調整委員会）会合で要請された特別委員会が、約1ヶ月かけて作り上げた。特別委員会が土台としたものは、8月8日に国務省から出されていた、27条からなる信託統治協定案と、8月24日に海軍から出されていた、9条からなる信託統治協定案であった。両者の主張を要約して原案をまとめた。当初は、様々な可能性を想定し5パターンが考えられたが、最終的には旧日本委任統治領を「戦略地区」として信託統治することを前提としての原案となった[49]。しかし、9月10日時点では、特別委員会内部で問題となっていたところもあった。16条からできていた信託統治原案の第8条は、憲章の第76条d項の（平等待遇の確保）「d　前期の目的の達成を妨げることなく、且つ第80条の規定を留保して、すべての国際連合加盟国及びその国民のために社会的、経済的及び商業的事項について平等の待遇を確保し、また、その国民のために司法上で平等の待遇を確保すること」を受けて、「すべての国連加盟国は、社会的、経済的、商業的に平等に扱われる」としていた。そこが問題になったのだ。「平等に扱われる」と明記してしまって大丈夫なのかという点について検討が加えられた。この文言で、施政権者のアメリカの旧日本委任統治諸島への対応が、国連加盟国全体に公表されてしまうのではという懸念が浮上したのだ。しかし最終的には、委任統治協定はあく迄国連の枠組みの中で結ばれるものであることを踏まえ、第76条d項を尊重した内容とすることで落ち着いた。特別委員会の原案がSWNCCでSWNCC59／4として決定[50]。ここにアメリカは施政権者として、旧日本委任統治諸島を「戦略地区」信託統治領にするための大きな一歩を踏み出したのであった。SWNCC59／4の内容は次のような特徴を持つ協定である。

48　FRUS（1946）, op cit., Vol. I., pp. 565-66
49　FRUS（1946）, op cit., Vol. I., p. 622
50　FRUS（1946）, op cit., Vol. I., pp. 622-23

一 トルーマン政権と「戦略地区」 83

　a）全体を戦略地区とする
　b）自治政府をもたせることを目標とする
　c）信託統治理事会とも協力してやっていく
　d）アメリカの他の統治下にあるところとは分離して扱う
　e）アメリカの同意なしに協定を終了させることはできない[51]

問題となっていた信託統治協定の第8条については、施政国が、国連加盟国と商業的な取り決めをはじめとする様々な条約や協定について、交渉したり、結論を下したりすることができるという内容を明記。SWNCCでSWNCC59／5として9月17日に承認された[52]。最終的には国連アメリカ代表メンバーと安全保障理事会アドバイザーの判断も加わって、最終案となるのは11月末のことである。

　1946年10月9日、国連総会第1回第2期を控えて、第Ⅱ委員会第4専門委員会委員長をつとめてきたジョン・F・ダレス（John Foster Dulles）は、国務長官宛てに覚書を作成した。

　　国連総会の次期会合で、旧日本委任統治諸島は、アメリカが信託統治すると意思表示することは、とても大切であると大統領に申し上げた。同様の事をフォレスタル海軍長官にもランチを共にしながら言った。
　　いくつかの国々が、アメリカの国力に疑問を持ち始めて、アメリカと同一歩調をとることに疑問を感じ始めている。もしアメリカが、旧日本委任統治諸島の件に言及しなければ、他のアメリカを頼っている国を不安に陥らせることになる。それはアメリカの立場を弱めることにもなる。
　　私としては、併合よりも戦略信託統治を考えた方が良いと思う。アメリカが完全併合をしてしまえば、それは国連の信託統治の崩壊にもつながるかもしれないからである。フォレスタル海軍長官は、ニミッツ（Chester William Nimitz）提督とシャーマン（Forrest Percival Sherman）提督に話をしてくれるよう頼んできた。私は二人に話をした。そして海軍が絶対に必要だと考えているこの人口希薄な地域での軍事的な権利は、充分に手に入れることができることを強調した。私は永久に貸与されているパナマ運河を例に話をして、両者に納得してもらった。私はもはや海軍が戦略信託統治で妥協しているように感じた。[53]

───────────

51　FRUS（1946）, op cit., Vol. I., p. 624
52　FRUS（1946）, op cit., Vol. I., p. 626
53　FRUS（1946）, op cit., Vol. I., pp. 637-38

84 第四章 アメリカ「戦略地区概念」と「動物園理論」

フォレスタルは、10月15日にハリマン（William Averell Harriman）元駐ソ大使と会い、何らかの平和の為の調整が必要であることを確認しあった[54]。そして太平洋諸島についてのアメリカの戦略的重要性から、SWNCCの原案を尊重して国連の信託統治制度の中でできるだけ速やかに検討することに合意したのだった[55]。国務省、陸軍省、海軍省で更なる話し合いが行われた。海軍のニミッツ提督は、それでもアジア・太平洋地域の安全保障の要となる太平洋諸島は、アメリカが直接コントロールするべきであると主張していたが、彼を説得したのはダレスとフォレスタルであった。

　国連憲章が出来て1年以上が経過し、旧日本委任統治諸島に対する信託統治協定案の原案が、国務省、陸軍省、海軍省ですりあわせが終わった。この時点で、いまだ海軍の一部では、完全併合をのぞむ声があった。最後の旗降り役を演じたのが、第Ⅱ委員会第4専門委員会委員長、ダレスだった。

　ダレスは10月21日のニューヨークのホテル「ペンシルベニア」での国連アメリカ代表団の会合の席上でも、「旧日本委任統治諸島に関して未だに決定されていないということは、アメリカ代表団にとっても恥である。政府内に意見の不和はあっても、もはや旧日本委任統治諸島は、アメリカ合衆国にとって必要な地域であることを早急に宣言するよう、大統領と国務長官に協議をしてもらいたいものである[56]」と発言している。

　ここ迄検討を重ねてきた対ミクロネシア政策における軍部と国務省の意志統一に、見通しが立ったと判断したダレスは、ソ連との話し合いを開始。10月31日、国連総会代表団同志の会合を開いた。ソ連側の出席者は、アンドレ・グロムイコ（Andrei Gromyko）、ニコライ・ノビコフ（Nikolai Novikov）、グンター・ステイン（Günther Stein）で、アメリカ側からは、ポール・ブルーム（Paul C. Blum）、チャールズ・ヨスト（Charles Yost）、オリエ・ゲリック（Orie B. Gerig）、そしてダレスが出席した。しかしこの時点では「直接関係国」についての解釈と、信託統治の手続きについて、ソ連との意見の一致をみるには至らなかった[57]。

　アメリカ側は、実は、国連憲章第12章国際信託統治制度に述べられている文言

54　Forrestal, op cit., p. 212
55　Forrestal, op cit., p. 213
56　FRUS（1946）, op cit., Vol. Ⅰ, pp. 657-58
57　FRUS（1946）, op cit., Vol. Ⅰ, pp. 665-68

一　トルーマン政権と「戦略地区」　　85

「直接関係国」については、具体的な定義化を避けてきた。触れれば、ソ連側に
よる論争を招く恐れがあったからである。グレーゾーンにしておくことには、そ
れぞれが都合良く解釈する狙いがあった。「"The State directly concerned"は
"mandatory states"よりも広い意味をもつと考えており、厳密な定義はしない
方がいい[58]」とダレスは述べている。同様にバーンズも「総会でアメリカは
"state directly concerned"についての議論はやめさせるようにする。国連憲章
はある意味あいまいさを残しておいた方がよいという考え方をもっている。要は
事務的な解釈でよいのでる[59]」と上院議員への電報で伝えている。

　11月6日、トルーマン大統領は声明を出した。

　　アメリカ合衆国は第二次世界大戦の結果責任を負っている「旧日本委任統治地域」
　　を、合衆国を施政権者とする信託統治領にする用意がある。「戦略地区」とする信託統
　　治協定案は、安全保障理事会で承認されることを望む[60]

　翌11月7日に、サンフランシスコ会議以降信託統治制度を扱ってきた第Ⅱ委員
会第4専門委員会で委員長をつとめてきたダレスは、アメリカが旧日本委任統治
諸島の施政権者として名乗りをあげたことを委員会に報告した。この第4専門委
員会が中心となり、国連憲章の信託統治に関する規定を作り上げた。その背後に
は、土台を提供した国務省がおり、本章の第2項「サンフランシスコ会議」でふ
れている。その後本項で述べてきた通り、トルーマンの指示のもとSWNCCが
信託統治協定案を策定してきた。

　こうしてダレスが画策した「戦略地区」の構想は、トルーマンの声明をもっ
て、世界に向けてアメリカの決意として、現実となったのである。旧日本委任統
治諸島であるミクロネシアを、アメリカを施政権者とする「戦略地区」信託統治
領とすべきだというダレスの意向が通った結果となった。

　それでもダレスは各区方面への目配りを怠らなかった。11月21日、国連アメリ
カ代表団の打ち合わせがニューヨークのホテル「ペンシルベニア」で開かれた
折、ダレスはエレノア・ルーズベルト（Eleanor Roosevelt）国連代表とワーレン・
オースティン（Warren Robinson Austin）上院議員とこんなやりとりを交わしている。

58　FRUS (1946), op cit., Vol. I., pp. 668-70
59　FRUS (1946), op cit., Vol. I., pp. 670-71
60　FRUS (1946), op cit., Vol. I., pp. 674-75

86 　第四章　アメリカ「戦略地区概念」と「動物園理論」

　　　　ダレス：太平洋諸島に関する信託統治協定案を他と（筆者注：他の通常の信託統治地
　　　　　　　　域のことをさす）同様に扱ってはならない。旧日本委任統治諸島に関して
　　　　　　　　は、アメリカ内部でも太平洋諸島を国連の為に統治するのか、アメリカ合衆
　　　　　　　　国のために統治するのか、決定できないでいる。運命は我々の手中にある。
　　　　　　　　海軍はこのことを理解していない。

　　　ルーズベルト：海軍は海軍の立場でしか考えようとしないが、我々代表団は国民感情
　　　　　　　　をも考慮しなければならない。

　　　オースティン：国連の安全保障システムがしっかりと確立する迄ということで、太平
　　　　　　　　洋地域を戦略地区として置くのはどうか。

　　　　ダレス：自分の理解の範囲では、海軍はこれ以上アメリカの立場を弱くしようとする
　　　　　　　　ことは望んではいないということである。[61]

　フォレスタルを始めとする、海軍関係者への根回しは済んでいたものの、11月
になって、シャーマン提督が「もし太平洋をコントロールできたら、我々の国境
は他国の沿岸に及ぶことができる。艦隊に整備されている空軍機や他の兵器の行
動半径の中に難攻不落な土地がなくなるのだ[62]」と発言。このことを受けてダレ
スは、アメリカ内部のエレノアなどの国連信奉者の神経を逆撫でしてしまっては
ならないと配慮して発言することに迫られた。
　11月25日、国連アメリカ代表のメンバー達と、安全保障理事会のアドバイザー
である、チャールズ・ノイズ（Charles Noyes）との間で、国務省より提出された
旧日本委任統治協定案について話し合いが行われた。実際に安全保障理事会に提
出した際の各国の反応を意識しての話し合いであった。
　次の3点が検討された。
　　（1）何を根拠にアメリカが信託統治協定を締結できるのか
　　（2）アメリカが唯一の直接関係国でよいか
　　（3）安全保障理事会に付議される前に、ソ連も直接関係国であると主張し
　　　　てきたらどうなるか

61　FRUS（1946）, op cit., Vol. I., pp. 683-86
62　FRUS（1946）, op cit., Vol. I., pp. 681-82

検討の結果：

（１）については、第二次世界大戦中に軍事占領したという事実が大きい
（２）については、国連憲章から解釈して、直接関係国というのは委任統治にあたる
　　　国だと考えられる
（３）については、安全保障理事会でソ連に賛成してもらう迄あせらずに取り組んで
　　　いく。我々の目的は旧日本委任統治諸島を併合するのではなく、信託統治下に
　　　置くのだということをわかってもらうことである。我々の目的は安全保障理事
　　　会で承認してもらって、アメリカにとって満足のいく信託統治を行うことであ
　　　る。[63]

　以上の回答を導き出した後、信託統治協定案を吟味していった。信託統治協定
案は SWNCC document 59／4 が使われた[64]。信託統治協定案は16条から成って
いた。

第１条：信託統治に制限を加えることに賛成である
第２条：問題なし（No problems）
第３条：海軍は "as an integral part of" の削除に抵抗するかもしれないが、アメリカ
　　　　に帰属させること意図としている協定ではないのである
第４条：国務省は、戦略地区は国連憲章の76条（a）（b）そして（c）に対して、ある
　　　　程度制限が加わるものと考えている。しかしこのことは論争を招くであろう
　　　　から、八条と照らし合わせて検討することが重要である。
第５条：この各項については、海軍の意向もしっかりと検討しなければいけない。海
　　　　軍は国連憲章の43条から、旧日本委任統治諸島に基地を建設することを考え
　　　　ている。アメリカ政府としてはさらに包括的な安全保障を考えることができ
　　　　るかもしれない。
第６条：「独立」という言葉を押入するよりは「自治政府」という言葉の方がよい
第７条：問題なし
第８条：問題を含んでいるといえる。連合憲章76条（d）は、戦略地区には適用しない
　　　　とすると83条の２の存在のために議論を要する
第９条：問題なし
第10条：問題なし
第11条：戦略地区の住民の地位は、アメリカの市民権をもつというものではない

63　Forrestal, op cit., pp. 685-86
64　若干の修正を加えたものが59／5として存在していたが、11月６日のホワイトハウスでのプレ
　　スリリースの資料として使われたのも SWNCC59／4であったことから、これが国務省が提出し
　　た資料であったことは間違いない。

第12条：ノーコメント（No comment）
第13条：83条1から戦略地区の施政権者は報告、請願の許可、定期的な視察を受ける
　　　　事ははっきりしない。「閉鎖地区」を設けることへの説明は、大変な思慮分別
　　　　をもってなさらなければならない。そしてできることならば、87条と88条の
　　　　適用は戦略地区には制限されるべきである。
第14条：「閉鎖地区」に対しては、国際的に係ることは、アメリカ政府が禁止できるの
　　　　かどうかについては問題であるか、それは可能であると結論できよう
第15条：ノーコメント
第16条：ノーコメント[65]

これらの検討によって最終的にミクロネシア地域との信託統治協定として作られ
たものが Trusteeship Agreement for the Former Japanese Mandated Islands
（「太平洋における旧日本委任統治諸島に関するアメリカ合衆国信託統治協定」で略して
「旧日本委任統治諸島との信託統治協定」とする）である。要点は次の通りである（全
文は巻末に掲載）。

旧日本委任統治諸島との信託統治協定

第1条：国際連盟規約22条により、日本の委任統治となっていた太平洋諸島は、国際
　　　　連合憲章の定めるところにより「戦略地区」とする
第2条：アメリカ合衆国がこの信託統治の施政権者である
第3条：施政権者は信託統治に関しての、行政、立法、司法の全権を有する。アメリ
　　　　カ合衆国が信託統治に関して必要と判断した場合には、修正を加えることが
　　　　できる。
第5条：施政権者は国際連合憲章の76条（a）と84条に縛られることなく、国際の平和
　　　　及び安全の維持についてその役割を果たさなければならない。その上で以下
　　　　の資格を持つ
　　1．海陸軍基地を建設して要塞を築くこと
　　2．武装兵力を駐留させること
　　3．安全保障理事会への義務を履行するために加えて信託統治の法と秩序の維持
　　　　のために義勇軍、施設、援助を利用すること
第6条：国際連合憲章の76条（b）に縛られることなく、施政権者は以下のことを行う
　　1．信託統治地域の住民が、自治あるいは独立に向けて自由に考えを表明できる
　　　　ように、政治的側面を育成していくこと

65　Forrestal, op cit., pp. 685-89

2．経済的自立促進のために資源の利用を取り締まり、漁業、農業、工業の発展
　　　を促していくこと
　　3．社会発達促進のために基本的人権を守り、健康管理につとめること
　　4．住民の教育的進歩向上のために初等教育システムの充実を計っていくこと
第 8 条：施政権者は国際連合憲章の76条（d）と83条 2 に縛られることなく、安全保障
　　　や住民の福利厚生の向上のため国際連合加盟国と協力していくものとする
第13条：施政権者は時として、国際連合憲章87条と88条の適応外として、安全保障の
　　　理由から信託統治地域に「閉鎖地域」を指定することができる
第15条：この協定は施政権者の同意なくして変更し修正し終了させることはできない
（1947　UNITS　190）

11月25日に行なわれたこの協定案の最終検討で、問題が指摘された第 8 条に関し
ては「施政権者は国際連合憲章の76条（d）と83条 2 に縛られることなく」とし
た。しかしそれでも他国からの批判をかわす為「国際連合加盟国との協調姿勢は
とっていく」と明記している。
　11月28日、ダレス委員長は、ソ連側と再度話し合いをもった。アメリカ側によ
る信託統治協定案の次は、この案を審議する安全保障理事会で、ソ連に拒否権を
使われないよう根回しが必要だった。ダレスは、クロムイコとノビコフとの話し
合いを覚書として以下のようにまとめている。

　　ソ連は、アフリカの委任統治地域については、さしたる興味はないものの、旧敵国で
　あったイタリアや日本が植民地や委任統治地域としてもっていたところには、直接関
　係国になりたいと思っているようだ。そこでアメリカは、ソ連に太平洋地域の直接関
　係国から何を引き出せるかを考える方が、ソ連にとって有効で現実的であるといった。
　ソ連は、我々の第一の関心は防衛に関してであると述べた。「国連憲章には、国家目的
　の防衛の強化については、何の権利も認められていないので、せめて国際的な平和と
　安全という立場から安全保障理事会以上の組織はないという立場で安全保障理事会を
　みている。信託統治地域にしても、戦略地区や非戦略地区という違いを設けるべきで
　はない。すべてが安全保障理事会の下に置かれるべきである」このことから、我々ア
　メリカは、ソ連が太平洋地域がアメリカを施政権者とする信託統治になることに賛成
　しかねるのだとういうことがわかった。

ダレスは、さらにヤルタにおける千島列島の密約を天秤にかけて交渉した。

　　我々は、ソ連が千島列島を用いるのと同じような気持ちで、太平洋諸島をほしいのだ

90   第四章　アメリカ「戦略地区概念」と「動物園理論」

とソ連に伝えた。我々はソ連が千島列島を支配下におくことについては、非公式な同意しかしていないと言った。平和条約で批准されたわけでもないし、中国のように、千島問題に関心をもっている国家だってある。
　私自身は、アメリカとソ連が軍事問題でこれ以上脅し合うのはやめるべきであると考えている。又アメリカは国際的な取り決めに付いての二重基準（ダブルスタンダード）には同意しかねる。千島列島の問題も安全保障理事会の決議を経ていないのは決定的に問題である、と言った。
　これに対して、グロムイコとノビコフは強硬な姿勢で、ソ連は総会で領土問題について闘っても構わないし、アメリカの信託統治をつぶすだけの自信があると主張してきた。率直で有効的な夕食会であった一方で、それぞれの国にとって何が一番有効的なのかを探る機会でもあった[66]

　ソ連への根回しを終えたアメリカ側は、安全保障理事会に信託統治協定案を提出するタイミングについて検討した。12月1日、国務省の従属地域問題関係者は、「旧日本委任統治諸島との信託統治協定」案のプレゼンテーションは、まず、総会で非戦略地区の信託統治協定案が承認された後にすること、次に、安全保障理事会でのプレゼンテーターは国務長官が行うこと、そして、国連憲章の82条、83条、84条については、ソ連の解釈との擦り合わせをすること、等を決めた[67]。翌年の1947年の2月26日、アメリカは「戦略信託統治地域」として旧日本委任統治領であるミクロネシアを対象とした信託統治協定案を国際連合憲章第83条の規定に従って、安全保障理事会に提出。3月7日から安全保障理事会で審議が始まり4月2日全会一致で承認されたのであった。ソ連は拒否権を行使しなかった。冷戦体制が構築されつつあった時期において、千島列島をそれ迄と同様に利用する方を選択したからであった。ダレスの脅しともとれる交渉に屈したのであった。
　安全保障理事会で承認された信託統治協定は、次にアメリカ側での議会の承認が必要であった。トルーマンは7月3日、次のような演説を議会で行った。

　　4月2日に国連安全保障理事会で満場一致で認められた「本委任統治諸島との信託統治協定」を、アメリカ議会で批准していただけるよう強く希望するものであります。この信託統治協定は、安保理で承認されたわけですから、アメリカにとって大きな意

66　Forrestal, op cit., pp. 691-92
67　Forrestal, op cit., pp. 692-93

一　トルーマン政権と「戦略地区」　91

義があります。勿論、国連憲章に従って、この地域の政治的、経済的、社会的、教育的発展につとめるわけでありますが、同時にアメリカの安全保障にとりましても関心の高いところであるわけです。この地域における責任は、アメリカが100％もつことになります。したがって、できるだけ早いうちに、この協定が実行にうつされるものでなくてはなりません[68]。

　こうしてアメリカ議会は7月8日、ダレスが提案した旧日本委任統治諸島についての信託統治協定を承認。「戦略信託統治地域」としてミクロネシアを支配下に置くことに成功した。1945年4月から1947年4月迄の2年間、アメリカは国際世論を刺激しないことを念頭におき、粛々と検討を重ねながら、ミクロネシアについて、アメリカを施政権者とする「戦略信託統治地域」にするために努力した。しかし、ダレスの功績なくしては成功しなかったと考えられる。実際、ダレスの主導下、サンフランシスコ会議で信託統治地域に戦略地区と非戦略地区という2種類を盛り込むことに成功し、その後も彼の根回しによって、ソ連が拒否権を使うことなく安全保障理事会で承認されたのだ。
Trusteeship Agreement for the Former Japanese Mandated Islands「旧日本委任統治諸島との信託統治協定」は、以上のような経緯で成立したのである。
　非戦略地区の信託統治についても整理してまとめておくことにする。1946年10月23日から12月15日迄開かれた第1回総会第2期で進展があった。12月13日、5つの委任統治国が、委任統治の下で施政を行っていた地域に関して付託した8つの信託統治協定が総会で承認された。12月13日、5つの委任統治国が、委任統治の下で施政を行っている地域に関して付託した8つの信託統治協定が総会で承認された。

　　a) オーストラリアによって統治されるニューギニア
　　b) ベルギーによって統治されるルワンダーブルンジ
　　c) フランスによって統治されるトーゴランドとカメルーン
　　d) ニュージーランドによって統治される西サモア

68　*Public Papers of the Presidents of the United States, Harry S. Truman*（1963）United States of Government Public Office, Washington, D.C, p. 322

92　第四章　アメリカ「戦略地区概念」と「動物園理論」

　　e）イギリスによって統治されるタンガニーカ、トーゴランド、カメルーン

　上記の地域は全て、非戦略地域の信託統治地域であった。ここに、国際信託統治制度が実施されるに至った[69]。あわせて、ソ連が固執していた「直接関係国」については、ダレスが委員長である国際連合憲章検討委員会第Ⅱ委員会の第4専門委員会からの提案ということで「信託統治地域の直接関係国については、国連憲章第79条の範囲内で特に規定しないこととする」とした[70]。翌12月14日、総会は決議64（Ⅰ）を採択した。これで主要機関としては最後になる信託統治理事会の設立が決定した[71]。このように非戦略地域の信託統治の動きが一段落した2ヶ月後、アメリカは「戦略地区信託統治地域」ミクロネシアの施政国となるべく動き出したのである。話をアメリカのミクロネシア政策に戻そう。

　国際の平和及び安全の維持を謳った国際連合の下、国益を追求したダレスを筆頭としたエリートたちによって信託統治制度を充実させたアメリカは、結果的にソ連を黙らせ、旧日本委任統治地域を「戦略信託統治地域」とした。この事実は、ミクロネシアを巡る国際政治を語る中でも、覇権国家の本質を浮き彫りにするヒントとなる。

　1947年の「旧日本委任統治諸島との信託統治協定」の成立を受けて、ミクロネシアは、以後40年間「国連戦略信託統治領ミクロネシア」として、アメリカのコントロール下に置かれることになった。

　この協定の注目すべきところは、第5条である。第5条は、次のような権限をアメリカに与えている。

　　1．信託統治地域に陸海軍基地を設け、要塞を築くこと
　　2．武装兵力を駐留させることができること
　　3．「閉鎖地域」を指定できること

以上のような権限によって、アメリカは1946年から1958年にかけて約70回の核実験を行い、正当化した。そして国際連合は、閉鎖地区に指定されたミクロネシア

69　国際連合広報局編　『国連年鑑特別号』　前掲書　242〜43頁
70　FRUS（1946）, op cit., Vol. I., p. 708
71　国際連合広報局編　『国連年鑑特別号』　前掲書　244頁

図5-1 統治機構図

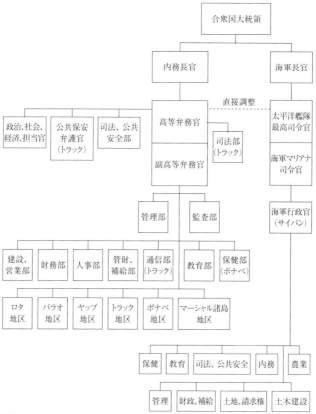

出所：U.S. Dept. of State. *11th Annual Report* (1958) p. 14.
ミクロネシアにおける軍系統の図（矢崎幸生『ミクロネシア信託統治の研究』p. 160）

地域に関して、まったく監視を行わなかった[72]。矢崎幸生は「アメリカは自己の同意と拒否権という2つのセーフガードにより、ミクロネシアに対する信託統治を永続的なものとし、外国の干渉を排除し、自国の領土にほぼ準じた形で統治を続けることができるようにしたのである[73]」と述べている。ミクロネシアを支配下におさめる魅力は、1899年以降自治領としていたグアム島を、さらに心置きな

---

72 アラン・プレ、ジャン＝ピエール・コット 『コマンテール国際連合憲章―国際連合憲章逐条解説―下』 東京書籍 1993年 第12章 国際信託統治制度 329〜411頁
73 矢崎幸生 『ミクロネシア信託統治の研究』 御茶の水書房 1999年 130頁

94 第四章 アメリカ「戦略地区概念」と「動物園理論」

く活用できるようになったことに加えて、次の5点にまとめられる。

　　①アジアの前進基地から、さほど遠くなく便利な位置である。
　　②米本土より広大な海域であり、これに占める陸地の割合からして、戦略的
　　　重要性は大きい。
　　③太平洋における防衛の中心線となるハワイ―ミクロネシア―フィリピンを
　　　結ぶ要衝を占める。
　　④島々の相互補完関係のネットワークより防衛体制を築ける。
　　⑤実質的に米国領土であり、島であるので、「鉄条網」に守られた基地の保
　　　持に苦労しない。[74]

　1947年3月、トルーマン大統領は、ケナンソ連代理大使の提言を受けて、「トルーマン・ドクトリン」を発表。共産主義の浸透に対抗するため自由諸国への援助を開始し、共産圏を包囲する集団防衛体制を作り、43の国を含む8つの同盟を作りあげたのである[75]。アメリカが対ソ封じ込め政策を進めていく上で、ミクロネシアを手中に収めた意義が証明された。

（四）　プリンストニアン――ケナン、フォレスタル、そしてダレス――

　このミクロネシアを、国際連合を利用しながらアメリカの手中に収める戦略に、直接尽力したのは、アメリカのエリート達だった。ジェームズ・フォレスタル、ジョン・ダレス、そして経済界から転身してきたフォレスタルに外交とは何たるかを教授したジョージ・F・ケナン、この3人は共にプリンストン大学の卒業生である。
　フォレスタルは、1892年にこの世に生を受けた。アイルランド移民の父を持ちながら、プリンストンの学生であったことが誇りであり、出世の基盤の全てとなった。フォレスタルに詳しい村田晃嗣は、フォレスタルにとってのプリンストン大学を次のように位置づけている。

74　長島俊介　「西ミクロネシアの経済と社会」『太平洋学会誌』　1981年　10月号　135頁
75　戦略問題研究会編　『戦後世界軍事資料〈1945～1969〉1』　原書房　1971年　25頁（以降『軍事資料1』とする）

一　トルーマン政権と「戦略地区」　　95

念願のプリンストン大学で、フォレスタルはマティオンの田舎と〈ミック〉の苦しい
環境からは、想像もできない人々とその生活に邂逅した。彼らはまさに〈何か役立つ
人々〉であった。この〈ミック〉の若者は、上流階級の子弟の間に必死になって人脈
を築こうとした。彼はほとんど全ての学生の名前を覚え、そればかりか、かれらの父
や祖父の名前と職業迄記憶していたという。——プリンストンは野心に燃えるその息
子にとって、上流階級への同化の学校だったのである。[76]

　フォレスタルはプリンストン大学で、生涯の唯一無二の友となる、フェルディ
ナンド・エバースタット（Ferdinand Eberstadt）と出会う。フォレスタルの目指
すものを全て兼ね備えているようなオールドマネーの上流階級の人物であった。
彼らは社会にでた後も、ウォール街で弁護士と顧客、政府で顧問と高官の関係で
付き合いを続けていった[77]。フォレスタルに「祖国に奉仕するプリンストニア
ン」のスピリットを伝え、実践する場を与えたのも、エバースタットであった。
エバースタットの支援を受け、フォレスタルは海軍長官から国防長官に迄登りつ
めた。1947年のことである。そして1949年３月に国防長官を辞任し、その２ヶ月
後に入院中の海軍病院の病棟から飛び降り、57年の生涯を閉じた。しかし、その
死因の真相はいまだ明らかにされていない。
　一方ダレスは、プリンストニアン・ファミリーの家庭に生まれた。歴史の浅い
アメリカにしてみれば、名門の一族であった。1888年に生まれたダレスの幼少
期、祖父のジョン・フォスター（John W. Foster）は第23代大統領ハリソンの国務
長官であった。1940年に父と祖父の学んだプリンストン大学に入学して、当時は
総長であったウッドロー・ウィルソン（Woodrow Wilson）から米国政治論の講義
を受けた。叔父のロバート・ランシング（Robert Lansing）は、ウィルソン大統領
の国務長官となった人である。アメリカ政治について講義してくれた師が大統領
となり、その国務長官を叔父が務めた。祖父のお陰で、機会あるごとに政治の世
界に触れながら育ったダレスにとって、ウィルソン大統領とランシング国務長官
の存在は、政治をさらに身近なものにしてくれていたに違いない。
　ダレスは、第二次大戦が始まると、コーデル・ハル（Cordell Hull）国務長官に
乞われて国際連盟に代わる国際機関設立に関わった[78]。こうして国際連合の創設

76　村田晃嗣　前掲書　22頁
77　村田晃嗣　前掲書　22頁
78　村川一郎　『ダレスと吉田茂』　図書刊行会　1990年　9～25頁　を参考にした。

96 第四章 アメリカ「戦略地区概念」と「動物園理論」

に尽力した後、国務長官顧問に任命された。1949年には、トルーマン大統領によって対日講和条約作成の特使に任命された。ダレスは、1953年に、ドワイト・アイゼンハワー（Dwight David Eisenhower）大統領の下で、国務長官となり、アメリカで初めての核戦略である大量報復戦略を発表した。国務長官としての手腕は見事で、個人外交を展開したことでも有名である。

「封じ込め政策の父」といわれるケナンは、先にもふれたようにソ連大使代理であった1946年2月に、共産主義国家ソ連の膨張主義政策に警鐘をならして、アメリカ独自の外交政策の必要を国務省に訴えた。国務省政策企画部長を経た後1952年にソ連大使となる。しかし僅か半年余りでアイゼンハワー政権が誕生したのをきっかけに、大使職を解かれることになった。

ケナンはダレス国務長官が自分を疎んじたことが原因だと考えているようだ。

> 新大統領となるアイゼンハワー将軍、新国務長官となるジョン・フォレスター・ダレス氏の双方と私はかなり知己の間柄だった。むしろ私は、二人のどちらかが新任に先立って私に連絡を取り、駐モスクワ大使の問題や私の将来について話し合うものと予期していた。——誰一人として、ついぞロシアの情勢について私と話し合おうとはしなかった。まるで、私の客観的判断は、私自身の見識もろとも、見捨てられた形になっていた[79]

ケナンは国務省をも去る決心をして古巣プリンストン大学に研究者として戻ったのだった。それでもケナンのダレスの評価は、

> 戦後のこの時期に、国務長官への候補者にあげられた公式立場にある全ての人物の中でダレスほどこの地位を強く求めた人物はいないし、また知識と経験の点で彼に勝る適格者はいなかった。国際問題に対する彼の関心とこの分野におけるさまざまな経験はパリ講和会議以来30年にもわたる年期が入っていた。——法律家としての訓練が、彼の議論に磨きをかけた。かけ引きの点で、彼の強味は何よりその柔軟性にあった。こうした資質に加え、彼には歴史についてのきわめて深い理解と、国際情勢への広い知識があった。彼の国務長官在任中に編み出されたアメリカの外交政策が、多くの点で類いまれな見事なものであったことは、他言を要しない[80]

と、高いものでだった。

79　ジョージ・F・ケナン（清水俊雄訳）　前掲書　151頁
80　ジョージ・F・ケナン（清水俊雄訳）　前掲書　160頁

一　トルーマン政権と「戦略地区」　97

　1944から1947年迄、対アジア・太平洋政策において、トルーマン大統領のもと
でケナンとフォレスタルとダレスという"プリンストニアン"の果たした役割
は、きわめて大きかった。マッキンレー大統領のもとで、強く太平洋政策の必要
性を訴えた"ハーバートニアン"の第26代ルーズベルト大統領とキャボット・
ロッジに通じるものがある。
　ソ連をアメリ外交に対する脅威を感じたケナンとフォレスタルが働きかけ、同
じくソ連共産主義を敵対視していたダレス国連アメリカ代表が交渉能力を発揮し
たことで「旧日本委任統治諸島」はアメリカを施政権者とする「戦略信託統治地
域」となったのであった。
　ケナンの言葉でまとめてみるならば、

　　1945年から49年までの期間は、平和時におけるアメリカ外交の活動がまさに外交政策
　　の遂行にふさわしい筋道の通ったものであったといってよい珍しい時期の一つだっ
　　た。これは疑いもなく、ある程度は、戦時外交を特徴づけた献身的な国家奉仕の雰囲
　　気の名残のせいであった[81]

ということで祖国に奉仕する"プリンストニアンスピリット"の力がより発揮で
きた時でもあったといえる。
　トルーマン大統領の下で、アメリカは戦後国際政治を担う責任を痛感すると同
時に、平時における安全保障政策を検討した。それが1947年７月に成立した「国
防長官、国家軍事機構、陸軍省、海軍省および空軍省について、また、国家軍事
機構の諸活動と国の安全保障にかかわる政府各省および各機関との調整について
規定することにより国の安全保障を推進する為の法律」[82]＝「国家安全保障法」
である。「国家安全保障法」の内容は、長たらしい名称がすべてを表している。
具体的に述べるならば、陸、空、海軍省の設置と、この３軍を統制し安全保障問
題を大統領に進言する国防長官を置くこと、統合参謀長会議の統合参謀本部への
格上げ、国家安全保障会議や中央情報局、国家安全保障資源委員会の新設であ
る。そして初代国防長官に任命されたのは、55才になっていたフォレスタルで
あった。

――――――――――
　81　ジョージ・F・ケナン（清水俊雄訳）　前掲書　274頁
　82　「国際安全保障法」の正式名称はなかなか使われない。村田晃嗣著『米国初代国防長官フォレス
　　タル』（中公新書　1486）152～53頁

98 第四章 アメリカ「戦略地区概念」と「動物園理論」

　ミクロネシアを、アメリカを施政権者とする「戦略地区」にすることに成功し
たアメリカは、1946年から始めていたマーシャル諸島での核実験を本格化させ
た。

　マーシャル諸島における核実験は、1958年迄に66回に及んだ。かくも核実験が
頻繁に行われた背景には、1949年8月のソ連による核実験の成功があった。ミク
ロネシアの地理的条件について、ロニー・アレキサンダーは

> もちろん、アメリカの支配下、又は領土でなければならなかったし、天候のおだやか
> なところでないといけない。目標に船舶が使われる予定なので、風などに邪魔されな
> いで錨を下ろしていられるところ、しかも放射能を計るには波の静かなところ、とい
> うような条件であった。そして核実験場には人が住んでいると困るので、そこにいる
> 人々をあらかじめ移住させなければならない。それでもともと人口の少ない地域、し
> かもアメリカ人が集中していないところがいい、ということになった。[83]

と、マーシャル諸島がいかに核実験に適していたかを分析している。冷戦体制戦
下での核兵器開発競争の最中、ミクロネシアがアメリカの支配下にあったことで
果した役割は大きかった。

二　アイゼンハワー政権とアメリカ初の核戦略

　1953年にトルーマン大統領の後を継いだ共和党のドワイト・アイゼンハワー大
統領は、ソ連を意識して、より具体的に冷戦下の安全保障政策を構築させていっ
た。アイゼンハワーは、根っからの軍人で、北大西洋条約機構（NATO）軍総司
令官を務めた後に大統領となった。

　国務長官には、民主党のトルーマン大統領からも信任の厚かったダレスを起用
した。ダレス国務長官は弟のアレン・ダレス（Allen Dulles）をCIAの長官に任
命。対立する可能性の高い国務省と情報組織のCIAのトップを敢えて兄弟にす
ることで、外交政策立案における過程で一枚岩にし、トップダウンで外交に臨ん
だ。

　アメリカ最初の核戦略は「大量報復戦略」である。これは「合衆国は、直接の

　83　ロニー・アレキサンダー　『大きな夢と小さな島々―太平洋諸島嶼国の非核化にみる新しい安全
　　　保障観』　国際書院　1992年　20～21頁

二　アイゼンハワー政権とアメリカ初の核戦略　　99

局地的抵抗によって侵略に対処するという在来の政策をすて、将来われわれの選
択による方法、および場所で、すぐさま報復するための大きな能力に主として頼
るであろう[84]」と、核兵器に一方的な信頼をおくものである。

　通常戦争の戦争装備は核兵器よりも費用がかかることが、朝鮮戦争で明らかに
なったためでもある。国防長官であるチャールズ・ウィルソン（Charles Wilson）
も「われわれは限定戦争をしている暇などない。ただ大戦争だけを戦うことがで
きる。もし戦争があるとすれば、それは必ず全面戦争の形をとるだろう[85]」とい
う考えを示しており、総合参謀本部と空軍も、同様の考えであった。

　アイゼンハワーは、1954年9月東南アジア機構（SEATO）条約調印、1955年1
月アメリカ台湾相互防衛条約批准、同年5月には西ドイツの加盟による北大西洋
条約機構（NATO）の強化を経て、1957年6月中東特別教書である「アイゼンハ
ワー・ドクトリン」を発表。北大西洋条約機構（NATO）から極東にいたるソ連
と中国を包囲する自由主義陣営の集団防衛体制を完成させた。アメリカは、抜き
ん出た生産力と高度の技術力、そしてその実験をもって強大な対ソ報復力を形成
していったのである。

　ミクロネシアに関してほとんど関心を払わなかったアイゼンハワーであった
が、1954年3月迄に日本に配置していた爆撃機体全てを機種改編のため本国に帰
還させ、代わりに戦略空軍の中型爆撃機隊（B47）をグアム島に配置した[86]。

　1954年3月1日に、ミクロネシアのビキニ環礁において最初の水爆実験を行っ
た。「ブラヴォー」と名付けたこの実験は、広島に投下した原爆の1000倍もの破
壊力のある15メガトンの水爆であった。日本の遠洋マグロ漁船「第五福竜丸」
が、この実験に遭遇し、乗組員23名全員が被爆した。そのうちの一人が6ヶ月後
に死亡し、人類初の水爆実験の犠牲者となったニュースが日本人に与えたショッ
クは大きかった。

　1956年7月18日アメリカ国防総省は、太平洋および極東全域にわたる指揮機構
改編計画を発表、その一年後から実施した。ハワイにアメリカ太平洋司令部を新
設した。その目的は、アメリカ太平洋岸からアジア沿岸に至る全域においてのア

84　A. M. シュレジンガー（中屋健一訳）『ケネディ―栄光と苦悩の一千日』河出書房　1966年
　324頁
85　A. M. シュレジンガー（中屋健一訳）上掲書　324頁
86　戦略問題研究会編『軍事資料1』前掲書　84頁

メリカ軍の軍事活動の統一だった。その兵力は、人員約500000、航空機約7,000機、艦船約400隻で、初代司令官に現太平洋艦隊長官フリックス・スタンプ（Felix Stump）海軍大将が就任。極東空軍司令部はハワイ州に移し、太平洋空軍司令部と合体した。極東のアメリカ軍は太平洋空軍司令部の下に、各地の在日アメリカ軍司令部、在韓アメリカ軍司令部、在沖縄アメリカ軍司令部、在台湾アメリカ軍司令部、在フィリピンアメリカ軍司令部を置き、第7艦隊は太平洋軍司令官の指揮下に入れ、グアムの戦略爆撃機隊は戦略空軍（SAC）司令官の指揮を受けることが決まった[87]。

1958年8月6日、アメリカ国防再編法案を成立させた。国防省はアメリカ3軍を6つの統合軍と2つの特別指揮軍に再編成する計画を発表した。

a）欧州統合連合（司令部パリ）

b）東大西洋・地中海海軍部隊（ロンドン）

c）アラスカ統合軍司令部（エリメントルフ）

d）カリブ海統合軍（クオーリーハイツ）

e）大西洋統合軍（ノーフォーク）

f）太平洋統合軍（パールハーバー）

g）大陸防衛空軍（コロラド州）

h）戦略空軍（ネブラスカ州）[88]

海外基地については、タウンゼント・フープス（Townsend Hoopes）の「米国戦略における海外基地」がアイゼンハワー政権の戦略をまとめている。フープスは論文の中で次のように主張した。

・戦略空軍を使う全面戦争生起の公算が少なくなっている現在、海外基地は制限戦争と準軍事的挑戦、経済的、政治的挑戦に応じるようにする必要がある。そのため米国の海外基地戦略は、軍事的にはいくらかその依存度を低下するが、政治的戦略にはまずこれを必要とするようになる。
・米海軍基地は、今後は局地戦に備えるための待機、航空機、艦艇、部隊の補給修理、レーダー、通信基地など多種の目的に利用されることになる。
・基地設置にともなう現地民との摩擦増大がある反面、その国として、は安全感の増大、経済的利益の享受がある。これに対し米国としては人種的、文化的な宣伝より

---

87 戦略問題研究会編 『軍事資料1』 前掲書 101頁
88 戦略問題研究会編 『軍事資料1』 前掲書 96頁

も、経済的、技術的援助を増大し、相互信頼を高める方向に向かうべきである。

・米国の世界戦略は、第一が全面戦争を防止し、第二は共産陣営の制限戦争、準軍事手段による膨張政策を防止するためにある。このため、米国は常に機動性のある各種連合の軍隊を海外に派遣して、局地紛争の拡大を抑制する能力を保持しなければならない。

・米国は海外にある原子力部隊を撤退させて、不必要な基地問題の紛糾を避けるべきであって、米国は速やかに大量報復戦略による硬直状態を克服しなければ、知らず知らずに孤立するだろう。[89]

核兵器に多額の予算を割り当てるため地上兵力の大規模な削減を行ったアイゼンハワーは、1960年の年頭教書で「本年はますます多くの原子力潜水艦が就役し、その一部はポラリス・ミサイルを装備することになっている。これは海洋上を自由に動きまわり、地球上のいかなる地点にある目標も正確に攻撃することができるだろう[90]」と述べた。いずれにおいてもアイゼンハワー政権においては、安全保障政策上、海外基地を極めて重要と捉えたのであった。

イギリスやインドをはじめ、全世界から核実験への非難の声が高まる中、1958年に、アメリカは、ソ連とイギリスを交えて核実験停止に向けてジュネーブ会議を行った。しかし、核実験の禁止に向けての機は熟していなかった。

トルーマン、アイゼンハワー時代は、1948年のベルリン封鎖、1949年の中華人民共和国の成立とソ連の原爆保有宣言、1950年の朝鮮戦争、1957年のソ連の大陸間弾道ミサイルの完成等を受け、まさに、アメリカの対ソ連アレルギーが増大していった時期であった。そんな状況下、ケネディが政権の座についた。

三　ケネディ政権と動物園理論

（一）　柔軟反応戦略

大統領就任前の1959年11月、ジョン・F・ケネディ（John Fitzgerald Kennedy）上院議員は、カリフォルニア大学の学位授与式のスピーチで、核実験にふれて、次のように語った。1958年迄にアメリカは、マーシャル諸島を実験場にして70回

89　戦略問題研究会編　『軍事資料1』　前掲書　30頁
90　戦略問題研究会編　『軍事資料1』　前掲書　84頁

102 第四章　アメリカ「戦略地区概念」と「動物園理論」

近い核実験を行っていた。

> 今迄なされてきた核実験によってつくり出された放射能の量からみて、人類全体とし
> ては大した被害は与えられていないということに、多くの有能な科学者は賛成してい
> るけれども、どんな少量の放射能でも人体に悪い影響を与えないものはないというこ
> ともまた事実である。最小許容量というようなものは、現実には存在しない。おそら
> くわれわれは、個々の悲劇のごく僅かな数だけについて話しているのであろう——ガ
> ンになっている核時代の子供たち、白血病の新しい犠牲者、皮膚組織や生殖組織の
> あっちこっちに被害を受けている者の数——おそらくこれらは統計するにはあまりに
> 少なすぎるのかもしれない。しかしそれにもかかわらずそれらは人間的な、あるいは
> 道徳の面で非常に大きく気味悪く迫ってくる。さらに、われわれが未だ知らない面が
> たくさんあるし——そしてわれわれはこれらの災害を過去において過小評価してきた
> し、そしてこれらの危険を大げさに考えなかったが、われわれの評価は間違ってお
> り、実際の危険はわれわれが知っているものより大きいということを見いだすだけで
> ある。[91]

ケネディの未来を予想するような発言であるが、同時に「われわれは、小型戦術
核兵器と、いわゆる『きれいな』核兵器を、敵が核兵器を使用したり、あるいは
限定的な形の侵略をしたりすることを抑制するために、開発する必要がある[92]」
と現実的な見解も述べている。

　軍縮については「軍縮ということは双方が呼びかけるが、しかしどちらも一緒
に実行しない一種のきれいな言葉であるし、軍拡競争の部分と政治的な衝突の部
分からなる悪循環の中に、ほうり込まれている事は事実である[93]」と現状を認識
しながらも、12月、ワシントン D.C. でのスピーチで、「人間の理性を信じ、そし
て平和的な変化の可能性を信じるわれわれは、クレムリンの政治指導者でも光明
を見出すであろうという希望を失うべきでなく、水爆の時代にあっては、戦争と
いうものは理性的な取るべき手段とはなり得ないということを知るに足るだけの
光明をかれらは見出すであろう。[94]」と軍縮の可能性を捨てていないことを示し
た。さらにケネディは「軍縮と国連の力を合わせ、また軍縮と世界の発展とを結

91　ジョン・ケネディ（細野軍治、小谷秀二郎共訳）　『平和のための戦略—新時代の探求』　日本外
　　政学会　1971年　36～37頁
92　ジョン・ケネディ（細野軍治、小谷秀二郎共訳）　上掲書　38頁
93　ジョン・ケネディ（細野軍治、小谷秀二郎共訳）　前掲書　49～50頁
94　ジョン・ケネディ（細野軍治、小谷秀二郎共訳）　前掲書　52頁

三　ケネディ政権と動物園理論　　103

びつけるような計画を、われわれはつくり、提案しなければならない。監視、管理、および経済発展のために新しい国連の機構の創設を、われわれは提案しなければならない[95]」と希望を述べている。大統領選前年のこの時期の発言からさえ、核実験と軍縮についてはケネディ自身の philosophy は見えてこない、その両立を模索していたからであったと推察できる。

　1961年1月、ケネディは大統領に就任した。民主党が生んだ第35代大統領であった。

　ケネディ政権では、アイゼンハワー政権の大量報復戦略の限界を受けて柔軟反応戦略が考えられた。アメリカ史上めずらしい WASP（White：白人、Anglo-Saxon：アングロサクソン系、Protestant：プロテスタント）ではないアイルランド系アメリカ人のケネディは、弟のロバート（Robert Kennedy）と2人3脚でより強気の安全保障政策を構築していった。

　ケネディは、ロバート・マクナマラ（Robert McNamara）を国防長官に任命。1961年3月28日には国防予算特別教書で基本的国防政策を提示した。

　　戦略的抑止勢力の強化、限定抑止勢力の増強を計り、冷戦激化に関連し、比較戦争、
　　ゲリラ戦、局地戦、現停戦などに対応しうる能力を急速かつ実質的に具備拡大しなけ
　　ればならない。[96]

ケネディが大規模かつ多角的な軍備拡張努力に踏み切ったのは、当時考えられていた「ミサイルギャップ」のためである。「ミサイルギャップ」の考えは、アイゼンハワー政権の2代目のニール・マケルロイ（Neil McElroy）国防長官によって公にされていた。

　7月にはマックスウェル・テイラー（Maxwell Taylor）前陸軍参謀総長を大統領特別顧問とした。テイラー大将の主張は「ソ連が長距離ミサイルで優勢であること。米国に効果的なミサイル防衛対策がないことなどによって、大量報復のおどしだけで米国とその友邦の安全を確保できると考えるのは誤りであること。大量報復戦略にかわるべき戦略原理として"柔軟対応戦略"を提唱すること。これはありうるべきあらゆる挑戦の様相に対応して報復行動を起こす能力をもつべき

95　ジョン・ケネディ（細野軍治、小谷秀二郎共訳）　前掲書　56頁
96　戦略問題研究会編　『軍事資料1』　前掲書　33頁

104 第四章　アメリカ「戦略地区概念」と「動物園理論」

だという考え方によるものであること。新戦略は、全面戦争の抑止と同じように、限定戦争を抑止したり、あるいはこれに勝利を収めうるものでなければならないこと[97]」というものであった。1962年10月には現役に復帰して統合参謀本部議長となり、1964年6月には南ベトナム駐在大使に転任した。ケネディ政権の基本方針はマクナマラ（Robert S. McNamara）国防長官とテイラー大将の両名が確立した[98]。

　1961年8月末、ソビエト側は核実験再開の決定を宣言した。ケネディの核実験禁止の提案に対しフルシチョフ首相は、「一種類の核実験—つまり大気圏内におけるもの1つだけを禁止するということは平和という大目的にとっては、かえって仇となる[99]」と返答し、共産党第22回大会では、50メガトン爆弾を爆発させる用意があると発表した。これは広島で100000名の命を奪ったものの2500倍、人類史上すべての戦争で用いられた全爆薬の総計の5倍にあたるものであった。この時、ソ連はたて続けに少なくとも30回の核実験を行っている。

　1961年のケネディは、「ミサイルギャップ」に悩まされ続けながら、一方ではまた核の脅威を懸念しながら、フルシチョフという敵にも対峙しなければならなかった。

　このような国際情勢の中で、ケネディがとった具体的な政策の一つが、すでにアメリカの支配下にあって、軍事的利用価値が高いミクロネシア地域の統合化であった。

（二）　国家安全行動覚書145号

　アメリカは既に、1946年7月からミクロネシア地域のビキニ環礁で核実験を行っていた。1947年にアメリカを施政国とする「旧日本委任統治諸島との信託統治協定」が発行される1年前のことである。1948年からは、エニウェトク環礁での核実験も始めた。サイパン島北部では、CIAの秘密基地を建設し、中国国民党の諜報部員の養成、訓練を行った。インドシナからの諜報要員も受け入れていた。1960年には、クワジェリン環礁にもミサイル実験基地を建設。冷戦体制下に

97　戦略問題研究会編　『軍事資料1』　前掲書　33頁
98　戦略問題研究会編　『軍事資料1』　前掲書　32頁
99　A. M. シュレジンガー（中屋健一訳）　前掲書　476頁

あって、この地域はアメリカの軍事戦略にとって重要な場所だったことは明白である。ただし、小林泉はこう分析する。

> 二千以上もあるといわれるミクロネシア全体でみると、こうした軍事関連活動のために使用される島々は限定的で、その他大部分の島々については具体的な利用プランが立てられているわけではなかった。どちらかといえば、積極的な利用意図よりも、敵国に島々を使わせないために自ら確保しておくべきところといった認識が上回っていた。いわば放置したままの統治行政だったとも言える、アメリカ本土にも匹敵する広大な地域に散在する島々全体に対する「潜在的戦略価値」、これがアメリカがミクロネシアを保有する最大の意義だったからである。[100]

　ケネディはソ連と敵対関係にある以上、この地域は決して手放すべきではなく、さらにそれまでの "benign neglect" の関与から一歩踏み出した関係を作っておく必要性があった。

　1962年4月18日、ケネディは内務長官、国務長官、国防長官、教育・保健・厚生長官宛てにアメリカの太平洋諸島信託統治の政策に関する「国家安全行動覚書145号 = National Security Action Memorandum No.145」を出した。この覚書は、その後のアメリカのミクロネシア政策を方向づけるきっかけとなった重要な文書であった。要旨は次の通りである。

1. 太平洋諸島が米国施設権下の戦略地区信託統治領となった1947年以来1961年迄、合衆国は島民の慣習を尊重した上での信託統治の義務を遂行してきた。しかしながら、現政権では、自治が確率されていない、すなわち信託統治下におかれている地域に対して、政治的、経済的、社会的発展をもたらすような計画を速急に実施しなければならなくなってきている。合衆国のこれらの地域に対する義務は、国際状況をかんがえてみて、再考すべき段階にきているといえよう。
2. 信託統治協定の下で、合衆国は信託統治下にある住民の希望にそって、彼らの自治への能力が育つようコミットメントしていかなければならない。しかし、それは信託統治下の人々を全く独立させてしまうということではない。彼らが、現政権の政治的枠組みの中で、合衆国と新しい永続的な関係をもつようになってもよいわけである。合衆国としては、信託統治下にある人々が、熟慮した上で、現実的な選択ができるようになればと願っている。まず、それには教育の改革が急務

100　小林泉　『アメリカ極秘文書と信託統治の終焉―ソロモン報告・ミクロネシアの独立』　東信堂　1994年　15頁

106　第四章　アメリカ「戦略地区概念」と「動物園理論」

であろう。そしてあわせて公共事業や経済の発展を考えていけばよいのである。

3. 私としては、内務長官、国務長官、国防長官、教育・保健・福祉長官に対して
は、1と2で述べてきたような計画を実施するにあたって、補佐官級の代表者
を、特別部会に送ってくれるように要請する。ホワイトハウスからの代表者も全
面的に協力をおしまないであろう。彼らの協議の結果がその後の調査を方向付け
ていくこととなる。この計画を円滑に進めていくためには、行政管理局長の協力
も必要であろう。

4. 特別部会の作業は、国際連合、その中の信託統治理事会や、太平洋の他の国に、
合衆国は信託統治を遂行するにあたって信頼に足る政府であるということを認識
させることになろうし、合衆国の安全保障にとって、重要な地域であるというこ
とを自覚する助けになるであろうし、そしてさらに、長期的な検討作業が、合衆
国との恒久的な関係が重要であると方向づけるようになるであろう。[101]

ケネディはこの覚書の中で、冷戦体制の枠組みの中でミクロネシアをどのように
位置づけするべきか、そして可能な限りアメリカと恒久的な関係をもつようにす
べきことを明らかにしている。それ迄あいまいだったミクロネシアへのスタンス
が、これをきっかけに、はっきりとアメリカの軍事戦略の一環として組み込まれ
るようになった。

　こうしてミクロネシア統治は、1962年7月1日以降、すべて内務省の支配下に
置かれ一本化されることになった。それ迄サイパン地区の統治を担当していたの
は、アメリカ太平洋艦隊最高司令官であり、彼らには行政権、立法権が付与され
ていた。信託統治領政府とサイパン地区担当の海軍行政府は緊密に連絡を取り
あっていた[102]。

　ケネディが、「国家安全行動覚書145号」を発表してから半年後の1962年10月
「キューバ危機」が起きた。これによって、それ迄アメリカが想定していた形で
の「ミサイルギャップ」は存在しない事が明らかになった[103]。

　同時に、ソ連は冷戦の文脈において、アメリカを叩くためであれば、何でもす

101　National Security Action Memorandum No. 145 "New Policy for the U.S. Trust Territory of
the Pacific Islands", April 18, 1962, *Record of National Security Council*, Declassified/Released on
F85-482 under provisions of E.O. 12356, National Archives Washington D.C.: Washington D.C.,
U.S.（以降「NSAM」とする）

102　矢崎幸生　前掲書　161頁

103　アメリカが劣勢な立場にあるという「ミサイルギャップ」については、ケネディはもっと早い
時期にギャップのないことを知ってはいたが、それを議会や国民に軍拡の理解を求めるために利
用していたともいわれている。

三　ケネディ政権と動物園理論　　107

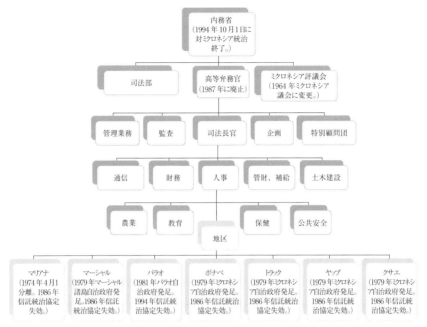

信託統治領統治機構　1962〜1994年
(出典　U.S. Dept. of State, 16th Annual Report（1963）pp. 276 を参考に作成）

る国であるということも明らかになった。まして、アメリカの海上封鎖に屈した形で敗退することになったりソ連が、今度何をしでかすかは不気味であった。

　ミクロネシアに対して踏み込んだ方針を発表したケネディは1963年の年頭教書では、国防方針をより具体的に述べた。

　　自由世界はいつでも全面核戦争、通常兵器による制限戦争、ゲリラ活動などの危険に備えていかなければならない。そのため、すべての危険に対処するのに必要な弾力性に富み均衡のとれた軍隊を、可能な限り低廉な経費で装備し、運用する政策を推進する。（1）奇襲攻撃に残存できる戦略報復兵力の強化（2）戦略に対し非核兵器をもって対応する弾力性に富む通常兵力の強化（3）対空、対ミサイル防衛力の改善（4）空輸機動力の増強、以上を行う。[104]

　またマクナマラ国防長官に対して国防計画の指導方針として次の2項目を指示

104　戦略問題研究会編　『軍事資料1』　前掲書　86頁

108　第四章　アメリカ「戦略地区概念」と「動物園理論」

した。1）戦力機構は一定の予算の枠を顧慮することなく、軍事力要求に適合するよう発展させること。2）この戦力の調達、運営は可能最小限の経費でまかなうこと[105]。

そして、1963年5月9日、再度アメリカの戦略地区信託統治領ミクロネシアに調査団を派遣する件に関して、「国家安全行動覚書243号」を出した。

ケネディが出した「国家安全行動覚書145号」に基づいての次の段階の指示であった。「キューバ危機」を経て、ここでさらに太平洋信託統治領を恒久化する計画を進めておく必要があった。内容は以下の通りである。

1．太平洋信託統治領に関して、新しい計画を実行に移すために特別部会を設けて、そこで政策を作り出す必要があると述べた「国家安全行動覚書145号」を出して以来、多くの事が実行に移されてきた。今度は、さらなる努力を行い、幅のある計画に移る段階にきている。
2．私は、私の相談役として、そして又太平洋信託統治領への合衆国調査団の長として、アンソニー・ソロモン（Anthony Solomon）氏を任命する。この調査団は、信託統治領の人々が直面している主な政治的、経済的、社会的問題をよく調べることを目的とする。その上で、信託統治協定の下で、合衆国の政策が将来にわたって信託統治領の人々の役に立てばと思ってのことである。
3．ソロモン調査団に加わる人々は、この調査の目的をしっかり認識している人達で、各種の責任ある機関から選ばれることになるであろう。
4．私は、すべての省・局が、ソロモン教授の要請に対しては、積極的に協力してくれることを希望する。あらゆる分野の情報、記録、見解の提供と、充分に訓練された優秀な人材を抱える諸機関のサポートが必要なのである。ソロモン教授以下、ホワイトハウスの代表者達も、積極的に関係各位に協力を求めていってくれるものと考えている。[106]

ソロモン教授を中心としたメンバー10名による報告書は「太平洋諸島信託統治領への合衆国政府調査団報告書」（以後「合衆国政府調査団報告書」という）（A Report by the U.S. Government Survey Mission to the Trust Territory of the Pacific Islands)[107]として、1963年10月、ワシントンに提出された。ケネディ暗殺の一ヶ月

105　戦略問題研究会編　『軍事資料1』　前掲書　86頁
106　NSAM No. 243 "Survey Mission for the U.S. Trust Territory of the Pacific Islands" May 9. 1963, Record EO11652, National Archives Washington D.C.: Washington D.C., U.S.
107　報告書の「概要」と「第1部　ミクロネシアの政治的発見」の全文は巻末に掲載。この報告書

三 ケネディ政権と動物園理論　109

前であった。

　ケネディは、ミクロネシアを恒久的に統合するための方法を模索するために、ハーバード大学ビジネススクールの教授であったアンソニー・ソロモンに調査を依頼した。ソロモンは、現地に6週間滞在し、報告書を纏めた。その報告書は、「ZOO」という単語を用いて「動物園理論」の実践を提案するものだった。

> Although it has become fashionable for American officials connected with the Trust Territory to disclaim any desire to maintain an "anthropological zoo", in reality protective and custodial policies are very prevalent.

すなわち、アメリカの信託統治領関係者の間では、「人類学的動物園」を維持したい願望を否定するのが流行になっているが、実際には、保護・管理政策が非常に浸透している。言い換えれば、明らかに保護者と被保護者のような関係においては、動物園での飼育者と被飼育者のような状態になるもので、それを好ましくないと考える人達（アメリカのオフィサー達）も、勿論いるだろうが、一般的にはやむを得ないと考えられている、とソロモンは述べている。その方法として、ミクロネシアへのさらにある援助の増大と、平和部隊の投入を提案。

　「概要」「第1部　ミクロネシアの政治的発展」「第2部　経済社会的発展」「第3部　行政組織」で構成されているソロモン報告であるが、「概要」と「第1部」が重要である。これらをまとめると、

> 「概要」：ミクロネシア側に住民投票で、アメリカに残るという選択をさせるにはどうしたら良いかについて検討。特に"achieving rapidly, minimum but satisfactory standars of living in Micronesia"の箇所が象徴的で、何よりも生活水準を向上させてやることが重要だと主張。
> 「第1部　ミクロネシアの政治的発展」：主に現状分析。要約すれば、ミクロネシアの住民は、スペイン、ドイツ、そして日本の統治を経て、現在はアメリカの「戦略地区信託統治」下に置かれてはいるものの、独立のことはまだ真剣に現実の問題として捉えていない。ミクロネシアの依存体質をうまく利用し、ミクロネシアの人々をより一層アメリカに依存させる必要がある。

については、長い間原文の所在が明らかにならず、諸説飛び交う状態であったが、小林泉が発掘した。『アメリカ極秘文書と信託統治の終焉―ソロモン報告・ミクロネシアの独立』（東信堂1994年）

110　第四章　アメリカ「戦略地区概念」と「動物園理論」

ソロモンの報告書は、ミクロネシアの人々が自立し、"野生に戻る（独立という意味）"ことがないように、援助という名の"餌"を与え続けること、つまり、アメリカがいなくなっては、生活不安が生じるという環境をミクロネシアに作ることが肝要であると結論づけた。これは、住民投票の際、アメリカに残りたいと選択させるという、さらなる意図をもってミクロネシアの人々を「手懐けて」いこうとする、まさに「動物園理論」であった。

　1963年11月22日、ケネディ大統領はダラスで暗殺された。副大統領であったジョンソン（Lyndon Johnson）が大統領に昇格した。ミクロネシアに対するアメリカの方針は、ケネディ亡き後も大きく転換することはなかった。そして「合衆国政府調査団報告書」の提示するやり方が、ジョンソン、ニクソン、フォード、カーター、レーガンと、その後大統領はかわっても、踏襲されていったのである。

　「国家安全行動覚書145号」が決定された1962年以降、アメリカのミクロネシアに対する援助額は飛躍的に増大した。1962年に6100000ドルだったものが1963年には17000000ドルに、そしてそれは1971年に67000000ドル、1979年には138000000ドルにふくれあがっていった[108]。

　「国家安全行動覚書145号」→「国家安全行動覚書243号」→「合衆国政府調査団報告書」というアメリカの決定は、ミクロネシアの住民をいつ迄もアメリカに引き留めておくことにするという方針の表われであった。そのためにアメリカ政府は「動物園理論」を使うことにしたのである。

四　ジョンソン政権とケネディの影

（一）　被害極限戦略

　ハーバード大学ビジネススクールのソロモン教授を中心として作成された「合衆国政府調査団報告書」を受け取った1ヶ月後の1963年11月、ケネディ大統領は暗殺された。

108　Stanley, D.（1992）*Micronesia Handbook*, California Moon Publications: California, U.S., pp. 25-26

四　ジョンソン政権とケネディの影　　111

　ケネディが暗殺された事で大統領に就任したのはリンドン・ジョンソン（Lyn-don B. Johnson）だった。1963年11月22日、ケネディ大統領の後を継ぐことになったジョンソンは、大統領専用機「エア・フォース・ワン」の中で、大統領就任の宣誓を行った。非業の死を遂げた史上最も人気の高かった若き大統領の後任という立場に置かれたジョンソンに、多くの選択肢はなかったように思われる。彼はケネディ政策の踏襲に徹した。閣僚メンバーも、安全保障政策も、ケネディの方針をそのまま引き継いだのである。

　上院の院内総務としてのジョンソン議員は、合衆国議会の歴史を通して最もすぐれた業師のひとりであり、その議会に対する圧力のかけ方は、高く評価されていた[109]。しかし、『アメリカ現代史』の著者マンチェスターは、ケネディ暗殺の翌日のジョンソンの様子を、つぎのように、元大統領アイゼンハワーから聞き出している。

　　彼（註：ジョンソン大統領）は、多くの問題について、私（註：アイゼンハワー元大統領）の助言を求め、減税についても意見を求めた。——外交問題についても話し合った。そのとき私の知りえた限りでは、リンドン・ジョンソンが考えていたのは、現状を把握し、それまでの政権を推進することだけだった。彼は何ら新しいことも変わったことも提案しなかった。彼は、ラオス、キューバおよび他の問題について話をしたがった。国内政策についてばかりでなく、外交政策についてもあまり知らされていなかったようだ。[110]

　冷戦体制も凍結されたままだった。ディーン・ラスク（Dean Rusk）国務長官、マクナマラ国防長官、国家安全保障担当の補佐官達を、ケネディ政権からそっくり引き継ぐところから出発する以外に方法はなかった。

　当時ジョンソンは、アメリカの封じ込め対策に対抗しているソ連と中国が共産主義の拡大を推し進めているという考えに基づき、南ベトナムに対する関心を高めていた。マクナマラは、「ジョンソンは、南ベトナムの喪失が、アメリカの軍事力の直接投入よりも高い代価であるとする点では、ケネディよりも高い確信を持ち、この見解こそが、そのあと5年間にわたってジョンソンと、その政策決定

109　ウィリアム・マンチェスター（鈴木主税訳）『栄光と夢―アメリカ現代史4　1961～1968』　草思社　1978年　174～75頁
110　ウィリアム・マンチェスター（鈴木主税訳）　上掲書　174～75頁

112 第四章 アメリカ「戦略地区概念」と「動物園理論」

を方向づけた[111]」と述べている。ジョンソンにとって南ベトナムの確保は、重要な外交問題であったことがわかる。

1963年11月26日、「国家安全行動覚書273号」を出した。

> 外部から指揮され支援されている共産主義者たちの陰謀と戦う南ベトナムの国民と政府を、その訓練を支援することを通じ、ただし公然と、アメリカの軍事力を投入することなしに勝利させるべく援助する。[112]

ジョンソンは、ここで改めて、ケネディと同じ政策をとることを明確にした。

1964年1月、下院軍事委員会で、マクナマラ国防長官は、被害者極限戦略を述べた。この戦略は「もっとも悪い条件で開戦になっても、ソ連、中共、共産衛星国のすべてに対し、国家活動ができない程度の破壊を与え、さらに戦争継続能力を養うのに十分なだけの強力さを保有する[113]」というものだった。続けて1年後に、2つ目の核戦略である実証破壊戦略を打ち出した。「被害者極限戦略は攻撃ならびに防御の両手段によって敵の攻撃の程度を弱めるとともに、核爆発に伴う被害から国民を防御するためのものであり、後者（註：実証破壊戦略）は、かりに敵が綿密な計画に基づいて先制奇襲をしかけてきても、それに耐えて生き残った報復反撃戦力によって敵国の生活力のある社会を破滅させるだけの能力を持っている事を相手方に実証してみせるものである[114]」この攻撃と防御をコインの表裏のように主張したマクナマラの描く戦略は、今迄にない核戦略における攻防の必要性を呼びかけるものであった。

ミクロネシアに関しては、1964年春以降、グアム島の戦略空軍（SAC）第三航空師団にB47に代えてB52重爆撃機隊1個中隊を配備した。又ポラリス潜水艦を第7艦隊に配属し、遂年増加して合計7隻がグアム島を前進基地として西太平洋で戦略策動に従事することとした。[115]

---

111 ロバート・S・マクナマラ（仲晃訳）『マクナマラ回顧録 ベトナムの悲劇と教訓』 共同通信社 1997年 146頁
112 U.S. Department of State (1968) *Foreign Relations of the United States 1961-1963*, Vol. 4, U.S. Government Printing Office: Washington, U.S., pp. 635-37
113 戦略問題研究会編 『軍事資料1』 前掲書 35頁
114 戦略問題研究会編 『軍事資料1』 前掲書 36頁
115 戦略問題研究会編 『軍事資料1』 前掲書 102頁

四 ジョンソン政権とケネディの影　113

　1964年8月、アメリカ議会は「トンキン湾決議」を可決。これで、東南アジア集団防衛条約の加盟国、又は議定書が指定した国が、自由防衛のためアメリカに援助を求めてきた場合には、武力行使を含むすべての必要な措置は、大統領の裁量に任せられることとなった。

　1964年10月になるとソ連では、ヨシフ・スターリン（Joseph Stalin）書記長を批判して「平和共存政策」を提唱したニキタ・フルシチョフ（Nikita Sergeyevich Khrushchev）が首相の座を追われ、レオニード・ブレジネフ（Leonid Brezhnev）政権が誕生した。

　中国では、原爆実験が行われた。アメリカの安全保障政策上、共産主義国家はさらに手ごわい相手になりつつあった。

　翌11月、アメリカでは大統領選挙が行われ、ジョンソンは、漸く"国民から選ばれた"大統領となった。1965年1月、ジョンソンは大統領に就任した。

　ケネディが、その就任演説の大半を外交問題に触れたのに比べて、ジョンソンの4000語からなる就任演説は、国外の問題にほとんど触れなかった[116]。南ベトナム情勢が、アメリカの思惑通りに運ばなくなっていたのにも関わらずこの点を素通りした。

　マクナマラは、後に当時のアメリカはベトナム問題を直視していなかったと回想し以下の点の検討を怠ったことを強く批判している。

・ケネディ大統領の死去当時、この戦争に勝てるのは南ベトナムだと、われわれが信じていたのであれば、その後いままでの間に何が変化したのだろうか？
・北ベトナムへの爆撃計画が、ベトコン支援をやめさせるだろうと信じる根拠は何なのだろうか？
・北ベトナムを交渉の場に引き出せると仮定して、こうした交渉で達成すべきアメリカの目的は何なのか？
・北ベトナムがベトコンの支援をやめ、交渉に応じてくるよう圧力をかける目的で、南ベトナムへの交通ルート及び、先に統合参謀本部の首脳達が勧告した「九四目標」に対し、激しく集中的な爆撃を開始する案は選択肢の一つだった。と、同時に、大規模な戦争に発展する危険をより少なくするため、爆撃作戦を段階的に実施した場合、北爆が行われている間、南ベトナムの空軍基地を保護し、サイゴン政権の崩壊を防止するためには、どの程度の米地上軍が必要となるのだろうか？

116　ウィリアム・マンチェスター（鈴木主税訳）　前掲書　217頁

114 第四章 アメリカ「戦略地区概念」と「動物園理論」

・上記の案それぞれにつき、米軍の死者数はどの程度見込まれるのか？
・われわれが選んだ路線に、アメリカの議会と国民大衆がどのように反応するだろうか？[117]

これらの問題について「トンキン湾決議」以降も検討がなされていなかったということは驚きである。

　このことからも、議員時代には議会に対する圧力をかける腕前が高く評価されていたジョンソンであったが、政権を担ってからは、ジョンソンらしい政権を打ち立て外交問題に真摯に取り組むよりも、ケネディ政権のまいた種を育てることに注力したことが推察できる。行き詰まったベトナム戦争の深みにはまってゆくばかりであった。

　一方でジョンソンは、内政ではある程度の成果をあげた。ケネディから引き継いだ公民権、減税、老人医療保険制度、連邦政府による教育育成、の４つの法案についてそのすべてを議会に承認させることに成功した。議会対策には強い大統領であった。

（二）　ミクロネシア議会

　そして、内政と延長線上で取り組んだのがミクロネシア政策だった。ジョンソンは、ケネディの指示で作成された「合衆国政府調査団報告書」が勧告したように、アメリカの防衛戦略上重要なミクロネシア地域が、いずれ独立を果たすときに、親米国家となるよう努めた。この報告書は、ミクロネシアに立法議会を設けることも提案していた。

> 高等弁務官はすでに国連に対し、1965年までにミクロネシア評議委員会を立法機関にすると発表したが、これで正しい方向にむけた第一歩を踏み出したと言える——調査団は、効果的なミクロネシアの中央政府を樹立する最初の段階で、ミクロネシア評議委員会を、統治領に関するすべての事柄についての立法権限をもつ議会へと変身させるよう提案したい。——調査団として提案したいのは、立法議会を大統領令、もしくは大統領の承認を伴った内務省長官令によって設立することである。これにより、立法機関の権威づけができるし、省庁間の連絡調整もしやすくなる。[118]

117　ロバート・S・マクナマラ（仲晃訳）　前掲書　220頁

四　ジョンソン政権とケネディの影　　115

　この勧告を受けて内務省は、1964年に入ると、「信託統治領立法議会設置のための信託統治領規定の改訂」を主題とする内務省長官草案を作成。この草案では特に、議会委員数とあわせて、アメリカ側の拒否権について具体的に述べた。

　　議会議員数
　　　　信託統治領の議会代表を選出するため、本規定三九項にあるように域内を六地区に分割する
　　　　議会の代表議員数は全体で21名とし、マリアナ地区３名、パラオ地区３名、ヤップ地区ではヤップ島から１名、その他離島地域から１名、トラック地区５名、ポナペ島から３名、マーシャル地区４名が、それぞれ地区の住民有権者の投票によって選出される。ここで示された代表員の配分は信託統治領の法律によって、それぞれの地区でさらに人口数が平等になるよう選挙区を設定する。各地区から選出される議員数と選挙区分は、1980年代当初迄の10年間以上先を想定した人口比により、できるだけ平等に配分されるが、一方で人口数にかかわらず、地区代表が２名以下にはならないようにする。
　　法案立法化、拒否権
　　　　すべての法案の立法条項は「太平洋諸島信託統治領議会」によって立法化され、いかなる法律もそれ以外には立法化し得ない。高等弁務官は審議を求める法案を議会に提出。議会を通過した法案は、立法化する前に高等弁務官に提出される。もし、高等弁務官が法案を承認するときはそれに署名し、承認しないときは以下に示す場合を除いて、高等弁務官に提出されてから10日以内（日曜日は換算しない）に異議を添えて議会に差し戻すことができる。もし、高等弁務官がその期間内に法案の差し戻しをしない場合は、署名したのと同様にみなされるが、議会が会期中であれば署名の猶予期間は13日以内となる。これ以外の方法では立法化しない。法案が高等弁務官から議会に異議とともに差し戻されたときは、議会はその法案を再審議し、全議席の三分の二の賛成が得られた場合は再び高等弁務官に法案を提出できる。高等弁務官がそれを承認すればただちに署名し、不承認であれば、提出されてから10日以内に内務長官に法案を送る。長官は受領後90日以内に承認すれば立法化するが、さもなくば廃案となる。高等弁務官が緊急を要すると判断した法案を議会に提出し、議会が会期内にそれを通過させなかったか、あるいは修正案を高等弁務官に提出できなかった場合は、高等弁務官は内務長官の承認を得て、自らその法案を成立させ発布できる。
　　　　議会から高等弁務官に提出される如何なる法案も、それが予算拠出を伴うものであれば、高等弁務官は一条項、あるいはそれ以上、または、部分的ある

118　小林泉　前掲書　88〜89頁

116　第四章　アメリカ「戦略地区概念」と「動物園理論」

いはそれを分割して、他の条項を承認する間に異議を唱えることができる。その場合、高等弁務官は署名とともに法案条項の反対部分、あるいは全部にその理由を書き込むことができ、反対された部分は法律として発行しない。[119]

この草案は一院制を前提としていたが、二院制に変更された点を除けば、ほぼこの線に沿って同年9月に、内務長官令2882号として発令された。この内容の特筆すべき点は、ミクロネシア議会に関して、立法化に際しては高等弁務官は拒否権の行使も可能としてたことである。「合衆国政府調査団報告書」から約2年後である。1964年7月アメリカは、内務長官令を基礎としたミクロネシア議会を発足させた[120]。親米的な議会を作りクミロネシアを統合する、というシナリオにむけての第1歩であった。

　9月になると、中華人民共和国国防相の林彪が、アメリカのベトナム関与をはっきりと批判するに至った。ジョンソンは、林彪演説を、戦闘的で侵略的で膨張主義的中国が、全世界にわたって共産主義勢力を育成し支援する決意を示したものと受け取った[121]。アメリカ封じ込め政策に対する挑戦としたのである。ドミノ理論について再検討し、対処していく必要に迫られていた。

（三）　1967年

　ベトナム戦争が、北爆の効果も薄く泥沼化の様相を呈してきた一方で、ミクロネシア政策は、ほぼ順調に、アメリカが描いたシナリオ通りに進んでいた。

　1966年にアメリカは、ミクロネシアに初の平和部隊として、まず316人の隊員を送り込んだ。「合衆国政府調査団報告書」の次のような勧告にしたがってのことであった。

　　調査団は、住民投票の目的を達成するための全体計画の一部として、長期展望に立った政治発展と同時に、ミクロネシア全体の発展を目指して、次のような段階を踏むよう勧告する。——調査報告で勧告している60名の平和部隊員による地域行動計画は、すぐにも実行に移されるべきである。これは住民投票への姿勢並びに、地区中心

119　小林泉　前掲書　109〜10頁
120　小林泉　前掲書　129頁
121　ロバート・S・マクナマラ（仲晃訳）　前掲書　291頁

から離れたミクロネシア離島住民の大半の生活向上という双方の面から、極めて重要
となるからである。提案された事業（ここには、学校制度のなかで教師として働く平
和部隊員は含まれていない）と、ミクロネシア人に必要な現実とを実現させていくに
は、平和部隊員の活躍がおおいに関係してくるだろう。[122]

ミクロネシア地域の諸問題を観察していた斉藤達雄は、平和部隊について次のよ
うに分析している

平和部隊員にとっては、部隊生活は、善意の手助けであり、人生における経験であっ
た一方、内務省にとって平和部隊は、同省がこれまでやらずにきたことを代わりに
やってくれる安上がりな労働者であり、国務省にとっては、米国が国連の場で受ける
非難の少なくとも一部をやわらげてくれる存在であり、ホワイトハウスにとっては、
"民主的"に米国が新しい領土を獲得する筋書きにとって欠かすことのできない登場人
物の一人であった。平和部隊員の任期は、二年から三年である。こうして1967年、68
年、69年にはミクロネシア中に約1000人から1500人の部隊員が散らばった。住民150人
に対し1人の割り合であり、これをインドに当てはめてみると、インド中に500万から
600万人の米平和部隊員が氾濫することを意味した。ケネディ発案の平和部隊は、こう
して米国の『ニューフロンティア』へと送り込まれたのであった[123]

1967年になると平和部隊の人数は979人にふくれあがった。
　ジョンソンは、自ら2度に渡ってステートメントを発表した。

1967年3月27日
　ミクロネシア地域を信託統治しているアメリカ合衆国政府は、高等弁務官ノーウッ
ド（William R Norwood）からの報告で、島民の生活向上について進歩がみられて
いることに手応えを感じているし、又、彼のリーダーシップの下、人類にとって永
遠の敵といえる貧困、無知そして悪疾の撲滅に向けて、たゆまざる努力を行ってい
ると確信している次第である[124]

1967年5月10日
　私（註：ジョンソン）は、本日アメリカ信託統治領ミクロネシア地域に対しての行
政費投入の改訂を規定したS303号法案に署名した。現行法では、年間約＄17500000

122　小林泉　前掲書　35頁
123　斉藤達雄　『ミクロネシア』　すずさわ書店　1975年　136頁
124　Johnson, L.B.（1967）*Public Papers of the Presidents of the United States*, Government Printing
　　Office: Washington, U.S., p. 387

118　第四章　アメリカ「戦略地区概念」と「動物園理論」

の予算が認められているが、S303号により、1969年までには年間約＄35000000の予算が投入できるようになる。この額は現行の約2倍にあたる。合衆国としては、2000にも及ぶ島々に90000の人口を抱えるミクロネシア地域を、信託統治領として、教育、社会、政治、経済の発展を促進させる義務がある。われわれはこれ迄にも努力はしてきたが、この法案によって、その努力はさらに急速に確実なものとなっていくだろう。私はすでに、議会に対して信託統治領の学校、病院、道路、空港の建設費のためと、教員、医者、看護婦を雇うための追加予算を要求してきた。信託統治領を経済的に発展し自立できるようにさせるため、できる限りのことはしてきたのである。平和部隊の活躍と共に、アメリカ国民のこの地域への関心も合わせて高くなればと思う[125]

　ミクロネシア地域を地理的に見た場合の戦略的価値の高さから、ケネディ大統領が打ち出したミクロネシア地域との恒久的な関係を構築する行程において、3月と5月に出されたジョンソンによる2つの声明は、ケネディの方針をしっかりと路線にのせることが出来た自信にあふれている。

　しかし一方で、ジョンソン大統領を悩ませていたベトナム問題は、さらに深刻な状況になっていった。5月19日マクナマラ国防長官は、大統領に対し覚書を提出したのであった。在南ベトナム米援助軍司令官ウィリアム・ウェストモーランド（William Childs Westmoreland）からの、さらなる兵力増強要求に、以下のように返答し、大統領に伝えたのである

　　米軍20万人の増派は、予備後の招集と、総兵力の50万人増をともなうことになり、議会での激しい議論と、南ベトナムの外でも一段と強い行動をとるべきだ、という否応なしの国内の圧力を、ほぼまちがいなしに触発することでしょう。「戦場にいる連中の正体を明らかにしろ」という叫び声は、これまでもすでに聞かれていましたが、今後ははるかに大きく沸き上がることでしょう。今後とられる行動は、一段と激しい北爆投下で、すでに承認されている目標を四六時中攻撃するにとどまらず、運河の閘門や堤防といった戦略的（民間）目標を爆撃したり、ソ連そのほかの船舶の出入りする港湾を機雷封鎖することも含むことになります。状況によって余儀なくされる関連行動としては、ラオス、カンボジア、それにおそらくは北ベトナムでの大規模な地上作戦があげられます。もしも中国が、ベトナムないしは朝鮮で戦争に参加するようなことがあったり、通常兵器によるアメリカ軍事行動が、期待通りの成果をあげず、死者が多数にのぼり続けるような場合、戦術核兵器や、被害地域が限定されない放射能兵

125　Johnson, op cit., pp. 525-26

四　ジョンソン政権とケネディの影　　119

器、細菌兵器、化学兵器の使用も、おそらくある時点で提案されることになるでしょう。

（1）アメリカの公約は、南ベトナムの国民が、自分たちの将来を自分で決めるのを許されるよう確保することに限られる。
（2）もしも南ベトナムが自助の努力をやめたら、アメリカの公約は停止される。この二原則をアメリカの政策に基礎とするよう要請します。[126]

ウェストモーランド司令官からの要請である北爆のエスカレーションに対し、200000人の米軍増派を容認しようとするラスク国務長官と、これ以上の地上軍投入に反対するマクナマラ国防長官。この両者の対立に代表されるように、ジョンソン政権は、バラバラになりかけており、1968年の時点でコンセンサスを得たベトナム政策を確立できないでいた。
　当時、南ベトナムの米軍兵力は480000人に達し、総死者数は16000人を数えていた。マクナマラは回顧録の中で

　　事実はこうです。アメリカはベトナムでの目的を、合理的な範囲内のどのような軍事手段を使っても達成できそうにない。したがって、われわれは交渉によって、本来のものを下回る政治目的の達成を図るべきだという結論に達した私が、この旨をズバリ大統領に告げたのです。ジョンソン大統領には、これを受け入れる用意はありませんでした。私は自分の判断を変えないし、大統領も同じということが、二人にははっきりわかってきました。何か早急に手を打たねばなりませんでした[127]

と振り返っている。ケネディ政権の「ニューフロンティアスピリット」を継承していたジョンソンの誤算、いや、ジョンソン政権の誤算は、ベトナム戦争の泥沼化であったといえよう。冷戦体制下での共産主義封じ込め政策の一環として死守しようとした南ベトナムであったが、北爆を開始し、地上軍を投入してから3年たっても、アメリカの行動路線は定まらなかった。文化大革命を通じて階級闘争の手本を見せようとする中国と、東西の核戦力のバランスをくつがえしかねない弾道弾追撃ミサイルを開発しているソ連を前にして、南ベトナムを非共産主義国として守ることは難しかった。

126　ロバート・S・マクナマラ（仲晃訳）　前掲書　361～63頁
127　ロバート・S・マクナマラ（仲晃訳）　前掲書　420頁

120　第四章　アメリカ「戦略地区概念」と「動物園理論」

「戦略信託統治地域」ミクロネシアについては、「合衆国政府調査団報告書」のシナリオにそって、ケネディ路線を踏襲し、軌道にのせることができた。しかし、ベトナム問題が、ジョンソン政権の命とりになった。マクナマラが国防長官を正式に辞任した1968年2月29日から一ヶ月後、ジョンソン自身も次期大統領選への不出馬を発表した。有効な戦略も打ち出せないまま長引く、ベトナム戦争への世論の批判に屈したのだった。

1969年、アメリカには共和党政権が誕生した。

資　料1　「第12章　国際信託統治制度」の原文 （第11章も含める）

CHARTER OF THE UNITED NATIONS

Chapter XI:
DECLARATION REGARDING NON-SELF-GOVERNING TERRITORIES

Article 73
Members of the United Nations which have or assume responsibilities for the administration of territories whose peoples have not yet attained a full measure of self-government recognize the principle that the interests of the inhabitants of these territories are paramount, and accept as a sacred trust the obligation to promote to the utmost, within the system of international peace and security established by the present Charter, the well-being of the inhabitants of these territories, and, to this end:

1. to ensure, with due respect for the culture of the peoples concerned, their political, economic, social, and educational advancement, their just treatment, and their protection against abuses;

2. to develop self-government, to take due account of the political aspirations of the peoples, and to assist them in the progressive development of their free politi-

cal institutions, according to the particular circumstances of each territory and its peoples and their varying stages of advancement;

3. to further international peace and security;

4. to promote constructive measures of development, to encourage research, and to co-operate with one another and, when and where appropriate, with specialized international bodies with a view to the practical achievement of the social, economic, and scientific purposes set forth in this Article; and

5. to transmit regularly to the Secretary-General for information purposes, subject to such limitation as security and constitutional considerations may require, statistical and other information of a technical nature relating to economic, social, and educational conditions in the territories for which they are respectively responsible other than those territories to which Chapters XII and XIII apply.

Article 74

Members of the United Nations also agree that their policy in respect of the territories to which this Chapter applies, no less than in respect of their metropolitan areas, must be based on the general principle of good-neighbourliness, due account being taken of the interests and well-being of the rest of the world, in social, economic, and commercial matters

Chapter XII:

INTERNATIONAL TRUSTEESHIP SYSTEM

Article 75

The United Nations shall establish under its authority an international trusteeship system for the administration and supervision of such territories as may be placed thereunder by subsequent individual agreements. These territories are hereinafter referred to as trust territories.

Article 76

The basic objectives of the trusteeship system, in accordance with the Purposes of the United Nations laid down in Article 1 of the present Charter, shall be:

1. to further international peace and security;

2. to promote the political, economic, social, and educational advancement of the inhabitants of the trust territories, and their progressive development towards self-government or independence as may be appropriate to the particular circumstances of each territory and its peoples and the freely expressed wishes of the peoples concerned, and as may be provided by the terms of each trusteeship agreement;

3. to encourage respect for human rights and for fundamental freedoms for all without distinction as to race, sex, language, or religion, and to encourage recognition of the interdependence of the peoples of the world; and

4. to ensure equal treatment in social, economic, and commercial matters for all Members of the United Nations and their nationals, and also equal treatment for the latter in the administration of justice, without prejudice to the attainment of the foregoing objectives and subject to the provisions of Article 80.

Article 77

1. The trusteeship system shall apply to such territories in the following categories as may be placed there under by means of trusteeship agreements:

a. territories now held under mandate;

b. territories which may be detached from enemy states as a result of the Second World War; and

c. territories voluntarily placed under the system by states responsible for their administration.

2. It will be a matter for subsequent agreement as to which territories in the foregoing categories will be brought under the trusteeship system and upon what terms.

Article 78

The trusteeship system shall not apply to territories which have become Members of the United Nations, relationship among which shall be based on respect for

資　料 1　「第 12 章　国際信託統治制度」の原文　　123

the principle of sovereign equality.

Article 79

The terms of trusteeship for each territory to be placed under the trusteeship system, including any alteration or amendment, shall be agreed upon by the states directly concerned, including the mandatory power in the case of territories held under mandate by a Member of the United Nations, and shall be approved as provided for in Articles 83 and 85.

Article 80

1. Except as may be agreed upon in individual trusteeship agreements, made under Articles 77, 79, and 81, placing each territory under the trusteeship system, and until such agreements have been concluded, nothing in this Chapter shall be construed in or of itself to alter in any manner the rights whatsoever of any states or any peoples or the terms of existing international instruments to which Members of the United Nations may respectively be parties.

2. Paragraph 1 of this Article shall not be interpreted as giving grounds for delay or postponement of the negotiation and conclusion of agreements for placing mandated and other territories under the trusteeship system as provided for in Article 77.

Article 81

The trusteeship agreement shall in each case include the terms under which the trust territory will be administered and designate the authority which will exercise the administration of the trust territory. Such authority, hereinafter called the administering authority, may be one or more states or the Organization itself.

Article 82

There may be designated, in any trusteeship agreement, a strategic area or areas which may include part or all of the trust territory to which the agreement applies, without prejudice to any special agreement or agreements made under Article 43.

Article 83

1. All functions of the United Nations relating to strategic areas, including the approval of the terms of the trusteeship agreements and of their alteration or amendment shall be exercised by the Security Council.

2. The basic objectives set forth in Article 76 shall be applicable to the people of each strategic area.

3. The Security Council shall, subject to the provisions of the trusteeship agreements and without prejudice to security considerations, avail itself of the assistance of the Trusteeship Council to perform those functions of the United Nations under the trusteeship system relating to political, economic, social, and educational matters in the strategic areas.

Article 84

It shall be the duty of the administering authority to ensure that the trust territory shall play its part in the maintenance of international peace and security. To this end the administering authority may make use of volunteer forces, facilities, and assistance from the trust territory in carrying out the obligations towards the Security Council undertaken in this regard by the administering authority, as well as for local defence and the maintenance of law and order within the trust territory.

Article 85

1. The functions of the United Nations with regard to trusteeship agreements for all areas not designated as strategic, including the approval of the terms of the trusteeship agreements and of their alteration or amendment, shall be exercised by the General Assembly.

2. The Trusteeship Council, operating under the authority of the General Assembly shall assist the General Assembly in carrying out these functions.

Chapter XIII:
THE TRUSTEESHIP SYSTEM

Composition

Article 86

1. The Trusteeship Council shall consist of the following Members of the United Nations:

a. those Members administering trust territories;

b. such of those Members mentioned by name in Article 23 as are not administering trust territories; and

c. as many other Members elected for three-year terms by the General Assembly as may be necessary to ensure that the total number of members of the Trusteeship Council is equally divided between those Members of the United Nations which administer trust territories and those which do not.

2. Each member of the Trusteeship Council shall designate one specially qualified person to represent it therein.

Functions and Powers

Article 87

The General Assembly and, under its authority, the Trusteeship Council, in carrying out their functions, may:

1. consider reports submitted by the administering authority;

2. accept petitions and examine them in consultation with the administering authority;

3. provide for periodic visits to the respective trust territories at times agreed upon with the administering authority; and

4. take these and other actions in conformity with the terms of the trusteeship agreements.

126   第四章 アメリカ「戦略地区概念」と「動物園理論」

Article 88
The Trusteeship Council shall formulate a questionnaire on the political, economic, social, and educational advancement of the inhabitants of each trust territory, and the administering authority for each trust territory within the competence of the General Assembly shall make an annual report to the General Assembly upon the basis of such questionnaire.

Voting

Article 89
1. Each member of the Trusteeship Council shall have one vote.
2. Decisions of the Trusteeship Council shall be made by a majority of the members present and voting.

Procedure

Article 90
1. The Trusteeship Council shall adopt its own rules of procedure, including the method of selecting its President.
2. The Trusteeship Council shall meet as required in accordance with its rules, which shall include provision for the convening of meetings on the request of a majority of its members.

Article 91
The Trusteeship Council shall, when appropriate, avail itself of the assistance of the Economic and Social Council and of the specialized agencies in regard to matters with which they are respectively concerned.

資　料２　「旧日本委任統治諸島との信託統治協定」の原文（全文）

TRUSTEESHIP AGREEMENT
FOR THE FORMER
JAPANESE MANDATED ISLANDS

Preamble

WHEREAS Article 75 of the Charter of the United Nations provides for the establishment of an international trusteeship system for the administration and supervision of such territories as may be placed there under by subsequent agreement; and

WHEREAS under Article 77 of the said Charter the trusteeship system may be applied to territories now held under mandate; and

WHEREAS on 17 December 1920 the Council of the League of Nations confirmed a mandate for the former German Islands north of the equator to Japan, to be administered in accordance with Article 22 of the Covenant of the League of Nations; and

WHEREAS Japan, as a result of the Second World War, has ceased to exercise any authority in these islands;

NOW THEREFORE, the Security Council of the United Nations, having satisfied itself that the relevant articles of the Charter have been complied with, hereby resolves to approve the following terms of trusteeship for the Pacific Islands formerly under mandate to Japan.

Article 1

The Territory of the Pacific Islands, consisting of the islands formerly held by Japan under mandate in accordance with Article 22 of the Covenant of the League of Nations, is hereby designated as a strategic area and placed under the trusteeship system established in the Charter of the United Nations. The Territory of the

Pacific Islands is hereinafter referred to as the trust territory.

Article 2

The United States of America is designated as the administering authority of the trust territory.

Article 3

The administering authority shall have full powers of administration, legislation, and jurisdiction over the territory subject to the provisions of this agreement, and may apply to the trust territory, subject to any modifications which the administering authority may consider desirable such of the laws of the United States as it may deem appropriate to local conditions and requirements.

Article 4

The administering authority, in discharging the obligations of trusteeship in the trust territory, shall act in accordance with the Charter of the United Nations, and the provisions of this agreement, and shall, as specified in Article 83 (2) of the Charter, apply the objectives of the international trusteeship system, as set forth in Article 76 of the Charter, to the people of the trust territory.

Article 5

In discharging its obligations under Article 76 (a) and Article 84, of the Charter, the administering authority shall ensure that the trust territory shall play its part, in accordance with the Charter of the United Nations, in the maintenance of international peace and security. To this end the administering authority shall be entitled:

1. to establish naval, military and air bases and to erect fortifications in the trust territory;

2. to station and employ armed forces in the territory; and

3. to make use of volunteer forces, facilities and assistance from the trust territory in carrying out the obligations towards the Security Council undertaken in

資　料2　「旧日本委任統治諸島との信託統治協定」の原文　　129

this regard by the administering authority, as well as for the local defense and the maintenance of law and order within the trust territory.

Article 6

In discharging its obligations under Article 76 (b) of the Charter, the administering authority shall:

1. foster the development of such political institutions as are suited to the trust territory and shall promote the development of the inhabitants of the trust territory toward self-government or independence as may be appropriate to the particular circumstances of the trust territory and its peoples and the freely expressed wishes of the peoples concerned; and to this end shall give to the inhabitants of the trust territory a progressively increasing share in the administrative services in the territory; shall develop their participation in government; and give due recognition to the customs of the inhabitants in providing a system of law for the territory; and shall take other appropriate measures toward these ends;

2. promote the economic advancement and self-sufficiency of the inhabitants, and to this end shall regulate the use of natural resources; encourage the development of fisheries, agriculture, and industries; protect the inhabitants against the loss of their lands and resources; and improve the means of transportation and communication;

3. promote the social advancement of the inhabitants and to this end shall protect the rights and fundamental freedoms of all elements of the population without discrimination; protect the health of the inhabitants; control the traffic in arms and ammunition, opium and other dangerous drugs, and alcoholic and other spirituous beverages; and institute such other regulations as may be necessary to protect the inhabitants against social abuses; and

4. promote the educational advancement of the inhabitants, and to this end shall take steps toward the establishment of a general system of elementary education; facilitate the vocational and cultural advancement of the population; and shall encourage qualified students to pursue higher education, including training on the professional level.

130　第四章　アメリカ「戦略地区概念」と「動物園理論」

Article 7

In discharging its obligations under Article 76 (c), of the Charter, the administering authority shall guarantee to the inhabitants of the trust territory freedom of conscience, and, subject only to the requirements of public order and security, freedom of speech, of the press, and of assembly; freedom of worship, and of religious teaching; and freedom of migration and movement.

Article 8

1. In discharging its obligations under Article 76 (d) of the Charter, as defined by Article 83 (2) of the Charter, the administering authority, subject to the requirements of security, and the obligation to promote the advancement of the inhabitants, shall accord to nationals of each Member of the United Nations and to companies and associations organized in conformity with the laws of such Member, treatment in the trust territory no less favourable than that accorded therein to nationals, companies and associations of any other United Nation except the administering authority.

2. The administering authority shall ensure equal treatment to the Members of the United Nations and their nationals in the administration of justice.

3. Nothing in this Article shall be so construed as to accord traffic rights to aircraft flying into and out of the trust territory. Such rights shall be subject to agreement between the administering authority and the state whose nationality such aircraft possesses.

4. The administering authority may negotiate and conclude commercial and other treaties and agreements with Members of the United Nations and other states, designed to attain for the inhabitants of the trust territory treatment by the Members of the United Nations and other states no less favourable than that granted by them to the nationals of other states. The Security Council may recommend, or invite other organs of the United Nations to consider and recommend what rights the inhabitants of the trust territory should acquire in consideration of the rights obtained by Members of the United Nations in the trust territory.

資　料 2 「旧日本委任統治諸島との信託統治協定」の原文　131

Article 9

The administering authority shall be entitled to constitute the trust territory into a customs, fiscal, or administrative union or federation with other territories under United States jurisdiction and to establish common services between such territories and the trust territory where such measures are not inconsistent with the basic objectives of the International Trusteeship System and with the terms of this agreement.

Article 10

The administering authority, acting under the provisions of Article 3 of this agreement, may accept membership in any regional advisory commission, regional authority, or technical organization, or other voluntary association of states, may cooperate with specialized international bodies, public or private, and may engage in other forms of international cooperation.

Article 11

1. The administering authority shall take the necessary steps to provide the status of citizenship of the trust territory for the inhabitants of the trust territory.

2. The administering authority shall afford diplomatic and consular protection to inhabitants of the trust territory when outside the territorial limits of the trust territory or of the territory of the administering authority.

Article 12

The administering authority shall enact such legislation as may be necessary to place the provisions of this agreement in effect in the trust territory.

Article 13

The provisions of Articles 87 and 88 of the Charter shall be applicable to the trust territory, provided that the administering authority may determine the extent of their applicability to any areas which may from time to time be specified by it as closed for security reasons.

132　第四章　アメリカ「戦略地区概念」と「動物園理論」

Article 14

The administering authority undertakes to apply in the trust territory the provisions of any international conventions and recommendations which may be appropriate to the particular circumstances of the trust territory and which would be conducive to the achievement of the basic objectives of Article 6 of this agreement.

Article 15

The terms of the present agreement shall not be altered, amended or terminated without the consent of the administering authority.

Article 16

The present agreement shall come into force when approved by the Security Council of the United Nations and by the Government of the United States after due constitutional process.

(1947 UNTS 190)

資　料 3　「太平洋諸島信託統治領への合衆国政府調査団報告書」(1963年 7 月～ 8 月)

Summary of Report By U.S. Government Survey Mission To The Trust Territory of The Pacific Islands

The Setting

4. In addition to its formal instructions, the Mission was advised by the Task Force before departure that: (a) United States military and strategic interests require the continuing and permanent control of Micronesia, primarily to deny the area to other powers; (b) the United States probably has only five to seven years before United Nations' pressures compel the holding of a plebiscite leading to the termination of the trusteeship; and (c) therefore it has been determined that the

資　料 3 「太平洋諸島信託統治領への合衆国政府調査団報告書」　133

primary United States objective is to get the people of Micronesia to vote for per-
manent affiliation with the United States in such a plebiscite.

背　景
4．正式な指示に加えて、調査団は事前にタスクフォースから以下のようなアドバ
イスを受けていた。
(a) アメリカの軍事的、戦略的利益は、ミクロネシア地域を他の勢力にとられない
よう継続的かつ恒久的に支配することである。
(b) 国際連合から信託統治終了の住民投票の指示が出される迄の猶予は 5 年から 7
年と考えられる。
(c) よって、アメリカの主要な目的は、ミクロネシアの住民が投票する際に、アメ
リカとの恒久的な関係を選択させることにある。

Major Objectives And Considerations Part I. Political Development of Micronesia
6. Another disadvantage of the trusteeship is its protective and custodian nature,
a carryover from the philosophy of the League of Nations mandates, which is not
fully compatible with the more recent emphasis on modernization and more rapid
development of peoples under trusteeship. Most policies which try to be both de-
velopment-minded and protective do not seem to do a good job of either. Howev-
er, a conflict between development objectives and protective attitudes characteriz-
es the current administration of thee Trust Territory. Although it has become
fashionable for American officials connected with the Trust Territory to disclaim
any desire to maintain an "anthropological zoo" in reality protective and custodial
policies are very prevalent. This conflict within official thinking faithfully mirrors
the dilemma of the Micronesians themselves. They desire urgent economic devel-
opment, but want to retain, at the same time, restrictions on non-Micronesians im-
migrating, occupying land and starting businesses. The Misstion believes that, if
for no other reason than that of the impending plebiscite, the Micronesians need
reassurances on the continuance of those restrictions but, at the same time, we
are recommending certain modifications which will initiate long-run liberalization
of those restricitons.

6. 信託統治のもうひとつの欠点は、その保護・管理的な特質である。これは国際連盟の委任統治時代の理念から引き継がれたものであり、近代化と被信託統治民のより急速な発展を重視する最近の考え方とは完全に相容れないものである。保護主義的で開発志向を両立させようとする政策の殆どが、そのどちらもうまく両立させることができないでいるようである。しかし、開発目標と保護姿勢との対立が、現在の信託統治を特徴付けている（筆者註：いまだに残っている委任統治的風潮は信託統治を難しくしている）。アメリカの高官の中には（筆者註：人間を動物園の動物のように扱う）「人類学的動物園」政策の維持に否定的な姿勢を見せるのが流行っているが、現実には保護政策や監護政策が幅を利かせている。公式見解におけるこのような（筆者註：開発目標を保護姿勢との）対立は、ミクロネシアの人々の抱えるジレンマを正しく現している。彼らは、早急な経済発展を望む一方で、非ミクロネシア移民の移住、土地占有、経済介入は制限を望んでいるのである。

よって我々調査団は、住民投票が間近に迫っているということ以外に理由がないのであれば、ミクロネシアの人々には彼らの望む制限の継続に関して安心してもらう必要があるが、同時に、長期的自由化を開始するため制限に関する部分的修正をすること勧めるものである。

14. c. The Community Action Program by the 60 Peace Corps Volunteers recommended in the Mission report should be begun because it is of critical importance to both the plebiscite attitudes and the overall advancement of the majority of Micronesians liveing on islands outside the district centers. The program as recommended (which excludes use of Peace Corps Volunteers as teachers in the school system) and the realities of Micronesian needs contain all the probabilities of a spectacular success for the Peace Corps.

14. c　調査団が推奨するアメリカ平和部隊ボランティア60名による「地域活動プログラム」の早期開始を提案する。なぜならば、主要地域以外の島々に住む大多数のミクロネシア住民の住民投票行動と総合的生活向上が最重要事項だからである。（学制における平和部隊ボランティアを教師として起用する以外）推奨されているプログラムと、ミクロネシアの現実的な需要には、平和部隊の華々しい成功の可能性のすべてが孕まれているのである。

資　料3　「太平洋諸島信託統治領への合衆国政府調査団報告書」　　135

以上重要部分の抜粋と訳

（出典：John F. Kennedy Presidential Library and Museum

Digital Identifier:

JFKNSF-342-012-p0005

Folder Title:

National Security Action Memoranda [NSAM]: NSAM 268, Report of the
Survey Mission to the Trust Territory of the Pacific Islands

Data (s) of Materials:

1963: 20 September-18 December, undated

https://www.jfklibrary.org/asset-viewer/archives/JFKNSF/342/JFKNSF-
342-012）

　この報告書は「国家安全行動覚書145号」以降の、アメリカの対ミクロネシア
政策のフレームワークとして機能してきたと考えられる。つまり「動物園理論」
の構想は、後の時代に批判的に用いられたものではなく、当時からはっきりと触
れられており、正当化、実行化されてきたものである。

　本書の重要な部分であるこの分析結果の根拠はもう一つある。それはケネディ
がミクロネシア政策の分析者に、ハーバード大学ビジネススクール教授であった
ソロモンを選んでいることである。ケネディは、ミクロネシア政策においてアメ
リカに利益をもたらすための方法、そしてその為にはどのように住民を誘導すれ
ばよいかを探らせることを意図して、敢えてビジネスエキスパートに依頼したの
である。

　こうして明確な考えをもって「動物園理論」は推し進められてきた。本書の目
的である覇権国家がミクロネシア地域をどう捉えてきたかをみることは、すなわ
ち新しい視点で国際情勢を捉えることであり、まさにソロモンによる報告の「動
物園理論」はアメリカの覇権国家としての性格をよく表していると考えるべきで
ある。

第五章　ミクロネシアの独り立ちと「自由連合協定」

一　ニクソンと「グアム・ドクトリン」

(一)　「グアム・ドクトリン」とミクロネシア

1969年1月大統領に就任したリチャード・ニクソン（Richard Nixon）大統領は、2つの大きな問題を抱えていた。1つはベトナム戦争の泥沼化であり、もう1つは国家財政の悪化である。

ベトナム戦争の解決に向けて答えを見い出せないまま、政策決定者間の分裂を招き、国防長官であったロバート・マクナマラ（Robert McNamara）の辞任という事態に陥っていたジョンソン民主党政権は1968年の大統領選で敗れた。

ジョンソンに代わって登場したニクソン大統領は、外交に意欲的だった。しかしながら国務省トップの国務長官には、外交の素人で法律家のウィリアム・ロジャース（William Pierce Rogers）を任命した。そして国家安全保障担当大統領補佐官には、国際政治学者でハーバード大学教授のヘンリー・キッシンジャー（Henry Kissinger）を任命した。

キッシンジャーは、ヨーロッパ外交が専門分野で、1800年代初頭、オーストリアの宰相であったメッテルニッヒの研究者であった。国益を重視して、パワーポリティックスによる外交政策を必要と考えていたニクソンは、キッシンジャーならば一心同体でその手腕を発揮してくれるだろうと期待したのである。キッシンジャーの著書『外交』を訳した岡崎久彦は、この本を分析して次のように述べている。

> ベトナム戦争はアメリカにとっての悲劇であり、キッシンジャーにとっても辛い思い出である。しかし、ここでもキッシンジャーは、アメリカ的価値観が国内的分裂を引

き起こしたこと自体についてさえ畏敬の念を表明している。——それと同時にキッシンジャーは、外交の基礎はパワー・ポリティックスであるべきだという自説はけっして捨てていない。ベトナム戦争の集結をはかりつつも、キッシンジャーは、政権のなかにいるあいだに、なんとかして国益の概念をアメリカ外交のなかに定着させようとした。[1]

　国益を重視して、パワーポリティックスによる外交政策を必要と考えていた学者のキッシンジャーだったから、ニクソン大統領は彼の手腕に期待したのだった。
　ニクソン大統領は、大統領就任後半年たった７月になって対アジア・太平洋政策の構想を発表した。これこそが「グアム・ドクトリン」とよばれているものである。
この新構想は、

　　米政府はパリ会談との関連でベトナムでの米軍戦略の再検討を行っている。アジアでの紛争に軍事的に介入することを減少させるようなアメリカの新政策を作成せんとしている。又アメリカは条約上の義務を守り、将来もアジアで重要な役割を果たすが、アジアの指導者は、今後自分の力で戦闘を行えるように努めねばならないであろう[2]

という概要でしか捉えられない傾向があるが、しかし、実は「トルーマン・ドクトリン」にも匹敵する内容が含まれている。つまり「トルーマン・ドクトリン」の理想主義外交からの転換を表明しているという点で意義深く、アジア・太平洋に関しての持続すべき政策と、変更すべき政策が詳しく述べられているドクトリンなのである。
　ニクソン大統領が、アメリカの対アジア・太平洋政策の従来からの変更を表明したのは、グアム島の Top O'The Mar Officer's Club での新聞記者達との非公式の会見でだった。これが後に「グアム・ドクトリン」とよばれることになる。

　　もし私がこれからお話申し上げることについて、もっと詳しい内容をお知りになりたければ、国務次官補のマーシャル・グリーン（Marshall Green）がお話するし、大統領補佐官であるヘンリー・キッシンジャーも御説明することをまず申し上げておく。

1　岡崎久彦　「キッシンジャーの夢」『Voice』　1996年　8月号　178頁
2　アジア経済研究所　『アジア動向年報—1970年度版』　1970年　694～95頁　（以降『1970年度』とする）

私は、これからバンカー（Banker）南ベトナム大使始め、他のアジア各国の大使に、タイのバンコクに集まってもらってアジア情勢について話し合うつもりでいる。

私が最初にアジアの国々を歴訪してから16年が経過した。その間に東アジアの国々はめざましい発展を遂げたので、皆さんは今回のフィリピン、インドネシア、ベトナム、タイ、インドへのわずか一日ずつの短い旅行で何ができるのか疑問に思われるかもしれない。しかし、顔と顔とをつき合わせて話をすることの意味は極めて重要である。

私は、アジア各国の人々と会って、ベトナム戦争終結後のアメリカのアジア・太平洋地域での役目は何なのかを考えていこうと思っている。例えば、オーストラリアのジョン G ゴートン（John Grey Gorton）首相と話をした時、彼は、アジア各国のリーダー達は、アメリカがベトナムをどうするつもりなのか、その方向が見えないことに不満をもっているのだと話してくれた。戦争が終息に向かっているのであるからこういう疑問には、そろそろ答えようではないかと考えている。

アメリカ外交は、あまりにも頻繁に考慮しない決定をしすぎてきた。長期的な視野に立つよりは、場当たり的な対応をしてきた。当然ながらこの傾向は、ベトナム戦争にもみられた。特にベトナム戦争では、確固たる政策をアメリカ国民に示すことができずにフラストレーションばかりを与えてしまったために、多くのアメリカ人が、もうアジアに関与するのは嫌だと思い始めている。

私は、アジアの他の紛争に合衆国が巻き込まれないようにするには、アメリカがこの地域できちんとした役割を果たすことが必要だと思う。きちんとした役割とは、現段階では撤退ではないだろうか。撤退とはいっても、アメリカはグアム島を領有しているし、太平洋国家のうちの１つであることにかわりはないし、歴史的にも太平洋と深くかかわりをもっていることは事実である。

ヨーロッパから始まった第二次大戦も、アメリカにおいては太平洋戦争から始まった。アジアから始まったのだ。そして朝鮮戦争もベトナム戦争もアジアで起きた。このように地理学的にも歴史的にもアジア・太平洋に深く関与してきたのは事実であり、だから、太平洋政策は実に重要であったのだ。いや、こんなに重要でありながら、太平洋に対する充分な政策をもち合わせていなかったということの方が重要なのかもしれない。

アジアには、共産主義国家として代表的な中国と、きわめて戦闘的な北朝鮮と北ベトナムがある。これから４〜５年先、いやもっと15〜20年先を考えると、平和の潜在的脅威の対象となるのはアジア・太平洋の国々ではないかと思う。この地域への外交政策は、中東やラテンアメリカやアフリカの諸国に対してよりも難しいのではないだろうか。だからこそ、もっと積極的に中国問題、北朝鮮問題、そして北ベトナム問題に取り組んでいきたいのである。

反面、日本、韓国、台湾、シンガポール、マレーシアは、GNPにおいてもすばらしい伸びをみせている。フィリピン、インド、パキスタンは、それぞれに政治問題を抱え

ながらも、経済的には発展しつつある。このような状況の中で、アメリカはこの地域にふさわしい役目を模索していかなければならない。経済発展を遂げている国々では、ナショナリズムと地域主義が育ちつつある。アジア人達にはアジアという意識が芽生えつつある。アメリカはその事に気づかねばならない。アメリカは、ある種の支援はできよう。しかし、それが指示であってはならないと私は考える。

アメリカは、もはやアジアの国々を従属させるような政策をとってはならないし、戦争に巻き込むようなことがあってはならないのである。アジア諸国との同盟は守りながら、そして政治的、経済的発展は支援しながら、アジアの国々がアメリカに依存しすぎることがないように注意を払うべきなのである。[3]

さらに、新聞記者達からの質問にこたえて

Q 『ベトナムから、軍隊は撤退させる。しかしきちっとした役目は果たす。』とはもっと具体的にいうとどういうことか？

A 今迄お話ししてきたように、この質問にお答えするのは難しい。しかし、次の二点は強調しておきたい。第一点目は、合衆国は条約上の義務は守るということだ。第二点目は、核による脅威を除いて、自国の防衛については、各国それぞれが責任をもってほしいという事だ。

Q 米ソ首脳会談の意志はあるか？

A 中東問題について、兵器制限交渉について、ベトナム問題についての三分野にソ連が関心をもつのなら、首脳会談を行う意味があると思う。

Q 中国については、関係改善のタイミングをはかっているのか？

A 中国への規制緩和は、過去三ヶ月に渡って国家安全保障会議で検討してきた結果であって、それが関係改善につながるということはない。

Q アジア各国への歴訪は、ベトナムからのアメリカ軍撤退に対する理解を得るためか？

A その通りで、アメリカは今後不必要と思われる干渉は避けることとし、長期見通しに立った、しっかりとした外交政策を遂行していくことを説明していく。

Q ニクソン政権は北ベトナムへの軍事政策の変更も考えているのか？

A 政権の座についてから、その事は再検討し続けてきた。軍事的戦術については、我々はとやかく言わない。軍人に従うべきである。しかしながら、交渉の段階においては、軍事的戦術は交渉の一部として考えられるべきで、有効な戦術と交渉との二本立てで、ベトナム問題の解決を検討していくつもりである。[4]

以上、記者会見の内容について詳しく述べたのは、のちに「グアム・ドクトリ

---

3 Public Papers of the Presidents of the United States（以降「PPPUS」とする）(1978) *Richard M. Nixon 1969-1974*, KTO Press, New York, pp. 544-48

4 PPPUS (1978), op. cit., pp. 548-56

ン」と呼ばれることになるこの新構想が、ミクロネシア地域を含むアジア・太平洋地域に対するアメリカの姿勢を、ベトナム戦争後初めて明確に述べた貴重な内容であるからである。

　「アジアからの撤退」という部分ばかりを強調するのは、このドクトリンの本質ではない。ニクソン大統領は、地理的にみても歴史的にみてもこの地域とは深いつながりをもっていくべきであるという認識にたって、場当たり的な政策をやめ、特に外交では、長いスパンで考えていくことの重要性を再確認し、さらに経済発展によって芽生えたアジア諸国のナショナリズムと地域主義を軽視しないことをより明確にしたかったのであり、理想主義外交からパワーポリティックスに基づく国益主義外交に移行していく経緯を丁寧に、そしてはっきりと述べたのである。

　翌7月25日、アメリカ国防省は、総兵力の4分の1を削減する計画を発表した[5]。批判が高まっている国防費を節約するためで、米総兵力は2600000人に削られ、ベトナムにいる15000人の兵士が義務を解かれることになった。

　このようなアジア・太平洋におけるアメリカの政策変更の中で、逆に戦略地区信託統治領であるミクロネシアの保持は重要となった。

　8月のU.S. News & World Report誌は「アジアにおける新しい防衛ライン」というタイトルで、

　　①フィリピン、沖縄の米軍基地機能の低下によって新しい防衛ラインとして浮かび上がってくるのがミクロネシアである。

　　②都合のよいことに、ミクロネシアは国際連合で認められた「戦略地区」という扱いを受けている地域で、アメリカの自治領グアムと近いという利点もある。グアムはB-52の基地として、海軍の補給センターとして、またポラリス潜水艦の基地として使われている。

　　③しかし何分にも縦30マイル、幅81・2マイルという狭い島だけにおのずと限界があり、サイパン、テニアン、ロタ、パラオのミクロネシア地域を加えると、戦略的利用価値が高まるのである。

　　④よって、ミクロネシア地域には病院や、核兵器用施設を含む空軍と海軍の基地が作られるだろう。米海兵隊司令官が最近この地域に視察に訪れてい

　5　アジア経済研究所『1970年度版』　前掲書　695頁

るし、米海軍設営部隊員や文官に公共土木事業をスピードアップするよう
指示している。

⑤ミクロネシアの島々の軍事施設が有利なのは、ここが中国の中距離ミサイ
ルの標的にならないという点であるが、中国から遠いということは、即時
対応に迫られた時には不利になる。

⑥それでも総合的に考えると、ミクロネシアは対共産主義への新防衛線とな
るだろう。[6]

と、ニクソンの太平洋戦略を分析した。

「グアム・ドクトリン」が発表される2ヶ月前の5月11日、ウォルター・ヒッ
ケル (Walter Hickel) 内務長官が確かに「沖縄撤退後、マリアナ諸島など太平洋
の米信託統治領は、アメリカの西太平洋の新防衛戦の一部になりうる。米国の極
東での最西端の境界であるという観点から軍部はこれを重視している[7]」と述べ
ている。この発言と合わせて考えてみると、ニクソン政権下で、ミクロネシア地
域は軍事戦略上、実質に重要な地域となったのである。ニクソンは、ケネディ政
権下でのミクロネシアと恒久的関係を確立していくことを決めた「国家安全行動
覚書145号」と「太平洋諸島信託統治領への合衆国政府調査団報告書」に感謝し
たに違いないのである。

「太平洋諸島信託統治領への合衆国政府調査団報告書」を受けて、ジョンソン
政権では、1965年にミクロネシア議会を誕生させていた。

ニクソン政権は、ミクロネシア議会と摩擦を避けるため1969年10月6日ワシン
トンにて、アメリカ・ミクロネシア第1回政治地位交渉を行った。この時、ミク
ロネシア側から、信託統治の早期終結と戦争賠償問題解決の要請を受け、アメリ
カ側は基本的に了承した[8]。

10月27日、メルビン・レアード (Melvin Robert Laird) 国防長官は、「国家安全
保障会議は、12月15日迄にアメリカの主要防衛条約など世界戦略面についての検
討を終える。――政府は議会の協力を得て、1970年代の新しい防衛政策を打ち出

---

6 "New Defense Line in Asia", *U.S News & World Report*, Aug. 25, 1969
7 アジア経済研究所『1970年度版』 前掲書 693頁
8 斉藤達雄 『ミクロネシア』 すずさわ書店 1975年 144~45頁
   斉藤達雄は、1971年から1972年迄共同通信ホノルル特派員を務めた後、1981年8月にはミクロ
   ネシア問題を考える第一回会議に出席した経歴をもつ。

142　第五章　ミクロネシアの独り立ちと「自由連合協定」

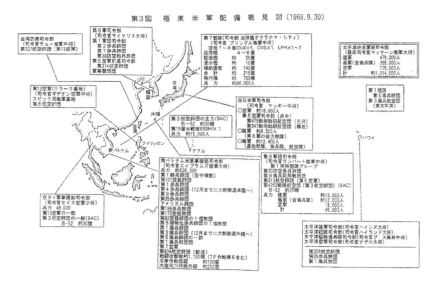

《世界軍事資料　1》103頁

すことになるだろう。アメリカが国際平和維持の面で果たす役割は将来減ると思う。アメリカは、世界の警察官になることは出来ない[9]」と言明し、また「米国の、内外基地307カ所（うち海外は27カ所）の整理（主に縮小）を行い、年間690000000ドルを節約する[10]」と発表した。

　11月19日には、沖縄の主権が日本に返されることが決まった。

　「グアム・ドクトリン」によって、アメリカのアジア・太平洋政策は、新しい方向に進むことになった。しかし、対ミクロネシアに関しては、従来通り「アメリカの自治領化へのプログラム」があてはめられた。

(二)　アメリカ・ミクロネシア政治地位交渉

　1970年2月18日、ニクソン大統領は外交教書を発表。そして外交政策を大きく変更することを伝えた。いわゆる「2と2分の1原則」から「1と2分の1戦

　9　アジア経済研究所『1970年度版』　前掲書　700頁
　10　アジア経済研究所『1970年度版』　前掲書　700頁

一 ニクソンと「グアム・ドクトリン」 143

略」への変更である。

ニクソン大統領は次のように述べた。

　　決定した新しい戦略は、60年代の戦略を大幅に変更したものである。60年代の通常戦
　　争に対する姿勢は、「2と2分の1原則」に基づいていた。これによると、米軍は㊀通
　　常兵力で3ヶ月間 NATO の前衛防衛に当たる、㊁中国の全面攻撃に対し、韓国あるい
　　は東南アジアを防衛する、㊂小規模な緊急作戦を同時に遂行する。以上3点を実施す
　　ることにあった。──その主義と実力を調和させるため「1と2分の1戦略」に変更
　　する。これによると、アメリカが平和時に維持する通常兵力は欧州あるいはアジアで
　　の共産側の大規模攻撃に対処すると同時に、アジアでの中国以外からの脅威に対し同
　　盟国を援助し、その他の地域の緊急事態に対処するので十分なものになるだろう[11]

　3月10日には、海軍省が海軍白書を発表した。「『グアム・ドクトリン』に基づ
く海外からの戦闘部隊の縮小、および海外地上基地削減を補完するため、攻撃型
空母を主力とする海上の一般目的部隊の任務は重要性を増大し、中国の脅威に
は、これまでの米地上部隊に代わって、海軍がアジアの同盟国を防衛する[12]」と
いう主旨であった。この時期、ニクソン大統領は中国との関係改善の意向をもっ
て、中国に向けてのシグナルを送ってはいた。しかし、まだ中国側の対応の予想
はつきかねていたのだった。それだけに、地上基地削減によって海軍の役割はさ
らに重要となり、フリーハンドで使える海軍基地の設備強化を再検討することに
したのだった。

　5月10日、アメリカ・ミクロネシア第2回政治地位交渉を行った。アメリカは
この会議でミクロネシアに、「国家安全行動覚書145号」に沿って自治領になるこ
とを提案をしたが、この時にミクロネシアは「自由連合関係」を希望した。主権
が与えられて独自の憲法をもった上での、アメリカとの自発的な関係の構築を望
んできたのである。ここに、ミクロネシア側の政治的進歩がみえる。「いまだに
眠ったままでいると思い込んでいたアメリカ側が不覚だったのか、それともミク
ロネシア側の急成長が目覚ましかったのか、いずれにせよ、アメリカはミクロネ
シアの意外な政治的成熟度に驚きながらも、もはや『太平洋諸島信託統治領への
合衆国政府調査団報告書』で提言された領土併合迄の手順がそのまま当てはまら

11　アジア経済研究所　『アジア動向年報─1971年度版』　1971年　735頁　（以降『1971年度』とす
　　る）
12　上掲書　737頁

144 第五章 ミクロネシアの独り立ちと「自由連合協定」

ない現実を自覚させられたのである[13]」と小林は述べている。

　述べてきたように、アジア・太平洋政策の転換で、以前にもまして、ミクロネシアのマリアナ、パラオ、マーシャル地区が重要な位置を占めるようになってきたため、アメリカは、これ以降ミクロネシア側と、本腰を入れて政治地位交渉に臨むことにした。

　1971年7月迄にアメリカは、アジアにおける海外駐留米兵力の削減を実行した。ニクソンは、周恩来中国首相の招待で北京を訪問することを発表した。国益重視外交へと政策転換を行ってきたニクソン外交のクライマックスであった。

　ベトナム戦争後、超大国の地位を維持する世界の警察官としてもはや理想主義外交を行うことができなくなったアメリカは、キッシンジャー大統領補佐官の下でパワーポリティックスを基礎とした国益第一に切り替えた。一方でベトナム戦争の泥沼化と財政悪化から、行き過ぎる軍事支出につながるものはおさえる必要があった。そこで大切なことは、今迄敵視してきた相手と外交を通していかにスマートに歩み寄るかであった。「スマートに」とは相手に関係改善に応じてやったという恩着せがましい態度を取らせることなく、なおかつ足元をみられることなく関係改善を果たすことである。ニクソンとキッシンジャーは、中ソ対立を利用して、中国とソ連とを互いに牽制させながら、両国との距離を縮めていく方法をとった。

　さらに、沖縄の日本への返還と、韓国の在韓米軍削減計画は実行されなければならないという状況の下、ミクロネシア側との話し合いは具体的になっていった。

　10月4日、アメリカ・ミクロネシア第3回政治地位交渉を行った。この交渉から、アメリカはいくつか重要な変更を行った。第1にアメリカは政治地位交渉の専門大使を起用することにした。肩書きは、大統領顧問特別全権ミクロネシア担当大使である。初代大使は、ヘイドン・ウィリアムズ（Haydn Williams）が選ばれた。ウィリアムズ大使は、国防副次官補を務めたことがあり、CIAと関係がある財団の長であった[14]。第2にこれに伴い、アメリカのミクロネシア政策の窓口は内務省からホワイトハウスになった。つまりニクソンはミクロネシア政策に

13　小林泉　前掲書　133頁
14　斎藤達雄　前掲書　111～12頁

一　ニクソンと「グアム・ドクトリン」　　145

直接関与することにしたのである。こうして第3回の交渉で、アメリカ側は、ミ
クロネシア側の言う「自由連合」を基本的に同意した上で、アメリカの軍事利用
計画案を提示した、のである。

　　マリアナ地区
　　　　一、サイパン・タナパック港を拡張整備し、アメリカ軍保有の197エー
　　　　　　カーの土地に軍事施設とレクリエーションセンターを建設する。
　　　　二、サイパン・イスレイ空港48エーカーを整備して軍民共同港とする。
　　　　三、テニアンの17475エーカーを占有し軍事基地を新設する。
　　パラオ地区
　　　　一、マラカル港及びその周辺水域でのアメリカ艦船の運行、停泊権を継続
　　　　　　し、同港内に40エーカーの原子力潜水艦基地を新設する。
　　　　二、本島バベルザップに陸軍の訓練場及び演習場を新設するため土地2000
　　　　　　エーカーを独占使用する。
　　マーシャル地区
　　　　一、ABM（迎撃用ミサイル）の実験場であるクワジェリン環礁のミサイル
　　　　　　基地を継続して独占使用する。
　　その他、各地に置かれている既存の軍事通信施設を継続使用する。[15]

　1971年6月17日、アメリカは沖縄返還協定に署名を済ませていた。ミクロネシ
アに対して、アメリカ側の具体的な希望が提示されたことで交渉は次の段階へ進
むことになった。
　1972年1月20日ニクソン大統領は外交教書を読み上げ、「グアム・ドクトリン」
を原則とする外交方針を次のように述べた。

　　外交政策の面でわれわれは新しい時代に入った。米国の政策は次の通りである。（1）
　　核抑止力を維持する。（2）われわれは防衛能力を開発する他の諸国を援助する。（3）
　　われわれは米国のすべての約束を守る。（4）われわれは米国の利益が脅かされれば、
　　世界のいかなる場所であろうと、米国の利益や米国の条約上の約束が含まれていない
　　所では、米国の役割は限定され次のようになる。1）われわれは軍事介入するつもり

────────────────
15　小林泉　前掲書　136頁

146　第五章　ミクロネシアの独り立ちと「自由連合協定」

はない。2）しかし、われわれは戦争抑止のため米国の影響力は行使する。3）万が
一戦争が起きれば、米国は戦争を止めさせるため、われわれの影響力を行使する。4）
戦争が終われば、われわれは戦争の傷を癒すための援助の責任を果たす[16]

　さらに1月24日、ニクソン大統領は予算教書を発表した。その中で国防政策につ
いて具体的に触れた。

　　1972年5月迄にベトナム駐留軍480000人を削減し、またそれに相当する軍事物資を削
　　減できるので、我々は初めて国防総省よりも保健教育厚生省の支出を多くすることが
　　可能になる。しかし、この重大な時期に国防を近代化しないのは無謀きまわることで
　　ある。したがって完全雇用という基準の範囲内で、私は国防計画の債務負担権限を62
　　億ドル増やすよう提案する。これらの計画には、死活的に重要な戦略空軍と海軍力の
　　強化が含まれる。　──㈠海を根拠地とする戦略抑止力に重点を置き、また現在の攻
　　撃、防衛の両兵力の近代化を続けるために戦略軍の財源を増やす。㈡海軍力の近代化
　　を最優先させるため艦船建造を増大する[17]

アジア各国には、自力防衛能力を高めさせ、アメリカは防衛戦略の強化を行うと
した。

　この頃からアメリカはミクロネシアに関する軍事戦略上の利用法について具体
的な検討に着手し始めた。海軍関係者の将校らがグアム大学の副総長を訪れて話
し合いをもち始めたのも、この年に入ってからである。（これについては、ジャーナ
リストであり、当時現地取材をしていた斉藤達雄が著書『ミクロネシア』で触れているの
だが、[18]はっきりした日時は述べられていない。）

　1972年4月14日、アメリカはミクロネシアと第4回政治地位交渉を行った。こ
の交渉で「自由連合」を基本としながら、防衛と外交についてはアメリカが全権
をもち、ミクロネシアには発言権さえももたせないとするアメリカ側に、ミクロ
ネシア側は不満をもった。

　ただし驚いたことに、マリアナ地区の代表者からは、ウィリアムズ大使に対し
て、次のような内容のステートメントが渡された。

16　戦略問題研究会編　『戦後世界軍事資料〔1970〜1973〕3』　原書房　1974年　38頁（以降『軍
　　事資料3』とする）
17　アジア経済研究所　『アジア動向年報─1973年度』　1973年　768頁（以下『1937年度』とする）
18　斉藤達雄　前掲書　105〜6頁

一　ニクソンと「グアム・ドクトリン」　147

　マリアナ諸島の住民は、米国との緊密な政治的関係を望む者であります。我々が米国の政治的家族の一員で在り続けたい理由は、すでにみてきた通り多くの利益がそれによって得られるからであります。我々がこれ迄接してきた外国の中で、米国は我々が評価する価値観と我々が目標とする経済的繁栄を我々にもたらしてきました。人権問題について触れますと、我々が米国以前に接して来た独裁主義国は、我々の人権など認めてはきませんでした。米国の到来はこれを変えたのです。二百年間におよぶ民主主義の精神、人民の人民による人民のための政府という理論を実践してきた社会、法の下で、全ての人間は平等であるとし、各個人の人権を保障する公民権をもつ社会、これまでに圧迫された人間に亡命の機会を与えてきた国、全ての人間に成功する機会を提供してきた国——米国はそれをミクロネシアに持ち込みました。数世紀にわたる外国支配にあって、マリアナの住民は初めて自由な人間として生活することができるようになりました。米国との政治的つながりは、この自由を我々に保障し続けるものであります。経済発展についてみますと、戦後の歴史は、米国と政治的に緊密な関係にある国は、経済発展の分野で、多大な報酬を受けている点があげられます。世界中に散らばる米領や米管理下における島々が高水準の経済発展を示していることはその証拠であります。経済発展は政治的安定性と表裏一体の関係にありますが、マリアナが米国と政治的につながることは、経済発展に欠かせない政治的安定を保障するものと考えます[19]

　防衛の一部をアメリカにゆだねる可能性を示唆しながらも、あくまで内政と外交は、自分達で行おうとするミクロネシア側から出たこのマリアナ地区の意見は、明らかに不自然である。このことから、元 CIA 職員であったウィリアムズ大使がマリアナ地区に対し水面下で何らかの交渉を行った可能性があり、それを指摘するジャーナリストもいるが、公式文書には記されていない。しかしこのことが、ミクロネシアの一枚岩が崩されるきっかけとなったのは事実である。

　5月15日、アメリカは沖縄を日本に返還し、5月26日には、ソ連との間に、米ソ戦略兵器制限交渉協定を調印した。「グアム・ドクトリン」が着実に実行されていた。

　7月29日よりアメリカ・ミクロネシア「自由連合協定」のための草案作成が開始された。

　9月13日、『ロサンゼルスタイムス』（Los Angels Times）は、「米軍計画担当者は、ミクロネシアに新防衛線を設置しなければならないと確信している」という

19　斉藤達雄　前掲書　151〜52頁

148　第五章　ミクロネシアの独り立ちと「自由連合協定」

内容の記事をのせた。その背景に「沖縄返還は、結局同島にある巨大な米兵站基
地、空軍基地、海兵隊訓練地域の喪失をもたらすこと。フィリピンにおける米軍
の軍事的権利が不確実となっていること。もし現在の条約が廃止されれば大空軍
基地と海軍修理基地は閉鎖されねばならないこと。ベトナム戦争の解決がいかな
る形をとるにせよ東南アジアには政治的動揺が生じるとみられること[20]」をあげ
た。さらに

> 米軍は、タイのシアム湾の大空港、海港を保持することを望むが、しかし、グアム島
> の施設もさらに開発されよう。こうした可能性は、ハワイの太平洋軍司令部をして、
> テニアン、サイパン、パラオ、ヤップ各諸島の諸施設の大掛かりな開発を推進させる
> ことになろう。軍関係者達は、マーシャル諸島のビキニ、エニウェトック環礁のクワ
> ジェリンミサイル施設の維持をも望むだろう。テニアンの旧B-29空港がアメリカ空港
> となることは確実であろう。グアム知事カート・モヤン（Kurt Moylan）によれば、
> サイパンは沖縄にいる空輸・特殊部隊の基地となるということである。米国はまた、
> パラオのバベルスアップ島に海兵隊が沖縄から移動した場合、前進基地としての宿
> 舎、訓練地区、空港をもちたいと思っている。海軍はコロール島に通信基地、また前
> 進潜水艦基地をもつことも望んでくるだろう[21]

と分析した。

　要するに「グアム・ドクトリン」はアメリカ軍事戦略におけるミクロネシアの
役割を再考させることになったのである。

　1972年迄にニクソン大統領は、ドルと金の兌換を停止して、ドルをフロート制
にするという思い切った「新経済対策」を発表し、またアメリカ大統領として初
めて共産主義国家中華人民共和国を訪問して、国交正常化に道をつけた。ベトナ
ム戦争に関しては「ベトナム和平協定」を達成した。これらは、戦後の世界政治
が米ソの対立から多極的な構造となるきっかけとなった。

　ベトナム戦争からの撤退と経済の悪化からの脱出という二つの課題を負って登
場したニクソンは、キッシンジャーとのコンビで、超大国としての面子を失う危
機を回避すべく、アメリカ外交を国益重視外交に転換させていった。

　大統領に就任したニクソンは、早々に外交政策の転換を「グアム・ドクトリ
ン」を通して世に知らせ、実行してきた。他国に対するコミットメントを縮小し

20　アジア経済研究所　前掲書　『1973年度版』　778頁
21　アジア経済研究所　前掲書　『1973年度版』　778〜79頁

一　ニクソンと「グアム・ドクトリン」　　149

ていく中で、防衛戦略上、有効利用するため重要となったのが、ミクロネシア地域であった。こうしてサイパン、テニアン、パラオ、マーシャルの軍事施設の開発と、それに伴うミクロネシアの住民への懐柔政策がとられた。しかし一筋縄ではいかないミクロネシア側との話し合いに本腰を入れたアメリカは、ホワイトハウスからウィリアムズ大使を任命し、巧妙に交渉を進めた。

　民主党大統領ケネディの下で作成された「太平洋諸島信託統治領への合衆国政府調査団報告書」が、後継者、ジョンソンを経て、共和党大統領ニクソンの手で、ダイナミックに展開されだしたのだった。

　1973年1月20日、ニクソン大統領は第2期就任演説を行った。

　　　4年前、私達がここで会った時のアメリカは、終わりがないかのような海外との戦争
　　　と、国内における破壊的な対立に打ちひしがれて、精神的に落ち込んでいる状態だっ
　　　た。今日、ここに集まった私達は新たな平和の時代が世界で幕を開けようとする戸口
　　　に立っている。――過去4年間にわたって新しい政策を実施してきた結果として生ま
　　　れたアメリカの新たな役割の性格を明確にしよう。私達は条約上の約束を尊重する。
　　　私達はいかなる国といえども、力によって他国に自国の考え方を押しつけたり、支配
　　　したりする権利を持たないという原則を強く支持する。――私達は、世界の平和と自
　　　由を守るために自らの役割分担を果たす。だが、他国に対してもそれぞれが相応の分
　　　担を果たす事も期待する。アメリカが他国の紛争に介入し、他国の将来を自国の責任
　　　とし、他国の人々に彼らの国内問題の処理方法を告げるような時代はもはや終わっ
　　　た。私達は、各国が自らの将来を決定する権利を尊重すると同時に、各国がその将来
　　　を自ら固めていく責任をも認める。世界平和を維持するためにアメリカの役割が必要
　　　不可欠であるのと同時に、各国がその平和を維持するには、各国それぞれの役割が必
　　　要不可欠である。世界の諸国と共に、私達が定めた出発地点から歩き出す決意を固め
　　　ようではないか[22]

　1973年2月には太平洋艦隊の第一艦隊を廃止し、その任務を、26年ぶりに復活した第三艦隊に引き受けさせることにした。新第三艦隊を、旧第一艦隊と太平洋艦隊所属の対潜部隊とを統合して編成した。パールハーバーを本拠地とした指揮下の艦艇数は約100隻、兵員60000人となった。

　アメリカ政治をふりかえるならば1973年は、ニクソン政権が後に「ウォーター

────────────

22　新川健三郎編　『映像が語る20世紀―アメリカ大統領と現代の記録』　日本ビクター　1977年　122〜25頁

150　第五章　ミクロネシアの独り立ちと「自由連合協定」

ゲート事件」によって、内堀から徐々に弱体化していった頃であった。しかし、ことアメリカ・ミクロネシア関係においては、1971年に起用したウィリアムズ大使の働きもあって、飛躍的に前進した。特に1972年4月のアメリカ・ミクロネシア第4回政治地位交渉後、マリアナ地区が、独自にアメリカの支配下に残りたいという立場を表明してからは、アメリカ・マリアナ会談には勢いが生まれた。

　70年代前半に、アメリカの軍事戦略に占める海軍の役割は、ますます大きなものとなっていた。その理由を分析した桃井真は、何よりもアメリカが大西洋と太平洋にまたがる国家であるので、海上兵力は伝統的に不可欠な要素であること、核ミサイルの技術的進歩によって、ソビエトのミサイル潜水艦兵力の拡充に対抗できるのはアメリカの海軍力のみであったこと[23]、を挙げている。

　以上のような現状において、ハワイにある太平洋統合軍司令部を拠点とするマリアナ軍事司令部の役割も重要性を増すこととなった。サイパン島とテニアン島を、「自由連合協定」関係よりも一歩進んだ自国領土扱いとして使えることのメリットは、当然ながら大きいものであった。

（三）　アメリカ・マリアナ地区政体交渉会談

　1972年12月13日〜14日、第1回アメリカ・マリアナ政体交渉会談が開かれた。アメリカはパラオ地区、マーシャル地区、マリアナ地区から成るミクロネシア地域をひとまとめにして、1969年から政治地位交渉を始めていたが、ミクロネシア地域内での優位性を自負するマリアナ地区はそれが不満であった。

　マリアナ地区の住民は、自分達はパラオ地区の人々、マーシャル地区の人々とは異なったアイデンティティをもっていると考えていた。彼らは、文化的・経済的側面、地理的環境から、他の2地区より優れていると考えていた[24]。マリアナ地区はグアムとの一体化を目指したが、1969年の国民投票でグアムはマリアナ地区との統合を拒否している。このことをきっかけに、マリアナ地区はグアムとの統合よりアメリカとの接近を望む姿勢に傾いていった。

　これが具体的な形となってあらわれたのが、1972年4月14日のマリアナ地区代

23　桃井真「米国の軍事戦略と海上兵力」『国際問題』194号　26〜28頁
24　Mchenry, D. F. (1975) *Micronesia: Trust Betrayed*, Carnegie Endowment For International Peace; New York & Washington, p. 13

表のパンエーリナン（Edward Pangelinan）の演説である。そして12月の第1回会談に向けてマリアナ地区側は準備を始めた。

　法律の分野からハワード・ウィレンス（Howard D Willens）、経済の分野からジェームス・レオナード（James R Leonard）が、共にワシントンからやってきた。続いてコンサルト委員会の代表スタッフとしてやってきたのは、アメリカ人のジェームス・ホワイト（James E White）であった。特にウィレンスは、マリアナ側の最高顧問として動いたが、ワシントンでは、司法省で司法長官副補佐官を務めた実績をもっていただけではなく、ケネディ暗殺の真相を追求するための「ウォレス委員会」のスタッフとしても働いた経験をもった人物だった[25]。アメリカ・マリアナ政体交渉会談に詳しいマッケンリーは「ウィレンスはミクロネシア政治地位交渉のオフィスとも頻繁に連絡をとりながらマリアナ地区の政治地位等についてめざましい働きをした[26]」と彼の仕事ぶりを評価している。

　1972年12月13〜14日にかけて行われた第1回会談で、パンエーリナンはまず次のように述べた。「400年間の歴史の中で、25年間のアメリカの統治が我々に初めて民主主義というものを教え、さらに重要性を認識させてくれました。我々はさらにアメリカとの政治的連携の強化を望むのです[27]」

　ウィリアムズ大使は答えて「我々アメリカ人とアメリカ合衆国大統領は、マリアナの人々自らが、永久にアメリカの一部になりたいと結論づけてくれたことに勇気づけられずにはいられないと感じています。――『アメリカを愛するということは、ニューイングランドの丘を愛することではない。それは自由を愛することなのだ』といったアドレー・スティーブンソン（Adlai Stevenson）の言葉を思い出すのです[28]」と述べた。

　エールの交換の後には、両者にとって解決しなければならない議題が明らかにされた。1）政治地位について　2）領土について　3）財政面について　4）移行期について、である。1）については連邦になりたい意向がマリアナ側から出されていた。アメリカ憲法の下におかれるのか？　市民権はどうなるのか？

25　Willens, H. P. & Simer, D.C.（edt）（2002）An Honorable Accord, Pacific Islands Monograph Series 18, University of Hawaii Press, Honolulu, p. 473
26　Mchenry, op cit., pp. 139-40
27　Mchenry, op cit., p. 141
28　Mchenry, op cit., p. 141

選挙権はどうなるのか？　自治政府をもつことが可能なのか？　などについて詰めていかなければならなかった。マリアナ側政体交渉委員会委員長のパンエーリナンはマリアナ独特の政治地位を構築したほうがよいと考えていた。２）については、アメリカがマリアナ諸島の土地を借りる（リースする）のか、買い上げるのか、開発するのか決めなければならなかった。３）については、アメリカ政府がマリアナ地区にどれだけ資本を注入するかが重要であった。４）については、国際連合の信託統治協定との擦り合せが必要であった。いずれにしても、国際連合安全保障理事会の承認がなければ、政治的に動くことはできない。この時点では、一旦国連による信託統治終了の決定がなされる迄、アメリカにはマリアナ地区をミクロネシアの一部にしておく方が望ましいのでは、という意見さえあった[29]。

　第１回の会談では、検討すべき点が浮き彫りにされたものの、ウィリアムズ大使はいずれについても、マリアナ地区との不必要な衝突は回避すべきだと考えた上で、軍事施設はすでに空軍と海軍の供給施設があり、戦艦修理も可能なテニアンに集約すべきであると考えていた。

　1973年５月15日から６月４日迄開かれた第２回政体交渉会談で、ウィリアムズ大使は詳細なマリアナ地区軍事利用計画案を提出した。マリアナ側へ要望を書面で渡したのは５月29日だったが、翌５月30日にはウィリアムズ大使はラジオ放送を通してアメリカの考えを伝えた。①　不確定ではあるが、ファラロン・デ・メディニーラを利用したいこと　②　タナペイ湾を320エーカー使用したいこと　③　イズリー・フィールドを共同利用したいこと　④　イズリー・フィールドを500エーカー使用したいこと　⑤　テニアンは全体を利用したいこと　テニアン島の３分の１をサブリースに３分の２をアメリカ政府が購入したいこと等の要求は、チャモロ語に訳されて住民に伝えられた。マリアナ側は、このほとんどの要求に反対した。マリアナ側は、ファラロン・デ・メディニーラの利用は認められないとした上で、イズリー・フィールドの500エーカーの使用には強く反対した。後のサイパンの経済発展のさまたげとなると考えていたのである[30]。テニアンの利用については、第二次世界大戦中の設備が残っていることがアメリカに

29　Mchenry, op cit., pp. 142-43
30　Mchenry, op cit., pp. 149-50

とっての利点であった。特にサン・ホセ湾は、①港の発展の要にできること ②水深も適していること ③風も強くないこと ④投錨に適していること、など立地条件が他のマリアナ諸島にはない魅力であった。ウィリアムズ大使にしてみればサン・ホセ湾以上の良港は考えられなかった。アメリカはこの地域の購入を希望した。しかしそうなると、およそ170カ所の教会や学校や住宅が移転しなければならなくなる。マリアナ側、特にテニアンは不満を示した。ウィリアムズ大使は「将来この地域に大規模な収益が見込まれます[31]」と訴えた。3分の1のサブリースを含めた売却は、それでもマリアナ側にとっては難題であった。

　1971年にミクロネシアとの交渉のためにオフィスを作ってからというものの、アメリカ側は用心深くマリアナの政治地位について勉強を始めた。マリアナ側もパンエーリナン元議長とハーマン・ゲレーロ（Herman Guerrero）を中心にマリアナ地区の利益を確保することに腐心した。全地区から幅広く集められた15人のメンバーがマリアナ地区を代表していた[32]。先に述べたように、コンサルタントも熱心に取り組んだ。マリアナ側は、アメリカとの深い関係を求めることが、マリアナ地区の資源開発に有利に傾き、経済状況の改善に役立つということを認識はしていた。しかし、アメリカ側から買収したい土地の部分が具体的に提示されると、すべて協調的にというわけにはいかなかったのである。

　マリアナ側は今後、アメリカの一地域になった場合に必要な当初7年間の経済援助額を提示した。

```
1975 ― 19200000ドル
1976 ― 22400000ドル
1977 ― 23900000ドル
1978 ― 28300000ドル
1979 ― 27500000ドル
1980 ― 21600000ドル
1981 ― 19900000ドル
```

以上に加えて47700000ドルという要求であった。

　アメリカ側は、この要求額については完全に無視をした。ウィリアムズ大使の

31　Mchenry, op cit., pp. 150-51
32　Mchenry, op cit., p. 139

下で次席であったジェームス・ウィルソン（James Wilson）は「要求額について
は調べる必要がある。特に47700000ドルの数字には根拠がない[33]」と述べた。
　アメリカの姿勢に落胆したパンエーリナンは次のように語った。

　　我々が検討しているような形での譲渡においては経済的・財政的なアメリカからの援
　　助は特別なことでもないし、限定的なことでもないし、アメリカの気前の良さによる
　　ものでもないことはわかってもらいたいものである。アメリカがマリアナ地区の成長
　　と発展のために経済的援助が必要だと考える迄、我々は主張し続けるつもりである[34]

両者の考えの相違が明らかになったのが第2回会談であった。
　7月には、ジョン・マッケーン（John McCain）前アメリカ太平洋統合軍事司令
官が「アメリカの防衛線にとって、ハワイ迄後退させるとなると遠すぎるので、
信託統治領はフィリピンなどのアジア前進基地からさほど遠くなく効果的な位置
だ[35]」とミクロネシアの地政学的戦略性を言及した。
　10月にはアメリカ・マリアナ非公式会談が開かれた。マリアナ地区の地元紙
Highlights によると「会談の席上マリアナ地区の最終的政治地位を、アメリカ合
衆国の連邦（Commonwealth）とすることが決まった。さらに次回公式会談を12月
6日とすることとし、この話し合いの際には新体制マリアナの政治的骨格につい
て、さらにアメリカからの支援体制について、できるだけ具体的な原案を作り上
げてしまおうということが両者によって確認された[36]」のだった。
　1969年のジョンソン政権の時に始まって、1972年4月の第4回交渉後、マリア
ナ地区の代表が抜けてしまったアメリカ・ミクロネシア政治地位交渉は、暗礁に
のりあげていた。
　それに較べてアメリカ・マリアナ会談は先に述べたように、1）政治地位につ
いて、2）領土について、3）財政面について等両者の主張の違いはあったもの
の前進をみせていた。アメリカにとっては軍事戦略上最も使えると判断していた
「戦略地区」信託統治領の中のマリアナ地区が、完全独立などしたくない、アメ
リカの領土として残りたいと主張してきたのだから。マリアナ地区選出議員オリ

33　Mchenry, op cit., p. 159
34　Mchenry, op cit., p. 160
35　*New York Times*, July 22, 1973
36　*Highlights*, November 1, 1973

一　ニクソンと「グアム・ドクトリン」　155

ンピオ・ボルハ（Olympio T. Borja）は、この点について以下のように語っている。

> マリアナはグアム同様、アメリカと強い結びつきをした方が将来にわたって島のため
> になると考えまして、アメリカの連邦となることを推進してきました。マリアナ住民
> の風俗・習慣はグアムと同じであり、他地区とは異なります。我々の地区には酋長制
> 度はありませんし、他地区とはかなりの考え方、価値観の相違があります。——我々
> が連邦を選択するについては、いろいろ研究し、アメリカとの交渉にも随分時間をか
> けました。非常に賢いやり方だったと思います。——経済援助は相当の額が受けられ
> ます。アメリカ市民権も得られます。土地はテニアンだけがかなりアメリカ側に行き
> ますが、サイパン、ロタでは殆ど我々のものになります。逆にアメリカ人、その他の
> 人がマリアナの市民権を取るとか、土地問題等の重要事項はすべてマリアナ政局が主
> 体をもって行えることになります[37]

　軍事戦略上利用する以外にミクロネシア地域に価値を見出せずにいたアメリカ
にとって、一番利用価値があると考えていたマリアナ地区がアメリカの中に連邦
として留まりたいと申し出てきたわけであるから、残りのミクロネシア地区への
対応がトーンダウンしたのも無理はない。

　キッシンジャー大統領補佐官は「ミクロネシアだって？　自治権だって？　ふ
うん、たかだか人口90000人か。私の知ったことではないね[38]」と言っていたと
いうが、強ち嘘ではあるまい。アメリカの対ミクロネシアへの認識がアメリカの
安全保障政策に利用できる地域か否かのみで捉えられていたということである。

　12月6日から19日迄第3回アメリカ・マリアナ地区政体交渉会談がサイパンで
行われた。第3回会談では共同声明が発表された。

> 将来のマリアナ連邦の最大限の自治を想定した特別な基本的規約に両者で合意した。
> この規定は両者の合意なしに修正されたり破棄されたりすることはない。この規定に
> ついては、マリアナにいるアメリカ代表団が全権を担っているというわけではない。
> しかるべく、政体交渉委員会の意向を受けて連邦裁判所がこの合意の実施を認めるよ
> うにするために政体地位協定＝ The States Agreement が制定化されなければならな
> いのである。又マリアナ地区の住民が自治権をもつことを制定することに対する住民

37　「対談　日本ミクロネシア協会会長岩田喜雄とミクロネシア上院議員オリンピオ・ボルハ」『ミ
　　クロネシア情報』　通巻6号　1975

38　斉藤達雄　『ミクロネシア』の中で、斉藤氏が Walter J Hichel "Who Owes America" Cornet
　　Communication, Paperback Library, New York, 1972の中で引用していたものを孫引きさせても
　　らった。　105頁

156 第五章 ミクロネシアの独り立ちと「自由連合協定」

の同意も必要とするところである[39]。

この時点での合意事項は次のようなものであった。

「北マリアナ諸島連邦創設のための規約」案
I. 政治的関係の性質について
北マリアナ諸島連邦は最大限の自治政府機能をもつものとする。
特別な事情がない限り合衆国の市民権を与えてほしくない場合を除いて、マリアナ地区で生まれた人には、市民権が与えられる。
市民権を欲しない人でも、合衆国の国籍を主張する権利は与えられる。
北マリアナ諸島連邦新政府の政党には、マリアナ連邦の法が適用される。
マリアナ地区に在住し、かつ市民権を持つ人は、税金を納めなければならないが、それはマリアナ地区での収入に対してではなく、合衆国本土での経済活動に対しての部分についての課税となる。
北マリアナ諸島連邦は、合衆国の関税の適応を免れる。
北マリアナ諸島連邦は独自に自由貿易港を指定できる。
北マリアナ諸島連邦から合衆国への物品搬出については、グアムと同様の法が適応される。

II. 移行計画プログラムについて
マリアナ政体交渉委員会とアメリカは基本的合意に達したものとする。
一連の手続きの終了をもって、北マリアナ諸島連邦は自治政府の下で高い水準を目指していくこととなる。
移行期間中の計画として（a）政治教育プログラムの履行、（b）将来の地位についての住民投票、（c）新連邦政府の組織編成と立法権についてのプログラムの進行、（d）憲法制定についての準備、（e）インフラについての検討、（f）会計システムについての検討、（g）ミクロネシアの首都の移行についての検討等を行っていく。
これらの諸計画についての報告は、1974年3月1日迄にアド・ホック準備委員会に提出されるものとする。

III. 経済・財政について
経済発展については、専門家による委員会を設けながら、明らかに必要なことを見分け、それをどのように実現していくか、バランスを取りながら実行して行く。
合衆国側からマリアナ新政府への援助は以下の通りである。最初5年間については、毎年7500000ドルを政府運用資金として、3000000ドルを資本蓄財を進めるためのプロ

---

39 Willens, op cit., pp. 139-40

一　ニクソンと「グアム・ドクトリン」　　157

ジェクト用資金として、1000000ドルを貸し付け資金として、その他3000000ドルを予備資金として、トータルで約14500000ドルを提供する。

マリアナ新政府から納められる各種税金については、マリアナ新政府へ払い戻されることになっており、その総額は4000000ドルから5000000ドルになると見積もられる。

北マリアナ諸島連邦から提供される基地関係の収入はこれに含まれておらず、これらを含めれば、合衆国から提供される援助の総額は、マリアナ新政府の国庫にとって内容のあるものになると考えられる。

IV.　土地について

マリアナ政体地位交渉委員会は、1973年10月2日にアメリカ側から示された土地政府への同意をする。

今後、アメリカの軍事目的に使用されない土地は、マリアナ地区に返却される。

マリアナ政体地位交渉委員会は、合衆国に対して50年間の長期リースを提案する。

合衆国はサイパン島のタナパック港を利用できることとする。

合衆国はサイパンのイズリーフィールドを利用できる。

合衆国はファラロン・デ・メディニーラ島を利用できる。

合衆国はテニアン島の三分の二を軍事目的で利用できる。又空軍施設を含む軍事基地の民間利用のあり方や、陸・空・海の大規模軍事訓練の際の弾薬と兵站についての施設については話し合いを継続させていく[40]

内容を見る限り、アメリカはマリアナ地区を取り込むために、できるだけの事をしようという姿勢であることがわかる。特にそれは、財政面に関しての部分で顕著である。この時点では、マリアナ地区の人々はアメリカの市民権を得た後も、アメリカ国本土での経済活動を行わない限りは、課税されないばかりか、独自に自由貿易港を指定でき、独自の関税法を施行できる最良が認められていると謳っている。「太平洋諸島信託統治領への合衆国政府調査団報告書」で示された最終ゴールに向けての多少の譲歩はやむをえないとの判断がアメリカ側にあったのである。

1974年1月の年頭教書でニクソン大統領は、ソ連の核戦力の急速な増強への危惧を訴えて、アメリカとしては、あくまで世界第一の軍事力の維持を目標とすることを強調した。

3月、ノエル・ゲイラー（Noel Arthur Meredyth Gayler）太平洋統合軍司令部は、U.S. News & World Report とのインタビューで、マリアナ地区について次

40　*Highlights*, January 1, 1974

第五章　ミクロネシアの独り立ちと「自由連合協定」

〔第1図〕極東米軍配備概見図（73.12.31現在）

《世界軍事資料　3》　41頁

のように述べた。「テニアン島における基地新設計画は煮詰まってきているが、これはグアムからはみ出した基地とでもいうべきもので大きくはない。～真剣に取り組むべき中心問題は、グアム以北のマリアナ諸島の米国との関係の問題である。私は、アメリカがマリアナを連邦とすることを大いに期待している。～アメリカ人はその生い立ちからして大西洋越しに欧州や中東に目を向ける傾向にある。しかし、今後の10年、20年において重要な動きは、これと反対の方向でみられるといってよいだろう[41]」太平洋における軍事戦略上、長期的視野からみても、この地域が重要であると認識されていたことがわかる。

　5月15日から31日迄、ウィリアムズ大使とマリアナ政体交渉委員会代表パンエーリナンとの第4回アメリカ・マリアナ地区政体交渉会談がサイパンで行われた。この席上では、昨年12月に作成された「北マリアナ諸島連邦創設のための盟約」の原案の修正と、テクニカルな問題についての詰めと、テニアンにおけるアメリカの土地使用についてが、最優先議題として扱われた。主に話し合われた要旨は以下の通りであり、共同声明として発表された。

41　*U.S. News & World Report*, March 25. 1974

一　ニクソンと「グアム・ドクトリン」　159

アメリカ合衆国と北マリアナ諸島連邦の政治的関係については、アメリカの統一下には置かれるものの、内政は北マリアナ諸島連邦側で作成した新憲法の下で，独自の法制度をもつことになる。

土地使用に関しては、サイパン・タナパック海と地域の197エーカーをアメリカンメモリアルパーク用地とする。

イズリーフィールド482エーカーを軍事目的として利用できるようにも整備する。

テニアンについては、具体的に17475エーカーを借地し、そこに軍事基地を建設する。

新たにウェストフィールドとサン・ホセ港も軍事用地として利用できるようにも整備する。

マリアナ地区に軍事目的のため保持している4691エーカーについては、合衆国はその権利を放棄する。

財政に関しては、連邦移行に伴って生じる問題の検討、解決、基本的問題の研究、そして雇用のための1200000ドルが新たに支払われる。

先の決定で当初5年間となっていた経済援助は7年に延期される。

新政府運営資金は8000000ドルに、民間の貸付金は1500000ドルに、連邦政府の予備資金は4000000ドルとする。

合衆国に連邦として組み込まれるが故に提供されるサービスは、およそ3000000ドルとなり、トータルでは16500000ドルの援助となる。[42]

　第3回会談で示された原案と較べると、土地利用についてエーカー数などが具体化したこと、また経済援助額と期間が、さらにマリアナ側に有利になったことがわかる。この共同声明は、大統領顧問特別全権ミクロネシア担当大使ウィリアムズ、次席ウィルソン Jr.（James Wilson Jr.）、委員長エドワード・DLG・パンエーリナン（マリアナ政体交渉委員会代表から、委員長という肩書きになった）、副委員長ヴィンセント・N・サントス（Vincent N. Santos）の4名の署名をもって承認された。

　1974年8月マリアナ地区との交渉が大詰めを迎えていた段階で、アメリカ大統領はリチャード・ニクソンからヘンリー・フォード（Henry Ford）に交替した。

　外交では、ベトナム戦争を終結させると同時にデタントの時代を築き上げ、傾きかけたアメリカの精一杯の国力を利用して、多極化の中で泳ぎきることに成功したニクソン大統領であったが、内政でつまずいたのだった。「ウォーターゲート事件」の発覚と同時に重ねてきた嘘によって弾劾裁判にかけられる可能性が濃

42　*Highlights*, June 7, 1974

160　第五章　ミクロネシアの独り立ちと「自由連合協定」

くなったために、2期目の途中で辞任に追い込まれた。これに伴い副大統領フォードが昇格、残りの2年4ヶ月を務めることになった。

　フォードは選挙の洗礼を受けずに大統領になった人物であったが、1948年に下院に当選して以来、13期も議員を務めており、副大統領になる前は下院院内内総務として活躍もしていた。民主党からも信頼を得ており、1963年ケネディ大統領が暗殺された真相を究明するために設置されたウォーレン委員会のメンバーにも選ばれていた。政治に嫌気を感じていた国民に「癒しのとき[43]」を与えるべく大統領として努力する必要に迫られていた。

　フォード大統領は1974年8月12日、上下両院合同会議で、就任後初の施政方針演説を行い、（1）米国の安全と世界平和維持のため、世界一位の強力な軍事力を維持する。（2）緊張緩和政策の継続交渉による友好増進の推進と、ニクソン前大統領の基本政策を一応踏襲し、同盟との約束は守り、責任は果たすと表明した。そのための指標として

　　1）大西洋共同体および日本との協力関係
　　2）米州友好国および同盟国とは平等と正義に基づく関係規定のための対話
　　3）アジアの同盟国と友好国への支援
　　4）ソ連とは過去三年間の政策を継続
　　5）中国とは、上海宣言の原則に対する誓約
　　6）中東諸国とは、平和回復への努力と交渉
　　7）国連及び非同盟諸国に対しては、人類の人道的目標に対する米国の献身
　　8）安定した国際貿易金融構造をつくる努力[44]

以上8項目の継続を約束した。透明性に欠けていた大統領の負のイメージを払拭するためにも、具体的に国名、地域をあげて、アメリカの外交方針を述べたのである。

43　フォードが執筆した回想録の英文タイトルがA Time To HEAL なのである。この本は日本語ではジェラルド・フォード著　関西テレビ放送編『フォード回想録　私がアメリカの分裂を救った』として1979年にサンケイ出版されている。
44　戦略問題研究会編　『戦後世界軍事資料〔1974～1980〕4』　原書房　1981年（以降『軍事資料4』とする）　45頁

フォード大統領が、ニクソン前大統領が敷いたレールの上で大過無くやり通せたことの一つが「グアム・ドクトリン」に基づくミクロネシア政策であり、具体的には「北マリアナ諸島連邦創設のための盟約」の調印であった。国務長官にはキッシンジャーを留任させたフォード大統領は、ミクロネシア担当ウィリアムズ大使もその地位に留めた。

　フォード大統領はミクロネシア地域を実際に良く知っている大統領であった。彼はイェール大学大学院を終了した後、1942年から46年迄海軍に入り、少尉として第二次世界大戦中従軍した経験をもっていた。その際、砲術部門の士官として1943年、ギルバート諸島からビスマルク諸島に、補助航海士としてニューギニアからクウェジェリンやエニウェトク、そしてトラック諸島と廻り、日本軍と戦った。

　自身は、次のように回顧している。「マリアナ群島での有名な"ターキー・ショート"に参加、敵の兵力に多大な損害を与えた。その後われわれは機動部隊と合流、フィリピン海の戦いに向かった。1944年10月のある日、艦隊から64kmばかり離れた台湾の目標に空からの攻撃をかけた。発進機が夕闇の中を帰還し、点検が終わって艦を発進させようとしていた矢先、日本軍の飛行機が攻撃をかけてきた。耳をつんざくような音をあげて、われわれの対空射撃が一斉に始まった。日本軍の飛行機が投下した魚雷が一発、われわれの艦にもう少しで命中するところだったが、わずかに逸れて、そのかわり巡洋艦の USS キャンベラの舷側に当たった[45]」

　フォード大統領は、マリアナ地区だけでも完全にアメリカの安全保障政策圏内に入れてしまう方が、軍事戦略上有利になるという、それ迄の大統領達の判断を身にしみて理解し、納得していた大統領だったといえるだろう。

（四）　アメリカ自治領北マリアナ諸島連邦の誕生

　1974年12月2日、フォード政権下では初の第5回アメリカ・マリアナ地区政体交渉会談が開かれ「北マリアナ諸島連邦創設のための盟約」の最終擦り合わせが行われた。

45　ジェラルド・フォード　前掲書　76〜77頁

162 第五章　ミクロネシアの独り立ちと「自由連合協定」

　この会談の焦点は、テニアン島の土地をアメリカ側が購入という形にするのか、リースという形にするのかを決定することであった。第5回会談にあたって両者はそれぞれのサイドで専門家を雇って土地の評価を見積もらせていた。会議の冒頭でパンエーリナンは繰り返し、マリアナ側のアメリカに対しての土地の永久譲渡への反対の姿勢を伝えた。その結果、テニアン島を始めとする土地を、50年間リース契約するということで終着した[46]。アメリカが折れることで、両者間の最も大きなハードルがなくなったのである。

　さらにアメリカは、テニアン島における基地の建設を断念することも明らかにした。これは、国防次官のウィリアム・クレメンツ（William Clements）が、この時期個人的な立場でとはいいながら、国防費の削減の検討の中で、新たに沖縄やフィリピンに加えてテニアンに基地を建設する必要性が決して高くないという見解を示していた[47]ことも影響したと考えられる。

　最終的な財務パッケージは以下のようになった。

　　土地リース＝軍事施設借地料

　　　　テニアン　17500000ドル

　　　　ファラロン・デ・メディニーラ　20600ドル

　　　　タナパック　2000000ドル

　　　　計　19520600ドル

政府援助費50000000ドルを含む経済援助すべて含めると、190020600ドルにも及ぶ支出を認めることとなった[48]。マリアナ側の意向がほぼ受け入れられた内容であった。

　両者の合意は、それ迄の compact という意味合いの盟約から covenant というもっと政治的に大掛かりな盟約（例えば国際連盟は、the Covenant of the League of Nation であった）の呼称に変えられた。the Draft Covenant of December 19, 1974である。そして最終的には10条から成る、Covenant to Establish a Commonwealth of the Northern Mariana Islands in Political Union with the United States of America となり、1975年2月15日にアメリカ側からはウィリアムズ大使、マリアナ側からはパンエーリナン政体交渉委員会委員長、サントス（Vincente N Santos）、以下委員であるカブレラ（Juan L G Cabrera）、パンエーリナン（Joa-

---

46　Mchenry, op cit., p. 156

47　Mchenry, op cit., p. 161

48　Mchenry, op cit., p. 162

一 ニクソンと「グアム・ドクトリン」　163

quin I Pangelinan)、カマチョ（Vincente T Camacho)、クルズ（Jose R Cruz)、ホフ
シェイダー（Bernard V Hofshneider)、サブラン（Manuel A Sablan)、マングローナ
(Benjamin T Marglona)、タイマナー（James R Taimanao)、ムーナ（Daniel T
Muna)、テノリオ（Pedro A Tenorio)、パラシャス（Dr Francisco T Palacios）の13
名が署名した。次項で触れるが、ラサ（Oscar C Rasa）とラバウリマン（Felix F
Rabauliman）は署名を拒否した。アメリカ合衆国の市民権を得られることを規定
したことに加えて、重要な部分は以下の通りである（主だった原文は、巻末に資料
としてのせる)。

アメリカ合衆国との政治的連合のための北マリアナ諸島連邦創設盟約
(以下「北マリアナ諸島連邦創設のための盟約」とする)

第1条　政治関係

第101項　信託統治の終了をもって、北マリアナ諸島は、アメリカ合衆国統治下におい
て自治領「北マリアナ諸島連邦」となる
第103項　北マリアナ諸島連邦は、域内での法律に従って自治を行う権利をもつ
第104項　アメリカ合衆国が北マリアナ諸島連邦の全面的な安全保障と防衛の責任をも
つ
第105項　この盟約によって保障される北マリアナ諸島連邦の自治権を何よりも尊重す
るため、若干の修正を加える場合がある

第7条　財政支援

第701項　マリアナ政府運営のため、経済改革のため、北マリアナ諸島連邦発展のた
め、アメリカ合衆国は、北マリアナ諸島連邦政府に経済援助を行う
第703項　（a）毎年政府予算への8350000ドルの援助のうち250000ドルは、特別教育に
あてるものとする（b）4000000ドルの資本蓄財への援助のうち500000ドルは、テニア
ン島に、500000ドルはロタ島にあてるものとする（c）1750000ドルの経済開発融資金
のうち500000ドルは農業や漁業にあてるものとし、250000ドルは、住民の住宅購入融
資や低所得者への融資にあてるものとする

第8条　土地

第802項　盟約によって防衛上アメリカ合衆国が必要と判断する土地については、両者

164　第五章　ミクロネシアの独り立ちと「自由連合協定」

間でリース契約を結ぶこととする
（１）テニアン島は、17799エーカーをリースとする
（２）サイパン島は、177エーカーをリースとする
（３）ファロン　デ　メディーラは、206エーカーをリースとする

第803項　（b）リース料は、総額50年間19520600ドルとする

　あとは、マリアナ地区での住民投票による意志の確認、アメリカ下院上院での盟約の承認とアメリカ大統領による盟約への署名、国際連合安全保障理事会での信託統治終了の承認が必要だった。マリアナ地区の住民投票については、内務省のロジャース・モートン（Rogers Morton）が1975年6月17日に実施すると発表した。
　フォードが大統領に就任してから約半年後の1975年2月15日、サイパンのマウント・カーメル高校の講堂に於いて、「北マリアナ諸島連邦創設のための盟約」が米国代表のウィリアムズ大使と、マリアナ代表のパンエーリナンとの間で調印

Howard P Willens & Deanne C Simer ed. An Honorable Accord pp.
296-337

された。フォード大統領は式典に際してメッセージを寄せた。

> マリアナ代表によって合衆国と連合（union）となる盟約が調印さることに心から歓迎
> の意を表します。25年間の地道な努力と、３年に渡る実りある交渉の結果、この日が
> 迎えられたことは喜びにたえません。これで我々は相互互恵の連合の関係になったの
> です。心から祝福します[49]

　ケネディ政権下でミクロネシアと恒久的関係を確立しようと決定してから13年
の時を経て、全地域と迄はいかないにしても最も重要なマリアナ地区で「国家安
全行動覚書145号」に示された方針の実現の日を迎えたフォード大統領は、安堵
の胸をなでおろしたに違いないのである。
　ウィリアムズ大使は式典で次のような声明を読み上げた。

> 1975年２月、我々は今日をもってマリアナの人々の「合衆国の下で政治的に結束した
> い」という願いを達成して新しい時代に入りました。正式にこの交渉が始まったのは
> 1972年12月のことです。その時以来着実に話し合いが重ねられてきました。今回の連
> 邦という立場は、共通の理解の上に協定を結び、政府は権威を与えられていることを
> いいます。つまり、アメリカの民主主義の理解の上に成り立っているのであります。
> これでマリアナ連邦は、他のミクロネシア地域と違った道を歩み始めたのでありま
> す。一連のアメリカ議会の手続きが終了した後、新しい憲法の下で新議会のための選
> 挙が終了すると、マリアナ連邦は400年の歴史において初めての自治政府をもつことに
> なるのであります。アメリカからの経済援助も始まります。信託統治の終了は1980年
> か81年になるでしょう。北マリアナ諸島連邦の市民はアメリカ合衆国の法によって守
> られることになります。ベンジャミン・フランクリンがこんなことを言っています。
> 「知恵を出し合おうと集まったとしても、そこには人間である以上偏見や傲慢もある。
> 人間の弱点も考慮して認めたとき進歩が生まれるのである。よりよい幸福を編み出す
> ような新政府の強さや効力というのは、如何に意見を取り入れるかということにか
> かっているのである」お互いに尊敬の念をもって将来を見据えていきましょう。最後
> に第一回会談の終わりに歌ったのと同じ賛美歌で締めくくりたいと思います。"Amer-
> ica, America, God shed his grace on thee and crown thy good with brotherhood from
> sea to shining sea"[50]

マリアナ側の交渉責任者であったパンエーリナンはエールに答えてこう述べた。

49　*Highlights*, March 1, 1975
50　*Highlights*, March 1, 1975

166　第五章　ミクロネシアの独り立ちと「自由連合協定」

　　我々は400年の歴史において常に外国の支配にさらされてきました。支配者とはスペイ
　　ン、ドイツ、日本であります。我々の伝統や文化は著しくないがしろにされてきたと
　　しか言いようがありません。一度も話し合ったこともありません。しかし今回、私達
　　はアメリカの政府の仕組みについて、充分に知る機会を与えてもらいました。マリア
　　ナの住民は、今自由を勝ち得たのです。我々は合衆国政府と、公式、非公式に話し合
　　いました。その結果、我々は合衆国の一部になることを望むようになったのです。
　　1972年4月に我々がウィリアムズ大使にミクロネシアの他の地区とは別に、もっとア
　　メリカと親密で恒久的な関係を築けるよう話し合いたいと申し出たところ、さっそく
　　5月に政体交渉委員会を立ち上げてもらいました。そして我々は、アメリカの下に置
　　かれるということを、じっくりと理解した上で選択したのであります。我々はそうは
　　いっても、この小さな島々の中にあって様々な困難に直面していくであろうことは予
　　想しています。だからこそ、自治政府の発展のために合衆国との絆を深め、安全保障
　　における援助が必要だと考えているのであります。我々の考えてきたことの集大成が
　　この盟約なのであります。我々は率直な話し合いによって友情と信頼を築き上げるこ
　　とができました。我々は与えられた役割以上の働きができたと信じています[51]

アメリカも間違いなく役割以上の働きができたと感じていたに違いない。
　その後、手続きは順調に進んだ。マリアナ側では、1975年6月17日、アメリカ
帰属化への住民投票が行われた。内務省のモートンによって実施が宣言された住
民投票は、国際連合信託統治理事会より、オーストラリア、フランス、イギリス
の委員がオブザーヴァントとして派遣された中、予定通りに行われた。すでに国
際連合信託統治理事会に対しては、1974年5月15日から行われた第4回アメリ
カ・マリアナ地区政体交渉会議が終了した時点で、その過程は報告されていた。
投票率93%、うち79%が賛成した。アメリカ側では、7月21日下院が、マリアナ
諸島を連邦化して、米国主権下の自治を認めるという法案を可決、翌1976年の2
月24日には、同様の法案を上院が、66対22で可決した。1975年11月、ロバート・
インガーソル（Robert Stephen Ingersoll）米国務副長官は、上院外交委員会で、北
マリアナ諸島連邦結成について、「東アジア・太平洋の同盟国との現在の軍事取
り決めを補うものであり、太平洋での安全保障維持のための米国の能力を強化す
ることになるだろう[52]」と述べた。ベトナム以後、日本、フィリピン、インドネ
シアなど大陸沿いに島伝いの戦略を展開する上で重要な、太平洋全域の防衛を睨

51　*Highlights*, March 1, 1975
52　「朝日新聞」1975年11月6日

めるミクロネシアの一部をアメリカ領土に組み込めることになる。これで、マリアナ地区は国際連合安全保障理事会での決議を待って、米自治領北マリアナ諸島連邦となることが決定した。アメリカは、同地区のテニアン島に空・海の米軍基地を作るのと引き換えに、19500000ドルの借地料を支払った上で、毎年14000000ドルの援助と3000000ドルの福祉プログラムも提供することを約束した[53]。1976年3月4日には、フォード大統領がマリアナ諸島を米領に編入するための「北マリアナ諸島連邦創設のための盟約」に署名したのだった。

　一方で、第5回会談からフォード大統領によってアメリカが北マリアナ諸島を自治領とすることが宣言される迄のこの期間に、マリアナ側での不協和音も表に出てきていた。対立の芽は2つあった。一点は、テニアン島とサイパン島との対立である。テニアンではサイパンの人達が中心となってテニアン島についてもアメリカと交渉していることに反対であった。もう一点は、マリアナ地区に住むチャモロ人とカロリン人の対立である。カロリン人はチャモロ人が表面に立って決定していることに不満を抱いていた。

　さらに、アメリカとの交渉があまりに迅速に行われていることに不安を覚えていた、政体交渉会談の委員の一人である、オスカー・ラサと他のもう一人のフェリックス・ラベウリマンは、最終的に「北マリアナ諸島連邦創設のための盟約」への署名を拒否したが[54]、彼等は全委員の総勢15分の2にすぎなかった。

　アメリカとしてはマリアナの土地活用形態についても、財政援助についても、当初の思惑からすれば譲歩を強いられはしたものの、北マリアナ諸島をアメリカの一部にしたい、という目的は達せられたといえる。しかし、マリアナ側が交渉に向けて何人かの専門家を雇ったことで、その交渉はアメリカが考えていた程簡単ではなかった。特に、マリアナ側に政治の中枢であるワシントンで、ウォレス委員会や司法省に関わった経験のあるウィレンスがついたことは大きかった。アメリカは連邦という政治形態にすることで、マリアナ側を説き伏せて結果的に、外交及び防衛に関する権限を無期限に手に入れた。

　アメリカがPacific Islandsの中で、どの地域よりも手に入れたかった理由は、地理的なものである。グアム島より北緯のマリアナ諸島であるから、北マリアナ

53　「朝日新聞」　1977年9月18日
54　Mchenry, op cit., p. 164

諸島は、アメリカにとって地理的に魅力的であった。太平洋の中にあって陸地面積は464㎢、北緯17度・東緯145度あたりに位置する。面積的には大きくないにしても、ここさえ支配下に置ければ、太平洋全体を支配下に置くのに匹敵する戦略的価値を手に入れることができるのである。

オスカー・ラサは自らが所有する新聞を通して、第5回会談の際にアメリカ側から賄賂としてマリアナ側に24000ドルが約束されたと糾弾したそうである[55]。ラサがマリアナ側の代表者の一員であったとはいえ、どの程度迄信用できるかはこの手の話しとしてわからないが、アメリカ側に財力にものをいわせて解決しようという姿勢がみえていた側面はあったのだろう。アメリカはマリアナ地区を地理的理由からも、Pacific Islands の中でどの地域より手に入れたかったのである。

それに先立つ1975年12月1日からフォード大統領は、中国、インドネシア、フィリピンを歴訪し、12月7日、ハワイでアジア・太平洋地域に対する外交の基本ともなる六項目の声明を発表した。その中で米国は依然太平洋国家として、アジアの平和と安全のため積極的に参加する責任を負い、アジアにおける米国のプレゼンスは維持するとの姿勢を明確に示した。これを「新太平洋ドクトリン」と呼び、その要旨を次の通りにした。

（1）米国の力が、太平洋における安定した勢力均衡の基礎であり、アジアにおける友好国と同盟諸国の主権と独立を保持することは、米国の政策の最高目標の一つである。

（2）日本と協力関係が米国の戦略の柱である。

（3）中国との関係を正常化する。

（4）米国は、東南アジアの安定と安全保障に引き続き利害関係をもつ。ASEAN 各国は、それぞれ国家的抵抗力および外交によって自国の独立を守っており、米国は引き続きこれらの諸国を支援しなければならない。

（5）アジアの平和は、未解決の政治的紛争の解決にかかっている。

（6）アジアの平和には、域内のすべての国民の願望を繁栄した協力の構造が必要である。[56]

55　Mchenry, op cit., p. 164

一　ニクソンと「グアム・ドクトリン」　169

続く1976年1月27日、ラムズフェルド（Donald Rumsfeld）国防長官が、1977会計年度国防報告で、米国は世界の警察官ではないが、核競争を制限し、力の安定した均衡を維持し、戦争の抑止と国際的安定を維持確保する責任があると、国防政策の基本を改めて表明した。

①ソ連とのデタントの実現には、米国の強さが必要であり、国防費の増額と国際情勢の安定追求には矛盾はない。
②国防計画の重点は、同盟国と提携して、米国の軍事能力を確保することにある。
③米国にとって戦略重要地域は、西欧、地中海沿岸、中東、アフリカ、ペルシャ湾および間接的に北東アジアである。
④西欧は死活的に重要で、在欧米軍駐留の目的は、第一に戦争の抑止、第二に防衛的公約の証拠と連帯の強化、第三に紛争生起時の即応性の維持とエスカレートの抑止にある。
⑤アジアにおけるソ連の脅威は減少してなく、西太平洋の海上交通路の安全には不安がある。在韓米地上軍の駐留は継続する。
⑥日本は地域の安定化に死活的役割を演じており、大規模の軍隊を保有せずに、政治的指導国として行動できているのは、日米安全保障条約による庇護のためである。[57]

　ミクロネシア問題で進展をもたらしたフォード大統領は、経済政策で失敗した。1929年の大恐慌以来の経済不況を招くという有様で、1976年の大統領選挙で、中央政府界の経験の無いジミー・カーター（James Earl（"Jimmy"）Carter Jr.)に敗れたのだった。

56　戦略問題研究会編　前掲書　『軍事資料4』　45頁
57　戦略問題研究会編　前掲書　『軍事資料4』　46頁

二　カーターの人権外交とミクロネシア問題

（一）　人権外交とミクロネシア政策

　第39代大統領ジミー・カーター（James Earl Carter Jr.）は、1977年1月20日大統領に就任した。ワシントンでの政治経験のない大統領の登場であった。権謀術数渦巻く世界で、カーターが政治信条としてあげたのが「人権を尊重する政治」だった。

　大統領就任演説では「人権に対するわれわれの取り組みは絶対的なものでなければならず、われわれの法令は公正でなければならず、われわれの国が持つ美しさは保存されなければならない。強い者が弱い者を迫害することがあってはならず、人間の尊敬は高めなければならない[58]」と述べた。そして国務省の初代人権人道局担当国務次官として、市民運動の活動家であるパトリシア・デリアン（Patricia Derian）を任命した。

　カーターが政権に就いたとき、まだアメリカは「ウォーターゲート事件」の後遺症から立ち直っていなかった。道徳的価値観は揺らぎ、政府への信頼は薄らいでいた。そこで、信頼の上に築かれた正義への追求を怠ることなく、自由への情熱を持ち続けようと国民に訴えたのがカーターだった。アメリカ国民も道義や人権の問題に耳を傾けていて、カーターはその波に乗った[59]。カーター政権が人権をどのように定義していたかは、ヴァンス（Cyrus Vance）国務長官の演説から分かる。

　1）殺戮、拷問、虐待などを受けること無しに身体の安全を享有する権利
　2）衣食住及び医療、教育など人権の基本的必要を満たす社会経済的権利
　3）その他の市民的政治的権利[60]

である。カーターはこの3点をアメリカが大切としなければならない国際的人権

58　ジミー・カーター（日高義樹監修／持田直武訳）『カーター回顧録（上）』　日本放送協会
　　1982年　47頁
59　関場誓子「対ソ政策と人権問題」　有賀貞編『アメリカ外交と人権』　日本国際問題研究所
　　1992年　139頁
60　*New York Times*, May 1, 1977

と考えた。

　カーター政権のこの姿勢は、対外政策においては人権外交と言われた。アメリカで人権外交という言葉が用いられるようになったのは、この時からである。それまでも下院外交委員会の国際組織・運動委員会は、ニクソン政権における秘密主義や没道徳主義を批判してきたが、ニクソン・フォード両政権で国務長官を務めたキッシンジャーによって、人権問題が外交政策の表に出てくることはほとんど無かった。

　平和、人権、核軍縮管理、中東和平を政治課題の中心に置いたカーター政権のアメリカは、1978年に中東和平のため、サダト（Muhammad Anwar Al Sadat）エジプト大統領と、ベギン（Menachem Begin）イスラエル首相の仲介や、1979年にソ連との第２次戦略兵器制限交渉を調印したものの、総体的に外交面での成果は乏しかった。1979年１月にイランで起きた「イラン革命」への対応の誤りからイランとの関係は悪化した。そのためイランにあるアメリカ大使館がイラン人に占拠され、アメリカ人70名が１年以上人質になるという事態に陥った。

　「ソ連ともアフガニスタン侵攻後、関係を悪化させるなど、外交においてはほとんど何の成果も挙げることができなかった。他国における人権尊重の推進を、アメリカの政治的軍事的、あるいは経済的目的と両立させながら積極的に進めることは実際には難しいことであった[61]」と有賀貞は分析している。議会とアメリカの戦略的利益をめぐる擦り合わせも必要であったが、カーターはそれができなかった。本間長世は「アウトサイダーとしてワシントンにやってきたカーター大統領は、対議会、対マスコミの対応に苦心しながら、ワシントンの空気を支配するまでには至らなかった[62]」と言っている。またカーター政権に詳しい村田晃嗣は、中央政界での無名と未経験こそカーターの武器ではあったが、人権外交を掲げたもののうまくいかなかったのは、外交エリートのヴァンス（Cyrus R. Vance）国務長官と、国際政治学者のブレジンスキー（Zbignew Brzezinski）国家安全保障問題担当大統領補佐官を使いこなせなかった為で、外交においてはあまりに素人であったと評している[63]。

　61　有賀貞　「アメリカ外交における人権」　有賀貞編　『アメリカ外交と人権』　日本国際問題研究
　　　所　1992年　17頁
　62　「日本経済新聞」　1983年２月13日
　63　村田晃嗣　『アメリカ外交』　講談社現代新書　2005年　152頁

172　第五章　ミクロネシアの独り立ちと「自由連合協定」

　具体的な安全保障政策としては、1977年7月に前進防衛構想を提案した「政策検討覚書10号」が発表され、報道された。「政策検討覚書10号」とは、カーター大統領がハーバード大学のメンバーを中心とする特別グループに80年代の軍事戦略を検討させた報告書のことをいう。報道内容は以下の通りである。

①戦略核戦力は米国がSSBNおよび空軍力においてソ連より優位であるが、米ソいずれか先制攻撃をしても利益はなく、米国としては戦略兵器の目標を、ソ連は無理な報復攻撃と無制限戦争へのエスカレート防止におくことに再検討の必要がある。

②欧州においてNATOとワルシャワ条約軍の兵力は1対2で東側が有利であり、ソ連が中欧で侵攻した場合、西独の3分の1は占領される。米国は一時後退はしても、長期的には失地回復は可能であるが、米国としては在欧米軍の戦闘能力と初期衝撃を吸収できる戦力を改善する必要がある。

③中東石油地帯がソ連の脅威にさらされた場合、米地上軍をペルシャ湾へ派遣できる態勢をとる要がある。

④東アジアにおいて東西両陣営の力は何れが優位であるか不確定である。米ソ間で紛争生起事、日本に対する必要最小限の軍事輸送は可能であるが、米国の対日支援および日本の海上輸送ルートが破壊される可能性は十分にある。朝鮮半島で紛争発生時、北朝鮮側があらゆる面で優位で韓国の首都は占領されるであろうが、米国が反撃に出たら北側はそれ以上優勢にならない。米国としては、第一に在韓米軍の削減政策は進めても削減幅を大きくすることは危険である。第二にアジアの防衛戦を日本－韓国－沖縄－フィリピンからアラスカ－日本－沖縄－グアムに後退させる必要がある。第三に中東・ペルシャ湾方面を含み、東アジアに軽量で機動性と弾力性に富んだ軍事力の配置が必要である。[64]

　第二次大戦後、国際連合での話し合いの結果、11の信託統治地域が誕生した。カーター政権が誕生した1977年には、「戦略地区」ミクロネシア以外のすべての信託統治地域は独立を果たしていた。ミクロネシア地域に関しては、マリアナ地

64　戦略問題研究会編　『軍事資料4』　前掲書　43頁

区が、アメリカの一部となる意志を示した為内部分裂が起き、アメリカ・ミクロネシア政治地位交渉は暗礁に乗りあげていた。この間第5回から第8回迄交渉は行われたものの発展はみられなかった。内部分裂の要因は1）アメリカ側がターゲットにしていたマリアナ地区を取り込むことができたことで、他のミクロネシア地域の独立の可能性について話し合おうとしなくなっていたこと。2）「自由連合協定」を結んだとしても、その期間中にアメリカがミクロネシア側に払う経済援助額について、両者間で折り合いがつかなかったことである。

　まず、カーターは、大統領就任から間もない、1977年4月、議会コンサルタントをしていたエイドリアン・ウィンケル（Adrian Winkel）を信託統治領の新高等弁務官に任命した。ウィンケルは、5月に米国上院で承認され、6月に着任したが、その際、それまでの高等弁務官とは違って、"people-oriented" の姿勢で任務にあたれとカーター大統領より指示されていることを明らかにした[65]。ウィンケル高等弁務官は、アメリカの「太平洋諸島信託統治領高等弁務官」としては10代目にあたる。9代目のエドワード・ジョンストン（Edward Jahnston）高等弁務官が、1976年7月に退官した後は代理しか置いていなかった。カーター大統領は、信託統治領の人々の人権を考慮した上で、空席であった高等弁務官のポジションを埋めたのだった。また、副高等弁務官にはミクロネシア人をあてた。

　5月、ホノルルで国家安全保障会議、国務省、国防省、内務省、商務省、司法省の代表者がミクロネシアの政治的指導者と会合を持った。アメリカ側はこの席で、信託統治領住民すなわちミクロネシアの人々が希望するのならば完全独立も考慮すると言及した。

　7月、カーターは自ら内務省にまとめさせた87頁にも及ぶ報告書と共に作成した「ミクロネシア高等教育構想」書簡を下院議長宛に提出した。内容は「ミクロネシアの高等教育については、カリキュラムの内容から建物に至るソフト面からハード面まで全てミクロネシアの人々と共に検討していくべきである[66]」というものであった。この書簡の意義は大きい。というのも、それまでの政権はミクロネシア地域に対して「動物園理論（zoo theory）」を適用してきたからである。

　この「動物園理論」という言葉は、ケネディ大統領によって発表された「国家

65　*Highlights*, July 1, 1977
66　PPPUS (1977), *Jimmy Carter 1977*, United States Government Printing Office 1977, Washington, pp. 1294-95

安全行動覚書145号」の方針をやゆした表現でアメリカの対ミクロネシア政策を示して使われている。1961年以降もどの国にも介入させないとして「戦略地区」信託統治領を継続させた上に、厚い補助金で保護して、生活するのに困らないようにして自立させるのをためらわせるようにしたという事実から、「動物園理論」はその後も続けられていたといえるのである。冷戦体制下でこの広大な太平洋地域は、安全保障政策において戦略上重要であるから、住民達から不満が出ないように住居を与え、金で片がつくものはそうしておこうという発想である。ミクロネシアの地域の生活水準を高めるために様々な方法で人々を鼓舞することもなければ、政治分野以外ではっきりと政府の希望を提示することも無かった。

しかしカーター政権時代に入り、カーターが関心を寄せていた教育という分野を通じてアメリカの姿勢をしっかり示し、ミクロネシアの信頼を得ようとしたのである。それと同時に「動物園理論」からの変革は、アメリカ国内に向けて「ミクロネシアをないがしろにしない」という大統領からのメッセージでもあった。

さらに同月、カーターはミクロネシアの将来を話し合うアメリカ側の政治地位交渉者としてピーター・ローゼンブラット（Peter Rosenblatt）を大統領特命大使に任命した。ローゼンブラットは後にカーターが国務長官に任命するエドモンド・マスキー（Edmund Muskie）の下で政治外交顧問を務めた人物であった。ローゼンブラット大使は、9月にパラオ地区の広報官とのインタビューに応じて次のように発言した。

> 前政権とカーター政権のミクロネシア政策の違いははっきりしている。それは、カーター政権が何よりもミクロネシアの将来を考えるときに、「人権」に配慮している点である。それを基に、単に信託統治後の政治体制についてだけでなく、ミクロネシアの人々の将来の全ての分野について共に検討していきたいと考えている。しかしあくまでも、最終的に決定するのはミクロネシアの人々であるべきである。我々は1981年迄に、信託統治を終了させたいと考えている。何事についても、両者が良く理解し合うことだ。それにはじっくりと話し合いをすることが大切である。信託統治が終了した後、アメリカとミクロネシアがどのような関係を保っていくことが双方にとって有意義になるのかを考えていきたい[67]

67　*Highlights*, September 15, 1977

（二）　「自由連合協定」原則の合意

　就任早々のカーター政権から、このような積極的なアメリカ・ミクロネシア関係修復に向けて意欲のシグナルを送られたミクロネシア側に、話し合いを拒否する理由は無かった。

　1977年10月、ハワイのモロカイ島でローゼンブラット大使も参加してミクロネシア側との顔合わせの会合が持たれた。この時からミクロネシア側は１つのグループではなく、パラオ地区とマーシャル地区、その他地域をミクロネシア地区として３グループに分かれることになった。

　1978年１月19日に、カーター大統領は、はじめての一般教書で外交政策の三つの目標を述べた。第一は米国の安全保障であり、その基礎は国民の意志と軍の力であるとした。第二は世界平和であり、その基礎は対立地域における協調の助成であるとした。第三は世界経済の成長と安定であり、その基礎は世界的エネルギー危機解決へ努力することとした。

　カーターらしいユートピア的教書の一方で、ブラウン（Harold Brown）国防長官は具体案を述べた。1978年２月２日、ブラウンは、1979会計年度国防報告で、ソ連の国防努力に対応し①戦略核抑止力の均衡維持、②欧州配備の前進防衛軍の配置、初期戦闘能力と迅速な増援能力の改善、③西太平洋米軍の維持と近代的効果的集団安全保障システムの再調整の３つに重点をおくと述べた[68]。さらにブラウンは、ロサンゼルスでの演説で西太平洋における強力な軍事力は引き続き維持して、アジアでの公約を守る強い意志に変わりはないということを強調した[69]。４月には、在韓米軍撤退の縮小を発表した。

　それから３ヶ月後の1978年４月、ローゼンブラット大使を代表とするアメリカ側とミクロネシア側との間で「『自由連合協定』の為の原則合意声明」が発表された。カーター政権になってから２回目のアメリカ・ミクロネシア政治・地位交渉であった。

　「『自由連合協定』の為の原則合意声明」の原則は、次の８項目より成ってい

68　戦略問題研究会編　『軍事資料４』　前掲書　56頁
69　戦略問題研究会編　『軍事資料４』　前掲書　40頁

176 第五章 ミクロネシアの独り立ちと「自由連合協定」

た。

一. 自由連合の協定は政府対政府のベースで締結され、国際連合信託統治の終結に先立って執行される。協定の有効期間中におけるミクロネシア住民の政治的地位は、独立ではなく、自由連合の政体となる。
二. 「自由連合協定」は、国連の実施する住民投票にかけられる。
三. 憲法に規定されている統治方法は、本原則により明らかにされるもので、自由連合という政体と矛盾するものではない。
四. ミクロネシア住民は、全面的自治を享受する。
五. 米国は必要な軍事施設、演習、適切な運営権を含み、ミクロネシア内部又はミクロネシアに関する安全保障、及び防衛の全権限と責任を持つ。米国がミクロネシアに関する安全保障と防衛問題において、その権限と責任に照らして矛盾すると決定した行動に対しミクロネシアの住民は干渉しない。この権限と責任は、15年間は保障されるものとし、以後は双方の同意により取り決める。特定の土地利用協定は、信託統治の終了に先立って交渉される取り決めに従って効力を有する。
六. ミクロネシア住民は、海洋資源を含めてその外交に関する権限と責任を持つ。ミクロネシアはこの権限を行使するに当たり、米国と協議し、米国がミクロネシア内部又はミクロネシアに関する安全保障と防衛問題における権限と責任に照らして相容れないと判断した行動は取らないものとする。時に応じて双方が同意した外交領域の問題に、米国がミクロネシア住民に代わって行動することもできる。
七. 本協定は原則第五項目に明示された米国の防衛に関する権限及び責任の継続を条件として一方的な自由連合政体の停止を認容するものである。しかし自由連合政体の停止に関する住民投票は国際連合の視察を要しない。
八. 「自由連合協定」の停止が双方から無かった場合にも、米国は双方の同意に従って経済援助を継続する。米国が「自由連合協定」を停止した場合には、ミクロネシアに対する経済援助は当初合意したレベル及び期間に従って継続される。この協定がその他の方法により停止された場合に米国は、協定の残存期間中、同様の経済援助を行う義務は有しない[70]

　内容からも明らかなように、アメリカ側はフォード政権下では頑なに認めようとしなかったミクロネシアの海洋資源を含めた外交権について譲歩している。
　パラオ、マーシャル、ミクロネシアは1979年中にそれぞれが憲法についての住民投票を行うこととなった。
　1979年1月23日、カーターは一般教書で、アメリカの課題は新しく強固で安定

---

70 *Highlights*, May 1, 1978

二　カーターの人権外交とミクロネシア問題　　177

した平和への基礎を作ることであり、アメリカ軍事力は世界の安全と安定のため主要な力であるとした。

　1月25日、ミクロネシア地域に関してブラウン長官は1980会計年度国防報告で、西太平洋における強力な軍事力プレゼンスを維持することを強調した[71]。

　1980年10月に、住民投票を終えて「戦略地区」信託統治領としての地位を終えたミクロネシア連邦共和国とマーシャル諸島共和国が、11月にパラオ共和国がアメリカとの「自由連合協定」に仮調印した。カーター政権残すところ後2ヶ月だった。ホワイトハウスは、声明文を出し、1969年に開始された政治地位交渉は事実上完結した、と発表した。自分の任期中に、ミクロネシアの信託統治を終了させたいというカーターの希望は「自由連合協定」の仮調印迄至ったことで、ほぼ目標を達成できたとみてよいだろう。

　あとは仮調印を受けて、細目別協約取り決め交渉を経て正式調印した後、アメリカ側では議会の承認、ミクロネシア側では再度の住民投票の手続きをもって信託統治を終了させることが可能になった。

　カーター政権はミクロネシア側と「自由連合協定」の原則で合意に達し、信託統治支配を終了させるための枠組みを完成させた。しかしそれは、ベトナム戦争後のマリアナ地区以外のミクロネシア地域を、アメリカの安全保障上具体的にどのように位置づけて組み込んでいくかという戦略的視点ではなく、ミクロネシアの人々の人権を重視し、早くに独自の憲法を持たせて信託統治を終わらせてやった方がよいという発想によるものであった。

　これにより、カーター政権下で合意した「自由連合協定」がケネディ政権のときに策定された「アメリカの安全保障体制の中にミクロネシア地域を取り込む」というゴールから逸脱したかというと、そうではない。それどころか、まさにそれまでの政権が目指していた方向に大きく前進したといえるのである。ミクロネシア内部で、それ迄には見られなかった変化も起きていた。

　1969年のニクソン政権での第1回政治地位交渉以来、ミクロネシア側は自治権の拡大を要求して交渉に当たってきた。彼等の最終目的は、完全独立であったので当然外交権についても固執してきた。しかしこの態度も、1975年にマリアナ地区がアメリカの自治領北マリアナ諸島連邦となると揺らぎ始めた。アメリカの北

71　戦略問題研究会編　『軍事資料4』　前掲書　49頁

178　第五章　ミクロネシアの独り立ちと「自由連合協定」

マリアナへのあまりに手厚い経済援助に、ミクロネシアの中では、完全自立よりもアメリカとの関係維持の方が良いのではという声が上がり始めたのである。それまでもアメリカのミクロネシアへの援助金は年々増加していた。1947年から1962年までの年平均5000000ドルから、1963年には15000000ドルに、1967年には23000000ドル、1970年には48000000ドル、1976年には100000000ドルにまで達していた。これはおよそ110000の住民一人当たり1000ドルに相当する援助額である[72]。ミクロネシア全体の経済総生産はわずか18000000ドルである。独り立ちへの不安が大きくなっていった。しかし意地もあった。そんな不安と意地とで揺れ動いている状況下でのカーター政権からのアプローチはミクロネシアに再びアメリカと話し合う為の良いきっかけを与えることとなった。これがカーター政権下におけるミクロネシア政策の一番強調されるべき点であろう。

　カーターは5000頁にものぼる日記を基に『カーター回顧録』を執筆したが、そこにミクロネシア問題については一言も述べられていない。カーターの中のミクロネシアに対する関心がいかなる程度であったかは明らかである。彼にとって大きな関心事であり、また冷戦体制下で重要なテーマでもあった中東問題に触れている箇所では「私はまったく板挟みになっていた。私は中東の平和がアメリカにとってどれだけ死活的に重要であるか分かっていた。私は、妻であるロザリンと、この問題について話し合った。彼女は中東紛争に絡む問題を良く承知していた[73]」と記しているところから見ても、それではミクロネシア政策については誰と相談していたのか、興味のそそられるところである。

　任期も残りあと１年となる頃には、カーターの人権外交はデットロックに乗り上げていた。ソ連はアフガニスタンから撤退する気配も見せなかったし、1979年11月以来イランのアメリカ大使館の人質達は解放されなかった。

　ソ連のペルシャ湾に隣接する地域への支配拡大をこれ以上許しておけないと判断したカーターは、1980年１月23日の一般教書の中でソ連に対するアメリカの断固たる姿勢を述べた。「アメリカの立場は明確である。ペルシャ湾地域を支配しようとするいかなる外部勢力の企てもわれわれはアメリカの国家利益に対する攻撃とみなす。アメリカはそうした攻撃に対して軍事力を含むあらゆる手段で反撃

72　『ミクロネシア情報』　通巻25号　1978年　9～13頁
73　ジミー・カーター（日高義樹監修／持田直武訳）『カーター回顧録（下）』　日本放送協会　1982年　26～27頁（以降『カーター（下）』とする）

二　カーターの人権外交とミクロネシア問題　　179

するだろう[74]」

　これが「カーター・ドクトリン」とよばれるものである。その要旨は次の通りである。

　　（1）核戦争防止のための戦略兵器制限交渉の努力を継続する。
　　（2）国防5年計画による軍事力の強化を計る。
　　（3）紛争地域への緊急展開能力の強化を計る。
　　（4）NATOおよび同盟諸国との連帯の強化を計る。
　　（5）中東和平を推進する。
　　（6）米中関係の正常化とアジア太平洋地域を安定強化する。
　　（7）インド洋および中東ペルシャ地域を安定強化し確保への努力をする。
　　（8）特に、ペルシャ湾地域を支配しようとする外部勢力のいかなる試みも、米国の死活的利益に対する攻撃とみなされ、そうした試みには軍事力を含むあらゆる手段を行使して撃退する。[75]

西側に対する脅威に断固対抗するとの強い姿勢を示すとともに、北東アジアの米軍については1月の1981会計年度国防報告でさらに踏み込んで次のように述べた。

　　①在韓米地上軍の撤退は81年まで凍結し、撤退については再検討、
　　②第三海兵師団の沖縄駐留の継続維持、
　　③西太平洋配備の空軍F-4戦闘機192機のうち、72機をF-15へ代替、
　　④第七艦隊にスプールアンス級駆逐艦、ペリー級ミサイルのフリゲート艦、ロサンゼルス級攻撃型原子力潜水艦、タラワ級揚陸強襲艦を配備、近代化[76]。

　米海軍は西太平洋で日本とフィリピンおよびグアムを主要拠点として、空母三隻を含む第七艦隊の艦艇約60隻650000トン、艦載機約340機を擁し、沖縄には第三海兵師団と第一海兵航空団を配置し西太平洋およびインド洋方面の不測の事態

74　ジミー・カーター　『カーター（下）』　上掲書　276〜277頁
75　戦略問題研究会編　『軍事資料4』　前掲書　51頁
76　戦略問題研究会編　『軍事資料4』　前掲書　51頁

180 第五章 ミクロネシアの独り立ちと「自由連合協定」

に備えるようにした[77]。

　しかし、アメリカを取り巻く厳しい国際情勢に変化はみられなかった。9月には支持率19％と、大統領の支持率としては過去最低にまで落ち込んだ。11月の大統領選挙では「強いアメリカ」の復活を訴える共和党の大統領候補ロナルド・レーガン（Ronald Reagan）に惨敗した。選挙で選ばれた現職の大統領としてはフーバー（Herbert Hoover）以来の完敗であった。

　このとき、ミクロネシアについては「自由連合協定」の仮調印までは達していたものの、いくつかの重要な問題は別協約を結ぶことが決まっていた。米軍による軍用地、軍用施設の設定、使用に関してと、米国軍隊の法的地位及び契約上の取り決め事項に関しての交渉は、次期レーガン政権に委ねられることになった[78]。

　カーター政権下のミクロネシア政策を総括するのならば、マリアナ地区というアメリカの軍事戦略上必要な地域を自治領化することに成功したニクソン・フォード共和党政権のあとを受けて、次期政権が残りの地域をうまく取り込むまでの繋の役を果たしただけだと言えるだろう。人権外交を展開し、ミクロネシア地域との真剣な話し合いと独立を認めようとしたカーター政権下のミクロネシア政策であったが、ミクロネシアは独立を望むものの、アメリカからの金銭援助に頼っていた為、内部での分裂が生じた。その後ミクロネシアは、アメリカの安全保障体制に組み込まれてでも関係維持を望むかたちとなり、アメリカにとって有利な交渉に進んでいくきっかけとなった。このように、アメリカ・ミクロネシア関係における「信頼の土台」を築いたのがカーターだったのである。

　カーターの人権外交は失敗だったといわれている。否定的評価が多い理由に、外交政策における戦略的利益の中に、どのようにして人権外交を位置づけるか描けなかったことである。アメリカ外交にとって重要な課題である対ソ政策においては、ソ連の人権問題をデタントや戦略兵器制限交渉への波及なしに推進しようとしたが、ソ連側の強い反発に遭うと急遽軌道修正してジグザグの対応を重ねた[79]。

　一方で、他国からの干渉の無かったミクロネシア地域への対応では、一貫性が

77　戦略問題研究会編　『軍事資料4』　前掲書　58頁
78　『ミクロネシア情報』　通巻34号　1980年　2～3頁
79　有賀貞　前掲書　145～46頁

二 カーターの人権外交とミクロネシア問題　　181

みられるのである。外交政策において、一定のグランドデザインを定めてその中で外交を戦略的に遂行していくことに着手するのは、次のレーガン政権になってからである。以上をみてくると、熱心なバプティスト教徒でその信仰心を誇りとし、道義心が厚かったカーター大統領にとっては、人権を重視していくことは人間として当たり前のこととして取り組んでいかなければならない次元のことであったと捉える方が、納得がいくように思えるのである。それは人種差別が根強い南部ジョージア州で成長し、熱心なプロテスタント「福音派」であることからくる宗教的使命感ともいえるものである。

　1980年2月14日、カーターは1月23日の一般教書演説に沿ってアメリカ自治領の取り扱いについて具体的な方針を明らかにした。それには、1975年にアメリカと盟約を結び、1978年1月に憲法を発布して、アメリカの自治領となった北マリアナ諸島連邦とその他グアム、ヴァージンアイランド、アメリカンサモアが含まれていた。内容は以下の通りである。

一．これらの地域が政治的、経済的、社会的発展をさせるためにアメリカははっきりとした形で援助していく。

二．今迄政府のこれらの地域に対する政策は持続性がなく、おざなりのものであったが、それを改善し、個別ではなく包括的に取り組んでいくことにする。

三．秩序だった政治発展、刺激的な経済発展、しっかりした予算管理、連邦政府との連携の強化を目指す。

四．上下両院議員にも関与してもらう。上院からはジャクソン（Henry Jackson）議員他五名、下院からはフィリップ・バートン（Philip Burton）議員他五名。彼らの見識をこれらの地域の発展に役立ててもらう。

五．内務省の長官にはホワイトハウスのスタッフとも相談しながらさらに協力してもらう。

六．アメリカの安全保障政策から逸脱しない範囲で、もし自治領側から政治的地位を修正したいという申し出があった場合には、内務省長官に伝えることができることとする。[80]

80　PPPUS（1980）,*Jimmy Carter 1980*, op. cit. pp. 317-22

182　第五章　ミクロネシアの独り立ちと「自由連合協定」

　さらにカーターは 3 月12日になって、ミクロネシア地域のミクロネシア連邦、マーシャル諸島共和国、パラオ共和国（パラオ共和国だけはまだこの時点で自治政府が発足していないが）に対して、アメリカの島嶼地域の経済的、社会的発展を確かなものにするため内政自治3756法に署名をした。使用済みの核燃料の輸送や貯蔵への信託統治地域の人々の不安に配慮し、特にマーシャル諸島の人々の健康状態や環境状態の監視には重点を置くことを定めた内容であった[81]。1980年 5 月19日、フィラデルフィアの外交問題協議会で、1979年末のイランおよびアフガニスタン情勢急変以来始めての外交方針を説明して、 5 目標を明示した。

 （ 1 ）ソ連とのデタントをあく迄外交の基調とすることに変わりはないが、ソ連とは確固としたバランスのとれた関係を維持する。

 （ 2 ）民主主義国家間の経済的、政治的団結を強化する。

 （ 3 ）第三世界と真に協力的な関係を結ぶ。

 （ 4 ）中東等の世界の各紛争地域に平和をもたらす努力を続ける。

 （ 5 ）米国の戦略的利益、とくに現在南西アジアで脅かされている利益は守る。[82]

　1981年 1 月14日、カーターは大統領としての最後の演説で、就任時掲げた理念が世界の現実に合わず、人間性尊重の人権外交は失敗だったことを認めた。加えて、侵略抑止のためには軍事力の維持が必要なことを改めて強調した[83]。

　最後迄カーター大統領の対ミクロネシア政策の基本姿勢は、この地域の住民の人権の向上であった。

三　レーガンと「自由連合協定」

（一）　強いアメリカ

　映画俳優から政治家に転じた共和党のロナルド・レーガンが1981年に大統領に就任したとき、アメリカは安全保障政策において三重苦を抱えていた。ソ連の軍

81　PPPUS（1980）, op cit., p. 466-67

82　戦略問題研究会編　『軍事資料 4 』　前掲書　52頁

83　戦略問題研究会編　『軍事資料 4 』　前掲書　52頁

三 レーガンと「自由連合協定」　183

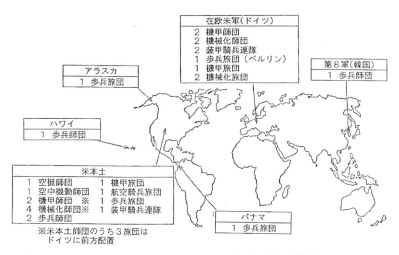

付図第1-1　米陸軍現役部隊展開状況（1980年10月1日現在）

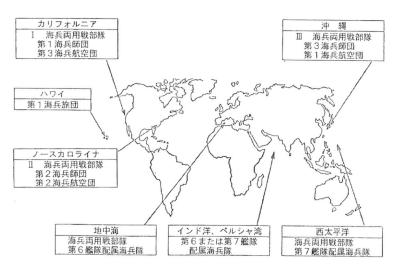

米海兵隊現役部隊展開状況（1980年10月1日現在）

《世界軍事資料 4》78頁

184　第五章　ミクロネシアの独り立ちと「自由連合協定」

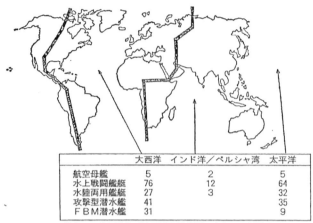

	大西洋	インド洋／ペルシャ湾	太平洋
航空母艦	5	2	5
水上戦闘艦艇	76	12	64
水陸両用艦艇	27	3	32
攻撃型潜水艦	41		35
FBM潜水艦	31		9

備考：1. 太平洋及び大西洋配備艦艇のうち15〜20％はオーバーホールに従事中
　　　2. インド洋配備艦艇はペルシャ湾方面も担当

付図1−3　米海軍主要戦闘艦艇配備状況（1980年10月1日現在）

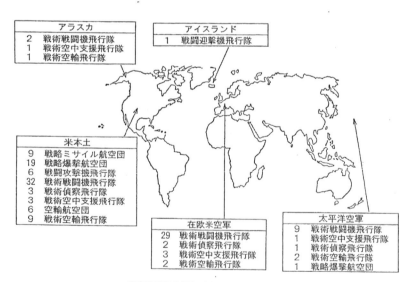

米空軍現役主要部隊展開状況（1980年10月1日現在）

《世界軍事資料　4》 79頁

三 レーガンと「自由連合協定」 185

付図1-5 米海軍および海兵隊現役航空部隊展開状況（1980年10月1日現在）

米軍主要輸送部隊配備状況（1980年10月1日現在）

《世界軍事資料 4》 80頁

第五章　ミクロネシアの独り立ちと「自由連合協定」

米軍の極東地域配備状況（1980年12月現在）

《世界軍事資料　4》280頁

事的優越、アメリカの核戦略の欠陥、そして西側諸国の石油確保の脆弱性である[84]。それは前カーター政権が、対ソ政策で「少なくともわれわれの生きている間は、われわれの方が彼ら（筆者註：ソ連のこと）より常に強力であるだろう[85]」と楽観視していた結果でもあった。

レーガン政権の国防政策を立案したフーバー研究所の研究員であるフリードリッヒ・ハイエク（Friedrich Hayek）は「ソ連は戦略核兵器にアメリカの三倍もの支出を行っており、しかも毎年それを4～5％ずつ増やしていると推定されている。一方、それよりもはるかに少ないアメリカの支出がせいぜい3％くらいしか増えないのに大統領の立場（筆者註：レーガン政権の前のジミー・カーター大統領のこと）の人間がこのように考えているのにはびっくりさせられる[86]」と述べている。

レーガンは、多くの場合と同様に前政権を否定することからスタートした。しかし、それは民主党後の共和党政権という「政権交代」の範囲以上のものであった。アメリカの各政権を分析したラルフ・ネーダー（Ralph Nader）は次のように表現している「新政府は厚かましくも富める者の政府である。最高指導部の6名レーガン大統領、ジョージ・ブッシュ（George Bush）副大統領、ウィリアム・フレンチ・スミス（William French Smith）司法長官、キャスパー・ワインバーガー（Caspar Weinberger）国防長官、アレクサンダー・ヘイグ（Alexander Haig Jr.）国務長官、ドナルド・リーガン（Donald Regan）財務長官は、いずれも億万長者である[87]」レーガン大統領は政権運営のメンバーにマイノリティも環境主義者もほとんど登用しなかった。

カーター大統領は、大筋において「人権重視」という基本方針を決めて、その政策遂行に賛同してくれる人材を探したが中央政界を知らなすぎたことが裏目に出て、外交政策は失敗に終わったとみていい。

レーガンのスローガンは「強いアメリカ」だった。当時のアメリカ人に、このスローガンは何とも魅力的に響いただろうことは想像に難くない。まず、弱いアメリカを求める国民などいない。また、どのような政策も「強いアメリカ」の実

84　フーバー研究所編　『アメリカの選択　下―軍事・外交政策』　日本経済新聞社　1981年　193頁
85　フーバー研究所編　上掲書　189頁
86　フーバー研究所編　上掲書　189頁
87　ラルフ・ネーダーグループ編　『レーガン政権の支配者達』　亜紀書房　1983年　4頁

現のために結びつけることが可能である。米ソ関係においては善悪二元論を用いた。1983年以降は、ソ連に「悪の帝国」の烙印を押した。すべてにおいてソ連を意識したのだった。

レーガンは強硬な反共主義者だった。1950年代にマッカーシー旋風が起きたときには、俳優で、映画俳優組合の委員長として反共活動の先頭に立った経験をもつ彼は「正と邪、善と悪の戦いの前線から離脱して、軽々しく自らを超越的な立場に立ててはいけない[88]」とアメリカ国民に訴えた。

このような雰囲気を作った上で、レーガン大統領は安全保障政策に取り組んだ。アジア・太平洋地域については、カーター政権時代を、アジア・太平洋地域について意見の一致をみることもなく、しっかりしたコミットメントもできない状態で、一貫した戦略が欠如していたとみなしていた[89]。レーガンは、アジア・太平洋政策の確立を目指した。基軸となる原則を作り、優先順位をつけ、はっきりと目に見える形でのかかわり合いを構築しようとしたのである[90]。勿論、「強いアメリカ」を実現させるために、である。

先出のアイクは、レーガン政権でアメリカは何をなし得るかについて三つの点を挙げている。

Ⅰ. これからはこれまでよりもはるかに海外で影響力を発揮するため、広範かつさまざまの手段を利用する立場にいなければならない。アメリカの常備戦力はますます劣勢になっているのであるから、アメリカとしては軍事生産を大幅に拡大できる能力に大きく依存しなければならないだろう。だが、アメリカの工業力に最終的に依存するには、地政学的資産の保持、すなわち一種の地勢的、資源的"安全地帯"が必要である。こうしたわけで、アメリカは軍事介入に頼ることなしに、世界の多くの地域でのその影響力と権益を守ることができなくてはならない。実際、海外で影響力を発揮するための非軍事的な各種の手段の目的は、アメリカが後退することなく紛争の可能性と激烈さを軽減し、武器による対決なしにアメリカの資産を維持することなのである。

Ⅱ. アメリカ政府は外国、特にソ連への先進技術の移転を整合的かつ効果的に統制しなければならない。そうした技術移転から生ずるアメリカの軍事的不利益が一部の具体的な兵器製造計画に役立ったり、あるいは敵方の軍事資源全般を豊かなものにしたりするからである。

88　村田晃嗣　『アメリカ外交─苦悩と希望』　講談社現代新書　1774年　162頁
89　フーバー研究所編　前掲書　10頁
90　フーバー研究所編　前掲書　61頁

III. 最後に、われわれはこれまであまりになおざりにしすぎてきた一つの資源を活用しなければならない。すなわちわれわれは言語と理念の重みにもっと注意を払わなくてはならない。アメリカでは"宣伝"という言葉には昔から軽べつ的な意味が含まれているが、敵方は大規模な宣伝活動を行っており、しかもしばしば成功している事実にわれわれは目をつむるべきではない。[91]

レーガン政権の国防政策はこの提言を取り入れ策定されていった。フーバー研究所の正式名称は「戦争、革命、平和に関するフーバー研究所（Hoover Institution on War, Revolution and Peace)」である。1919年、のちに第31代大統領になったハーバード・フーバー（Herbert C Hoover）の基金によって設立された。本拠地はスタンフォードで、研究員はカリフォルニア出身のレーガン大統領の"頭脳集団"として知られている[92]。

　レーガンは1966年から2期8年間にわたりカリフォルニア州知事を務めた。大統領になったレーガンはその時に作り上げた人脈をベースにして人事を行った。カリフォルニア時代に知り合ったとび抜けた金持ち達を側近に重用し、彼らに運営をまかせたレーガン政権は、フーバー研究所というシンクタンクのアドヴァイスを受けて、ソ連の影響力を少しでも抑えようと安全保障問題に気を配った。

　レーガンの下で国務長官を務めることが決まっていたヘイグは、大統領就任前の1981年1月9日上院外交委員会で、レーガン政策の基本構想を説明した。

　①西側のエネルギー等の海外依存度は増大し、国際的地位は低下している。80年代は危機の10年であるという認識をもつ。

　②アメリカは西側諸国とともに、ソ連の帝国主義行動の阻止をしなければならない。

　③80年代の外交は、一貫性、信頼性、バランスの三つを重視していく。バランスの維持には軍縮と軍備管理、国内と国際経済への協力、人権外交と友好的発展途上国への外交に配慮しながら、西側同盟国の力の終結を図らなければならない[93]。

　レーガン自身は、政権発足にあたり安全保障政策策定の前提として、次の4目標を設定したことを発表した。（1）米国の軍事力が多くの重要な項目でソ連に追い越されているところを回復する（2）米国の経済力を回復して世界の経済システムを再活性化させる（3）米国の世界指導者としての国際的威信を回復する（4）すべての米国人の誇りを回復させる。[94]である。

91　フーバー研究所編　前掲書　198〜99頁
92　フーバー研究所編　前掲書の裏表紙に記載されていたものを紹介した。
93　戦略問題研究所編　『戦後世界軍事資料〔1981〜1983〕5』原書房　1984年　81頁（以降『軍事資料5』とする）

（二）　アメリカの安全保障と「自由連合協定」

　ミクロネシアに関しては、カーター政権時代の1980年、アメリカは自治政府を樹立していたマーシャル諸島共和国、ミクロネシア連邦、パラオ共和国とそれぞれに「自由連合協定」に仮調印していた。

　レーガン政権は、政権発足直後の1981年1月からミクロネシア政策についての再検討を始めた。レーガン大統領は、特別大使としてフレッド・ジーダ（Fred Jeada）を任命した。ジーダは1976年に共和党のフォード大統領の下で、海外領土局長を務めた人物である。マーシャル諸島のクワジェリン基地使用料について交渉を行い、99年間、毎年650000ドルを支払うことで決着するのに成功した実績があった[95]。高等弁務官にはジャネット・マッコイ（Janet McCoy）を起用した。マッコイ女史は、1966年のレーガンのカリフォルニア州知事選挙戦の広報を担当していた。1967年にはカリフォルニア州政府観光局長を務めた。レーガン知事再選の際には知事広報室長、1980年の大統領選では西海岸広報室長として、レーガンを勝利に導いていた。これだけ有能な人物を起用したのは、信託統治に関して、外交の成果として終了させたいというレーガン大統領の意志の表われである。高等弁務官として着任した際、「信託統治領府のこれからの仕事は、既に始まっている各政府への権限の移譲をすすめていくことです。私たちとしては出来るだけ地元指導者層と話をする機会をもち、密接に仕事をしていきたいと考えています。その上で、アメリカ政府との関係に於いてミクロネシア側各政府を代表すべく、尽くしたいと思います。優先すべき仕事には、より多くの技術援助を獲得することが含まれるでしょう。行政資金についても同様です[96]」と抱負を述べた。

　レーガン大統領は、1981年2月6日には極東政策として

　（1）米中関係を重視し、中国とのグローバルかつ戦略的パートナーシップの絆の拡大

94　戦略問題研究所編　上掲書『軍事資料5』　43頁
95　『ミクロネシア情報』　通巻49号　12頁
96　『ミクロネシア情報』　通巻40号　28頁

（2）日中韓台と協力し、西太平洋の平和と経済協力の促進

（3）極東の平和と安全の脅威には関係国と協同対処

（4）台湾との関係は米台関係法に基づき促進

（5）アメリカの国益を阻害する外交の干渉の拒否[97]

の五原則を発表した。

　1981年9月に、ジェームズ・バックレイ（James Lane Buckley）国務次官は、レーガン政権のミクロネシア政策の方針を発表した。

①信託統治を出来るだけ早期に終結させる。

②既に仮調印が成立した協定書によって定義されている「自由連合協定」を最も妥当な選択であるとする。

③今後の交渉は1980年に完成させた協議書を土台として進めていく。[98]

　1980年にできた協議書である「自由連合協定」は、前文、1章政府関連事項、2章経済関連事項、3章安全保障ならびに国防問題関連事項、4章一般規定から成っている。アメリカの国防政策上重要なのは、3章に関しての規定である。特に注意を払って見ておきたい各項は以下のところである。（「自由連合協定」の全文は巻末に収めた）

　自由連合協定

　3章　安全保障ならびに国防問題関連事項

　第1条

　311項　アメリカ合衆国はマーシャル諸島共和国とミクロネシア連邦における安全保障と国防に関する全責任を負うものとする。

　この責任に関する権限とは、アメリカ合衆国人民に関してと同様、外国からの攻撃を防ぐためのものであり、軍事的行為を排除するためのものである。

　別協約のものではあるが、軍事施設を作るためのものである。

97　戦略問題研究所編　『戦後世界軍事資料〔1984〜1987〕6』　原書房　1988年　29頁（以降『世界軍事資料6』とする）

98　『ミクロネシア情報』　通巻39号　4頁

192 第五章 ミクロネシアの独り立ちと「自由連合協定」

314項 次の該当行為についてアメリカ合衆国政府はマーシャル諸島共和国とミクロネ
シア連邦両政府の同意なしには行わない。
（1）核実験、核処理及び有害な生物、化学兵器の実験
（2）健康に害をもたらすと思われる放射能を含む生物・化学兵器の実験

315項 アメリカ合衆国政府は、合衆国軍の統制のもとに、マーシャル諸島共和国及び
ミクロネシア連邦に他の軍隊を招集することができる[99]

　安全保障政策上、レーガン政権はカーター政権が作成したこの協定のほとんど
を1981年の国際情勢に照らし合わせてみても利用できると判断した。
　アメリカは、マーシャル諸島共和国及びミクロネシア連邦に、海洋法を含む海
洋と、通信そして経済活動についての外交処理の資格は与えたものの安全保障と
国防政策の全権限はアメリカに委ねさせた。それには、核実験及び化学兵器や生
物兵器の実験も含まれていた。
　レーガンが望んだのは、ミクロネシア地域、すなわち中部太平洋にいっさいソ
連を近づけさせないことであった。そのための手段として「自由連合協定」を、
マーシャル諸島共和国・ミクロネシア連邦の双方と締結することが最善であっ
た。
　具体的には、「自由連合協定」の見直し作業を行ったワインバーガー国防長官
の首席補佐官が次のように述べていたという。「政府内での見直し作業を行った
結果、我が国の戦略目的に関連して次のような3つの必要性があることが明らか
になった。㊀合衆国政府にとっての非友好国がミクロネシア地域を軍事的に使用
することに対する拒否の必要性。㊁合衆国軍事活動の戦略目的に沿って配置され
た危険度の少ない基地の必要性。㊂ミクロネシア全域において、立ち入り、通
航、寄港の権利が保証される必要性。即ち、可能な限りの長期間、いかなる第三
国の軍隊にもミクロネシア地域への立ち入り、寄港の権利がないことを保証して
もらいたいのだ[100]」
　見直しでは、アメリカの要望は取り入れられた。
　1982年2月レーガン政権は、通常戦略に高い優先順位を置き、従来の「1と2

99　Legal Information System of the Federated States of Micronesia（2008）, Compact of Free
　　Association, http://www.fsmlaw.org/compact/index.htm, 12th December 2007.
100　『ミクロネシア情報』 通巻39号　4～5頁

分の1」戦略から多正面柔軟対応戦略への移行を発表し、海軍戦略重視を打ち出していた。西太平洋のミクロネシアに対しても積極的に対応する必要があった。

1982年5月、アメリカは、まずマーシャル諸島共和国との間に「自由連合協定」の政府間合意を成立させた。続いて8月にはパラオ共和国と、10月にはミクロネシア連邦との合意に達し、さて残すところ、ミクロネシア側の住民投票の結果を待って自由連合関係への完全移行を待つばかりとなった[101]。

「自由連合協定」で、パラオ共和国政府に対しては、協定発行後10年目迄年額7000000ドルを、マーシャル諸島共和国政府に対しては協定発行後5年間年額26100000ドルを、ミクロネシア連邦政府に対しては協定発行後5年間年12000000ドルの援助を表明した。その後の援助も協定に盛り込んだ[102]。ミクロネシア側の不満を金の力を使って最小限に抑えようとする姿勢は、ケネディ政権のときからレーガン政権迄踏襲されたといってよいだろう。

(三)　アメリカの思惑とミクロネシア

レーガンが再検討ののち、認めた「自由連合協定」のうち、最もアメリカ側にとって重要であると思われるのは「3章　安全保障ならびに国防問題関連事項」でその内容は前述した通りである。それ以外の章で、注目すべきは、いかにアメリカがこの地域への資金援助と引き換えに、ミクロネシアを自由に利用できるように規定した条項を盛り込んだかという点である。「合衆国は、ミクロネシアに於ける安全保障と国防問題に全権限・責務を有する」と規定した第311項を含む3章は勿論のこととして、さらに整理してみると、1章政府関連事項の第2条で外交に関して、以下のように規定している。

　1章　政府関連事項
　第2条
　122項　アメリカ合衆国政府はマーシャル諸島共和国とミクロネシア政府が国際組織に
　　加盟することを支持する。ただし合衆国政府との事前の相互合意が必要である
　123項　アメリカ合衆国政府の権利と責任のもとで、マーシャル諸島共和国とミクロネ

101　ただし政府間合意のうち、パラオ共和国のみ住民投票による承認が得られず、実行には12年を
　　要することになった。
102　「自由連合協定」第211項に援助額の具体的な数字が盛り込まれたのである。

194　第五章　ミクロネシアの独り立ちと「自由連合協定」

シア連邦は外交政策においては合衆国政府と協議しなければならない[103]

いずれも、アメリカ側の合意が必要であったり、アメリカが必要と判断した場合には、ミクロネシア側には訴えの機会を与えるだけでよいことになっているのである。

さらにこの「自由連合協定」には９つの関連協約があった。○通信制度に関する協約　○法令施行に関する協約　○マーシャル諸島に関する協約　○主要社会基盤整備計画に関する協約　○米軍公共活動部隊に関する協約　○事業・業務に関する協約　○行程及び手続きに関する協約　○使用権に関する協約　○軍隊の法的地位に関する居役ならびにその関連取り決め事項である。

具体的にアメリカ軍部が考える中部太平洋戦略におけるミクロネシア地域の価値は、ソ連を近づかせない為にどうしても確保しておかなければならないエリアであることは勿論のこと（ア）弾道ミサイル実験場、（イ）アメリカ太平洋艦隊の有効利用地域、（ウ）太平洋において通常兵器戦争が起きた場合の兵站基地、として役目を担わせることのできる場所であることである。アメリカにとって重要度の高い政府から順に並べていくとマーシャル諸島共和国・パラオ共和国・ミクロネシア連邦である。特別協約の内容とあわせて利用価値を検証してみると、次のようにまとめられる[104]。

　〔マーシャル諸島共和国政府とアメリカ〕

アメリカは、マーシャル諸島のクワジェリン環礁を、弾道ミサイルの実験場として使えることとした。「自由連合協定」合意後成立したアメリカ・マーシャル軍事関連協約は「合衆国政府は第１次使用権のもと30年にわたってクワジェリン基地の使用権を有する。なお第２次使用権を保留するにあたって合衆国政府は6500000ドルを支払う[105]」と定めた。

103　Legal Information System of the Federated States of Micronesia (2008), Compact of Free Association, http://www.fsmlaw.org/compact/index.htm, 12ᵗʰ December 2007.
104　ミクロネシア側のシンクタンク「マイクロネシアンセミナー」の研究員ヘンリー・シュオルベンバーグ（Henry M. Schwalbenberg）が『ミクロネシア情報』通巻44号に寄稿した「米国の軍事権益とミクロネシア」と題する論文（４〜42頁）は非常に参考になる。それらをまとめるとこのようになる。

三 レーガンと「自由連合協定」 195

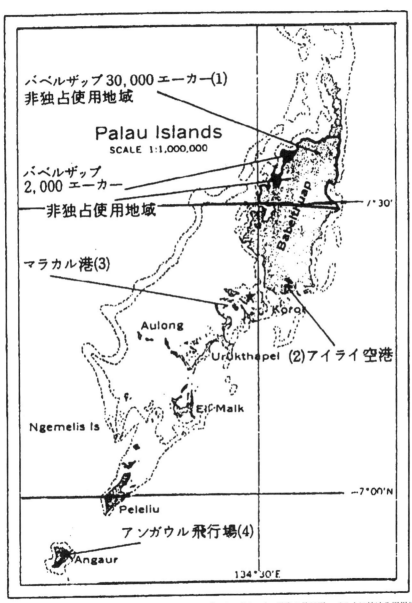

『ミクロネシア』通巻44号33頁　パラオに於ける軍用地

196　第五章　ミクロネシアの独り立ちと「自由連合協定」

〔パラオ共和国政府とアメリカ〕

　アメリカはパラオとの軍事関連協約によって「約50年にわたって、パラオ本島中部の32000エーカー、アイライ空港、マラカル港、アンガウル飛行場を使用できること[106]」とした。このことで、アイライ空港とマラカル港は連繁して、対潜哨戒用のフリゲード艦及び駆逐艦の前線基地となりうるのである。アンガウル飛行場（注：次頁地図参照）は滑走路を12000フィートまで延長できる。特筆すべきは、東南アジアに地理的に最も近いパラオにアメリカ軍保有の戦闘機すべてが発着できる12000フィートの滑走路をもつ飛行場を使えるということである。

〔ミクロネシア連邦政府とアメリカ〕

　アメリカは、ミクロネシアとは特別な軍事協約は結ばなかった。この地域の価値については、ヘンリー・シュオルベンバーグ（Henry M. Schwalbenberg）が以下のように分析している。「ソビエト海軍の供給基地は、現在のところウラジオストックやカムラン湾、クリル諸島などアジア大陸沿いに限られているが、ミクロネシアのいずれかを手に入れれば、その供給線はかなり広がるのである。アメリカ側からみれば、敵国の手におちれば、アメリカの痛手になるミクロネシア連邦の島々も、（そうならなければ）アメリカ自身にとっては殆ど価値がない。太平洋戦争でも繰り返さない限り、積極的な価値は持たないのだ。つまりアメリカにしてみれば"取られないためにとっておく"ということであろう[107]」アメリカ側からみたこの地域の価値は、「ソ連側にとられないこと」なのである。
1983年1月31日ジョン・ベッシー（John W. Vesey Jr.）統合参謀本部議長は、1984会計年度軍事態勢報告で戦略の基本的な要素として次の三つが重要であると強調した。㊀核抑止　㊁強固な同盟　㊂柔軟性ある海軍力、である。アメリカはあらゆる地域の緊急事態に対応できるよう、a. 迅速に対応できる前方展開部隊、b. 必要に応じて投入でき中央予備兵力、c. 海上優勢を確保できる強力な海軍力、d. 柔軟に対応できる機動輸送力、e. 展開部隊を統合式統制できる能力、f. 正確、かつタイムリーな情報能力、g. 優勢な敵に対応できる継続能力　などを備えておく必要があることも唱えた[108]。

105　『ミクロネシア情報』　通巻44号　9頁
106　『ミクロネシア情報』　通巻44号　4〜42頁
107　『ミクロネシア情報』　通巻44号　10頁

同じく１月にジョン・レーマン（John F. Lehman Jr.）海軍長官は1984会計年度国防報告で、スイング戦略にかわって柔軟作戦を採用していることを明らかにした。この計画は、地中海と太平洋の空母機動部隊の配備は従来どおりとし、従来空母群の行動の少なかったカリブ海、日本海、北太平洋海域にも配備するものであった。紛争発生地域への進出を容易にするため、とくに兵力運用に柔軟性をもたせるものがねらいであった[109]。強力な前進防衛態勢を維持し、兵力展開に一層の柔軟性を与え、全世界の同盟国への公約を果たすためには以下を目標としたのである

　　①即応態勢と継戦能力を向上する。
　　②攻撃能力の増大と一層の多様化を図る。
　　③シーレーン防空能力を向上する。
　　④継続的対潜能力を向上する。
　　⑤強襲上陸能力を向上する。[110]

　外には「強いアメリカ」を唱え軍備拡張の必要性を主張したレーガンは、1981年に対ソ強硬政策の一環として中性子爆弾の製造に着手し、1983年３月に「戦略防衛構想（SDI）」を発表した。レーガン政権は「アメリカは、核時代において強力な抑止力の維持と、真の意味での軍備管理の追求により戦争の危険を減らすことに努めてきた。弱さは侵略を招くのみであり、アメリカは力により平和を維持する[111]」とした上で、SDIに踏み切る理由を国民に訴えた。

　　抑止の戦略は依然として有効である。ソ連が戦争を計画しているとも、また戦争が不可避であるとも考えないが、ソ連の核ミサイルの増強という状況の変化を認識した上で抑止力の維持の方策を考えなければならない。
　　ソ連は自衛上の必要を遥かに超えた巨大な軍事力を擁しており、なおその増強を続けている。
　　アメリカはソ連の戦略弾道ミサイルが、アメリカあるいはその同盟国の領土に到達す

108　戦略問題研究会編　『軍事資料５』　前掲書　　84頁
109　戦略問題研究会編　『軍事資料５』　前掲書　49頁
110　戦略問題研究会編　『軍事資料５』　前掲書　57頁
111　（財）鹿島平和研究所編　『現代国際政治の基本文書』　原書房　1987年　1010～11頁

198 第五章　ミクロネシアの独り立ちと「自由連合協定」

る前に、迎撃破壊したいのである[112]

　核攻撃があった場合人工衛星から発するレーザー光線で探知し、それを破壊するという構想である。ソ連を意識した最高レベルの対抗手段であった。しかしながらその達成までの道のりが険しいことも充分予想された。レーガンは「ただし、本計画は技術的には極めて困難な作業であり、今世紀末迄には達成されないかもしれないが、それ迄の間は、核抑止力と柔軟反応戦略を維持せねばならない。更にその間、アメリカは戦略兵器の近代化によってのみ達成される力の立場を通じて核兵器の真の削減努力を続けるとともに、非核兵器能力の改善を図り、通常戦争が核戦争にエスカレートする危機を減らさなければならない[113]」と述べた。

　今では当たり前となった宇宙空間の軍事利用を考えたレーガンは、SDI 構想が達成される迄の道程を考慮して、アジア・太平洋地域についても前向きな姿勢を見せた。

　1981年にはアメリカと太平洋地域との貿易量が対ヨーロッパを上回った。1983年にアメリカのアジア・太平洋貿易の総額は135600000000ドルになったが、この数字は西ヨーロッパとの貿易総額より26000000000ドル多かった。

　1984年に入るとレーガンは、環太平洋担当大使というポジションを新設した。「環太平洋構想」の始まりである。フーバー研究所のアドバイザーである、カリフォルニア大学バークレー校の教授、東アジア研究所長のロバート・A・スカラピーノ（Robert A. Scalapino）の提言によるものであろう。

　　近い将来のある時点で、アメリカは太平洋地域各国の経済的総合利益を主たる関心ごととする太平洋地域共同体の構築に向かって、主導的役割を果たすべきであろう。このような組織が出現するための機は熟している。それは当初の目標はヨーロッパ共同体に比べればつつましいものであっても、アジア・太平洋地域の今後の経済発展と政治的調和は多国間協力と切り離して考えることはできず、またそのような協力は制度的な基盤を必要とするという認識に立つものではある。――アメリカはグアム・ドクトリン及び現存する数々の二国間協定の枠内で、アジアにおける戦略的利益を再認識するのに必要なことは何でもすべきである。来るべき困難な時期の東南アジアにおける政治的、戦略的均衡にとっては、アメリカがこの地域に対するコミットメントを堅持し、戦略的存在を維持し、友好国と同盟国が安全保障上正当に必要とするものを与

112　（財）鹿島平和研究所編　上掲書　1011～12頁
113　（財）鹿島平和研究所編　上掲書　　1011～12頁

三 レーガンと「自由連合協定」 199

えるのだという認識が非常に重要である。このような立場をアメリカがとることは紛
争に直接巻き込まれる、あるいは巻き込まれるべきだ、ということは意味しない。逆
に、アメリカの目標は大型の紛争、特に大国が巻き込まれるような紛争を防止するた
めの既存の抑止力の一つとなることを中心に据えるべきである[114]

　この指摘を下地として、ジョージ・シュルツ（George P. Shultz）国務長官、ワイ
ンバーガー国防長官など多くのカリフォルニア関係者が政権内にいたことが、
レーガン大統領の太平洋重視の傾向に、いっそう拍車をかけたとの見方もあ
る[115]。

　1984年3月30日、SDI構想を発表してからちょうど一年後、レーガンはミクロ
ネシア連邦とマーシャル諸島共和国との「自由連合協定」を承認してもらうため
の上下両院合同決議案を議会に提出し、次のように訴えた。

　「自由連合協定」は、アメリカとミクロネシア政府との将来にわたる政治的関係を規定
　するものであります。14年間4人の大統領を経て（筆者註：レーガン、カーター、
　フォード、ニクソンのことを指す）ようやく最終段階に到達できたのです。それぞれ
　の項目に添って検討され出来た特別協約とあわせてお認めいただきたいのです。ミク
　ロネシアの土地利用に関しては、アメリカ以外の国の関与を規制できるために、太平
　洋地域における安全保障政策上きわめて重要であるといえましょう。1947年以来、ア
　メリカは安全保障理事会で認められた信託統治協定（「太平洋における旧日本委任統治
　諸島に関するアメリカ合衆国信託統治協定」のこと）のもとで、ミクロネシア地域を
　管轄してきました。今回のミクロネシア連邦政府とマーシャル諸島共和国政府との
　「自由連合協定」は、この信託統治政策にとってかわるものなのです。ジーダ大使は
　1982年10月1日にミクロネシア連邦政府代表と「自由連合協定」に署名しました。
　1983年6月25日には、マーシャル諸島共和国政府代表と署名しました。交渉の賜であ
　ります。すでにミクロネシア側での住民投票による承認も済ませておりますので、あ
　とはアメリカ議会の承認を待つばかりなのであります[116]

　ミクロネシア側では、1982年の「自由連合協定」合意を受けて、これを認める
かどうかの住民投票が実施された。1983年6月にミクロネシア連邦で、9月に
マーシャル諸島共和国で承認をされていたが、パラオ共和国では、住民投票によ
るハードルを75％の承認と高く設定していたため、1984年3月末のこの時点で

114　フーバー研究所編　前掲書　50頁
115　神谷不二　『アメリカを読む50のポイント』　PHP研究所　1989年　97頁
116　PPPU（1984）, *Ronald Regan 1981-1989*, KTO Press, New York, p. 442

第五章　ミクロネシアの独り立ちと「自由連合協定」

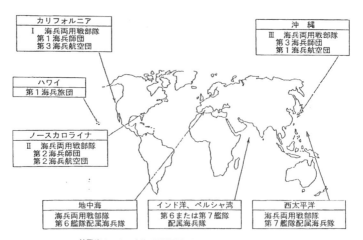

付図第1−2　米海兵隊現役部隊展開状況（1983年10月1日現在）

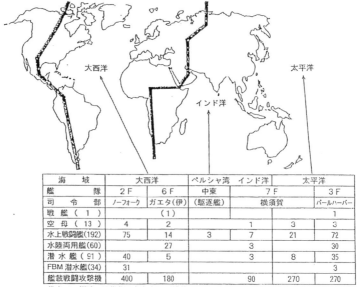

米海軍主要戦闘艦艇配備状況（1983年10月1日現在）

《世界軍事資料　5》80頁

三 レーガンと「自由連合協定」　201

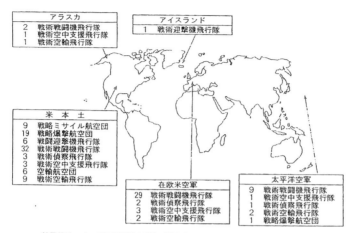

付図第1－4　米空軍現役主要部隊展開状況（1983年10月1日現在）

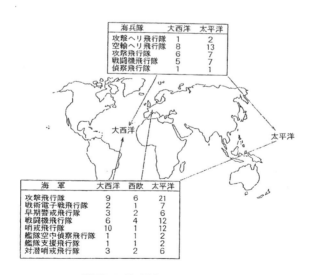

米海軍および海兵隊現役航空部隊展開状況（1983年10月1日現在）

《世界軍事資料　5》　81頁

第五章　ミクロネシアの独り立ちと「自由連合協定」

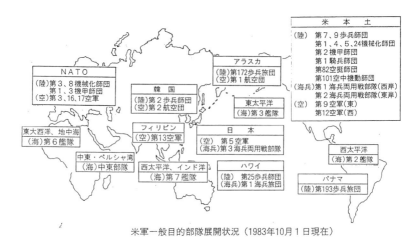

米軍一般目的部隊展開状況（1983年10月1日現在）

《世界軍事資料　5》82頁

は、承認されていなかった。

　1984年4月24日、レーガン大統領はハワイのヒッカム空軍基地の制服組の前で演説をし「安全保障の観点からも、経済発展の観点からも、アメリカはアジア・太平洋地域で"pacific power"として責任をもたなければならない[117]」と強調した。

　翌25日にはグアムでスピーチを行った際、冒頭にミクロネシア連邦のトシオ・ナカヤマ（Tosiwo Nakayama）大統領、マーシャル諸島共和国のアスタ・カブア（Amata Kabua）大統領、パラオ共和国のハルオ・レメリク（Haruo Remeliik）大統領の前で話ができることをとても誇らしく思っていると伝えた。

　　アメリカはあなた方に自由と平和とそして繁栄をお約束します。もう一度言わせて下さい。強いアメリカが、本土から希望とチャンスを運んできているのです[118]

ここ迄ミクロネシア側に対してアメリカが明るい未来をもたらすと言い切った大統領はそれ迄誰もいない。"good communicator＝グッドコミュニケーター"

117　PPPU (1984), op cit., p. 572
118　PPPU (1984), op cit., p. 573

三　レーガンと「自由連合協定」　203

レーガン大統領の面目躍如といったところだろうか。

　　アメリカは、あなた方の島々の特性や文化やそして経済状態も考慮しています。分か
　　ちあうことが良い未来を作るのです。アメリカとの関係を強化することで、太平洋の
　　島々の人々は、もっと多くのことを成し遂げられるようになりましょう。アメリカ
　　は、もっとお互いが理解できるような関係を望んでいます。私達は、14年間の政治地
　　位交渉に終止符を打って、新しい一歩を踏み出すのです。1975年にマリアナ諸島は、
　　連邦としてアメリカに残る選択をしてくれました。そして昨年、ミクロネシア連邦、
　　マーシャル諸島共和国、そしてパラオ共和国は、自由連合体制へ移行するための住民
　　投票をしました。私はアメリカ上下両院が、「自由連合協定」をできるだけ早く認めて
　　くれるものと願っています。一方、パラオ共和国の憲法上の問題を解決するために、
　　アメリカは努力を続けてまいります。ミクロネシア地域とアメリカには新しい将来が
　　待っています。新しい価値を分けあって、すばらしい関係を築いてまいりましょう。
　　最後に、ミクロネシア憲法に記されているこんなすばらしい文章を紹介して私のス
　　ピーチのしめくくりにしたいと思います。"The Micronesian nation is born in age
　　when men voyage among stars; our world itself is an island. We extend to all nations
　　what we seek from each-peace, friendship, cooperation, and love in our common hu-
　　manity"[119]

聞き手に配慮した力強く温かい内容の演説であると同時に、レーガンのミクロネ
シア地域との関係を早くに自由連合体制に移行したいという意欲も伝わってくる
見事なスピーチであるといえよう。
　3月に議会に「自由連合協定」の承認を要請し、4月にミクロネシア各政府代
表者を集めて、アメリカの意志をしっかりと伝えたレーガンは、5月にはマスコ
ミに対して、アメリカの対ミクロネシア政策を説明した。"Pacific Magazine"
からの質問に次のように回答したのだった。

　　Q-ミクロネシア三政府に財政援助をし過ぎなのではないかという批判が出ているが。
　　A-「自由連合協定」の財政援助は、長い目でみた場合にミクロネシア連邦、マーシャ
　　ル諸島共和国、パラオ共和国の経済発展にどうしても必要な上下水道、波止場、道
　　路、空港などのインフラの整備に使われるし、それが社会サービス、福利厚生、教
　　育、エネルギー確保につながっていくのである。いつの日にか経済的自立も可能にな
　　るであろう。各政府の指導者達はすでに、自由連合体制に移行した場合の経済政策の
　　立案に着手しているのであって、これは特筆すべきことである。ゆくゆくは政府から

119　PPPU (1984), op cit., pp. 573-74

204　第五章　ミクロネシアの独り立ちと「自由連合協定」

の支援に頼った経済発展ではない、資本主義体制での自由企業が育っていってほしいものである。

Q- 自由連合体制に移行したら直ちに、陸・空・海軍の基地の建設を考えているか。
A- すぐに新たな基地を建設することは考えていない。唯一クワジェリンでの防衛施設を増やすかもしれない。アメリカはグアムに空軍と海軍の基地をもっているので、しいて言うならば、北マリアナ諸島のほうがその可能性は高い。

Q- 他のアメリカ領から不平はでていないのか。
A- あまりにミクロネシア地域の三政府と「自由連合協定」を結ぶために力を注いだことで、グアムやアメリカ領サモアや北マリアナ諸島からやり過ぎだとの声がでていることはわかっている。グアムは1898年以来、アメリカの政治的にも忠実なファミリーであるし、アメリカ領サモアも1900年以来アメリカの領土である。北マリアナ諸島も1975年にアメリカの一部となることを選択してくれた。それに引き換え、ミクロネシア地域との交渉は14年にも及んでしまった。でもグアムも、アメリカ領サモアも北マリアナ諸島も、私と一緒にプライドを分かちあってくれていると思う。[120]

　この最後の質問への答えは、ある種レーガンの本音であろう。アメリカの安全保障上、ハワイとグアムがあるのですぐには基地建設の予定がないこれらの地域を、それでも執念で何とか取り込もうとしたのは戦略上の必要性に加えて、意地＝プライドでもあったと推察できる。
　1984年10月19日、シュルツ国務長官は、米国は日本、中国、ASEAN を含めた NATO や EC のような太平洋共同体の創設を将来の目標に設定していく。アジア・太平洋、西側諸国の団結強化が必要であると強調した[121]。
　ミクロネシアに関していえば、アメリカはソ連の海洋力を背景とする南太平洋進出と南太平洋地域非核化の動きに対応策をとった。1985年2月19日、パラオ共和国に対し非核憲法を改めるよう警告した[122]。
　1986年2月1日、ジョン・レーマン（John Lehman Jr）海軍長官は、1987会計年度米海軍態勢報告を発表して海上戦略重視の姿勢への移行を強調した。新海洋戦略である[123]。米海軍を北太平洋重視の戦略体制へ移行させたのであって背景と

120　PPPU (1984), op cit., pp. 626-29
121　戦略問題研究会編　『軍事資料5』　前掲書　68頁
122　戦略問題研究会編　『軍事資料5』　前掲書　65頁
123　戦略問題研究会編　『軍事資料5』　前掲書　66頁

実態は次の通りである。

①米本土へのアラスカ、メキシコ方面からの原油供給量が、中東、ペルシャ
　湾方面からの8倍となり、米国の日本等アジアとの貿易量が欧州を大幅に
　上回った。
②米太平洋沿岸の海外基地（サンディエゴ、サンフランシスコ、シアトル、ピュー
　ゼットランド）を強化し、北太平洋方面配備艦艇と演習を増やし、ア
　リューシャン列島のアダック海軍基地を強化して、哨戒活動を開始した。
③東太平洋担当の第三艦隊が第七艦隊担当の西太平洋方面迄行動できるよう
　にして、ハワイの陸上にあたった第三艦隊司令部を旗艦に移し、北太平洋
　海域を主に行動できる体制とした。[124]

　海兵隊の緊急展開能力向上のために海上事前集積船を、グアム島とテニアン両島
へ計4隻配備を完了した[125]。

　1986年4月、アメリカ議会はミクロネシア連邦とマーシャル諸島共和国との
「自由連合協定」を承認した。承認迄に2年もかかったのは、何よりもミクロネ
シア地域が議員達にとってなじみの薄い地域であったからに他ならない。これほ
どの財政援助をしてまでミクロネシアを取り込む必要などないという意見と、
もっと軍事権益を拡大させるべきであるとの正反対の戦略認識がこの期に及んで
出てきていたのである。ジーダ大使にインタビューをした小林泉は、大使がこの
ことは充分予想していて「ミクロネシアについて何も知らない議員達が、ああだ
こうだと議論しています。だから、彼らのお勉強会が終わる迄しばらく結論はで
ないでしょう[126]」と言っていたことを明らかにしている。

　アメリカは、1986年10月、この2つの信託統治領を新体制に移行することを国
連の信託統治理事会に通達した。マーシャル諸島共和国は10月に、ミクロネシア
連邦は11月に独立宣言をした。又北マリアナ諸島連邦も11月に北マリアナ諸島連
邦自治領となった。そして国連安保理がマーシャル諸島共和国・ミクロネシア連
邦・北マリアナ諸島連邦の信託統治終了を決議したのは1990年12月。住民投票が

124　戦略問題研究会編　『軍事資料6』　前掲書　37頁
125　戦略問題研究会編　『軍事資料6』　前掲書　39頁
126　小林泉　前掲書　158頁

米海軍主要艦艇配備状況

艦種（隻）	太西洋	地中海	ペルシャ湾	インド洋		太平洋
艦隊 F	2	6	中東	7		3
司令部	ノーファーク	ガエタ（伊）	バーレン	横須賀（日）		パールハーバー
SSBN（36）	28					8
SSN（95）	51	4		15		25
戦艦（3）	1			1		1
空母（14）	7	1		2		4
巡洋艦（31）	13		（1）			18
駆逐艦（68）	39	（9）	（4）	（6）	（23）	29
フリゲート（100）	53		（4）			47
両用艦（61）	24	5		2	9	21
掃海艇（13）						3
MPS（13）	4			5		4
支援艦（47）		9		8		30

主要基地		
米本土	ノーファーク（120） チャールストン（70） メイポート（35） ニューロンドン（30） ニューボード（10） ニューヨーク（8） ボストン キングスベイ	サンディエゴ（110） ロングビーチ（25） サンフランシスコ（15） ブレーマートン（10） バンコール（8） アダック
海外	プエルトルコ パナマ グアンタナモ（キューバ） ケフラビック（アイスランド） ホリーロッホ（英） ナポリ、シゴネラ、ガエタ ラマダレナ（伊） ロタ（スペイン） ラジェ、アゾレス（ポルトガル）	パールハーバー（40） 横須賀（10）、佐世保（6） スビック・ベイ（比） アフラ（グアム） ミッドウェー ディエゴガルシア（インド洋）

備考： 1　1987〜88ミリタリー・バランスによる。
　　　 2　第2、第3艦隊所属艦艇には他への派遣を含む。
　　　 3　主要基地の（　）内数は、基地所属艦艇概数を示す。

《世界軍事資料　6》　54頁

三 レーガンと「自由連合協定」 207

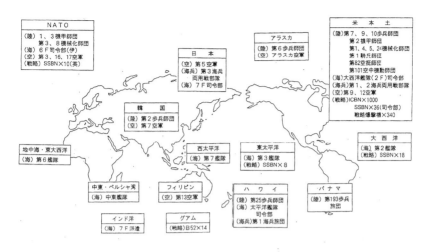

《世界軍事資料 6》60頁

ネックとなっているパラオ共和国は、独立迄にそれから8年の歳月を要することとなった。

「強いアメリカ」をうたったレーガン政権は、総合的にみて成功したといってよいだろう。「強いアメリカ」とは、軍事面で大幅な軍備増強によって、当時劣勢にあるともいわれたソ連との軍事バランスを回復して、ソ連の地勢学的な影響力拡大を阻止すること[127]であった。経済面では連邦財政及び国際収支の大幅な赤字という負の遺産を生みはしたものの、何よりも1989年の冷戦の終焉につながったからである。

アジア・太平洋地域については、スカラピーノの提案「アジアにおける戦略的利益を再確認するのに必要なことは何でもすべきである」を基本として、ミクロネシア地域の二カ国をはっきりと目に見えるかたちで、アメリカの影響下に組み入れる自由連合体制に移行させたのだった。

1962年にケネディが「国家安全行動覚書145号」を出してから四半世紀を経て、アメリカの意向は現実となったのである。

---

127 神谷不二 前掲書 64頁

208　第五章　ミクロネシアの独り立ちと「自由連合協定」

資　料1　「アメリカ合衆国との政治的連合のための北マリアナ諸島連邦創設盟約」（原文）

THE COVENANT TO ESTABLISH A COMMONWEALTH OF THE NORTH-
ERN MARIANA ISLANDS IN POLITICAL UNION WITH THE UNITED
STATES OF AMERICA

Whereas, the people of the Northern Mariana Islands and the people of the United
States share the goals and values found in the American system of government
based upon the principles of government by the consent of the governed, individ-
ual freedom and democracy; and
Whereas, for over twenty years, the people of the Northern Mariana Islands,
through public petition and referendum, have clearly expressed their desire for
political union with the United States; Now, therefore, the Marianas Political Sta-
tus Commission, being the duly appointed representative of the people of the
Northern Mariana Islands, and the Personal Representative of the President of the
United States have entered into this Covenant in order to establish a self-govern-
ing commonwealth for the Northern Mariana Islands within the American political
system and to define the future relationship between the Northern Mariana Is-
lands and the United States. This Covenant will be mutually binding when it is
approved by the United States, by the Mariana Islands District Legislature and by
the people of the Northern Mariana Islands in a plebiscite, constituting on their
part a sovereign act of self-determination.

ARTICLE I: POLITICAL RELATIONSHIP

Section 101. The Northern Mariana Islands upon termination of the Trusteeship
Agreement will become a self-governing commonwealth to be known as the
"Commonwealth of the Northern Mariana Islands", in political union with and un-
der the sovereignty of the United States of America.

資　料1 「アメリカ合衆国との政治的連合のための北マリアナ諸島連邦創設盟約」　209

Section 102. The relations between the Northern Mariana Islands and the United States will be governed by this Covenant which, together with those provisions of the Constitution, treaties and laws of the United States applicable to the Northern Mariana Islands, will be the supreme law of the Northern Mariana Islands.

Section 103. The people of the Northern Mariana Islands will have the right of local self- government and will govern themselves with respect to internal affairs in accordance with a Constitution of their own adoption.

Section 104. The United States will have complete responsibility for and authority with respect to matters relating to foreign affairs and defense affecting the Northern Mariana Islands.

Section 105. The United States may enact legislation in accordance with its constitutional processes which will be applicable to the Northern Mariana Islands, but if such legislation cannot also be made applicable to the several States the Northern Mariana Islands must be specifically named therein for it to become effective in the Northern Mariana Islands. In order to respect the right of self-government guaranteed by this Covenant the United States agrees to limit the exercise of that authority so that the fundamental provisions of this Covenant, namely Articles I, II and III and Sections 501 and 805, may be modified only with the consent of the Government of the United States and the Government of the Northern Mariana Islands.

ARTICLE II: CONSTITUTION OF THE NORTHERN MARIANA ISLANDS
[…]

ARTICLE III: CITIZENSHIP AND NATIONALITY

210   第五章　ミクロネシアの独り立ちと「自由連合協定」

Section 301. The following persons and their children under the age of 18 years on the effective date of this Section, who are not citizens or nationals of the United States under any other provision of law, and who on that date do not owe allegiance to any foreign state, are declared to be citizens of the United States, except as otherwise provided in Section 302;

(a) all persons born in the Northern Mariana Islands who are citizens of the Trust Territory of the Pacific Islands on the day preceding the effective date of this Section, and who on that date are domiciled in the Northern Mariana Islands or in the United States or any territory or possession thereof;

(b) all persons who are citizens of the Trust Territory of the Pacific Islands on the day preceding the effective date of this Section, who have been domiciled continuously in the Northern Mariana Islands for at least five years immediately prior to that date, and who, unless under age, registered to vote in elections for the Mariana Islands District Legislature or for any municipal election in the Northern Mariana Islands prior to January 1, 1975; and

(c) all persons domiciled in the Northern Mariana Islands on the day preceding the effective date of this Section, who, although not citizens of the Trust Territory of the Pacific Islands, on that date have been domiciled continuously in the Northern Mariana Islands beginning prior to January 1, 1974.

Section 302. Any person who becomes a citizen of the United States solely by virtue of the provisions of Section 301 may within six months after the effective date of that Section or within six months after reaching the age of 18 years, whichever date is the later, become a national but not a citizen of the United States by making a declaration under oath before any court established by the Constitution or laws of the United States or any court of record in the Commonwealth in the form as follows:

"I _____ being duly sworn, hereby declare my intention to be a national but not a citizen of the United States."

Section 303. All persons born in the Commonwealth on or after the effective date

資 料1 「アメリカ合衆国との政治的連合のための北マリアナ諸島連邦創設盟約」 211

of this Section and subject to the jurisdiction of the United States will be citizens
of the United States at birth.
Section 304. Citizens of the Northern Mariana Islands will be entitled to all privi-
leges and immunities of citizens in the several States of the United States.

ARTICLE IV: JUDICIAL AUTHORITY
[…]

ARTICLE V: APPLICABILITY OF LAWS
[…]

ARTICLE VI: REVENUE AND TAXATION
[…]

ARTICLE VII: UNITED STATES FINANCIAL ASSISTANCE

Section 701. The Government of the United States will assist the Government of
the Northern Mariana Islands in its efforts to achieve a progressively higher stan-
dard of living for its people as part of the American economic community and to
develop the economic resources needed to meet the financial responsibilities of lo-
cal self-government. To this end, the United States will provide direct multi-year
financial support to the Government of the Northern Mariana Islands for local
government operations, for capital improvement programs and for economic de-
velopment. The initial period of such support will be seven years, as provided in
Section 702.

Section 702. Approval of this Covenant by the United States will constitute a com-
mitment and pledge of the full faith and credit of the United States for the pay-
ment, as well as an authorization for the appropriation, of the following guaranteed
annual levels of direct grant assistance to the Government of the Northern Mari-
ana Islands for each of the seven fiscal years following the effective date of this

212　第五章　ミクロネシアの独り立ちと「自由連合協定」

Section:

(a) $8.25 million for budgetary support for government operations, of which $250,000 each year will be reserved for a special education training fund connected with the change in the political status of the Northern Mariana Islands;

(b) $4 million for capital improvement projects, of which $500,000 each year will be reserved for such projects on the Island of Tinian and $500,000 each year will be reserved for such projects on the Island of Rota; and (c) $1.75 million for an economic development loan fund, of which $500,000 each year will be reserved for small loans to farmers and fishermen and to agricultural and marine cooperatives, and of which $250,000 each year will be reserved for a special program of low interest housing loans for low income families.

Section 703.

(a) The United States will make available to the Northern Mariana Islands the full range of federal programs and services available to the territories of the United States. Funds provided under Section 702 will be considered to be local revenues of the Government of the Northern Mariana Islands when used as the local share required to obtain federal programs and services.

(b) There will be paid into the Treasury of the Government of the Northern Mariana Islands, to be expended to the benefit of the people thereof as that Government may by law prescribe, the proceeds of all customs duties and federal income taxes derived from the Northern Mariana Islands, the proceeds of all taxes collected under the internal revenue laws of the United States on articles produced in the Northern Mariana Islands and transported to the United States, its territories or possessions, or consumed in the Northern Mariana Islands, the proceeds of any other taxes which may be levied by the Congress on the inhabitants of the Northern Mariana Islands, and all quarantine, passport, immigration and naturalization fees collected in the Northern Mariana Islands, except that nothing in this Section shall be construed to apply to any tax imposed by Chapters 2 or 21 of Title 26, United States Code.

資　料1　「アメリカ合衆国との政治的連合のための北マリアナ諸島連邦創設盟約」　213

Section 704.

(a) Funds provided under Section 702 not obligated or expended by the Government of the Northern Mariana Islands during any fiscal year will remain available for obligation or expenditure by that Government in subsequent fiscal years for the purposes for which the funds were appropriated.

(b) Approval of this Covenant by the United States will constitute an authorization for the appropriation of a pro-rata share of the funds provided under Section 702 for the period between the effective date of this Section and the beginning of the next succeeding fiscal year.

(c) The amounts stated in Section 702 will be adjusted for each fiscal year by a percentage which will be the same as the percentage change in the United States Department of Commerce composite price index using the beginning of Fiscal Year 1975 as the base.

(d) Upon expiration of the seven year period of guaranteed annual direct grant assistance provided by Section 702, the annual level of payments in each category listed in Section 702 will continue until Congress appropriates a different amount or otherwise provided by law.

ARTICLE VIII: PROPERTY

Section 801. All right, title and interest of the Government of the Trust Territory of the Pacific Islands in and to real property in the Northern Mariana Islands on the date of the signing of this Covenant or thereafter acquired in any manner whatsoever will, no later than upon the termination of the Trusteeship Agreement, be transferred to the Government of the Northern Mariana Islands. All right, title and interest of the Government of the Trust Territory of the Pacific Islands in and to all personal property on the date of the signing of this Covenant or thereafter acquired in any manner whatsoever will, no later than upon the termination of the Trusteeship Agreement, be distributed equitably in a manner to be determined by the Government of the Trust Territory of the Pacific Islands in consultation with those concerned, including the Government of the Northern

214   第五章 ミクロネシアの独り立ちと「自由連合協定」

Mariana Islands.

Section 802.

(a) The following property will be made available to the Government of the United States by lease to enable it to carry out its defense responsibilities:

(1) on Tinian Island, approximately 17,799 acres (7,203 hectares) and the waters immediately adjacent thereto;

(2) on Saipan Island, approximately 177 acres (72 hectares) at Tanapag Harbor; and

(3) on Farallon de Medinilla Island, approximately 206 acres (83 hectares) encompassing the entire island, and the waters immediately adjacent thereto.

(b) The United States affirms that it has no present need for or present intention to acquire any greater interest in property listed above than that which is granted to it under Subsection 803 (a), or to acquire any property in addition to that listed in Subsection (a), above, in order to carry out its defense responsibilities.

Section 803.

(a) The Government of the Northern Mariana Islands will lease the property described in Subsection 802 (a) to the Government of the United States for a term of fifty years, and the Government of the United States will have the option of renewing this lease for all or part of such property for an additional term of fifty years if it so desires at the end of the first term.

(b) The Government of the United States will pay to the Government of the Northern Mariana Islands in full settlement of this lease, including the second fifty year term of the lease if extended under the renewal option, the total sum of $19,520,600, determined as follows:

(1) for that property on Tinian Island, $17.5 million;

(2) for that property at Tanapag Harbor on Saipan Island, $2 million; and

(3) for that property known as Farallon de Medinilla, $20,600. The sum stated in this Subsection will be adjusted by a percentage which will be the same as the percentage change in the United States Department of Commerce composite price

資　料1 「アメリカ合衆国との政治的連合のための北マリアナ諸島連邦創設盟約」　215

index from the date of signing the Covenant.

(c) A separate Technical Agreement Regarding Use of Land To Be Leased by the United States in the Northern Mariana Islands will be executed simultaneously with this Covenant. The terms of the lease to the United States will be in accordance with this Section and with the terms of the Technical Agreement. The Technical Agreement will also contain terms relating to the leaseback of property, to the joint use arrangements for San Jose Harbor and West Field on Tinian Island, and to the principles which will govern the social structure relations between the United States military and the Northern Mariana Islands civil authorities.

(d) From the property to be leased to it in accordance with this Covenant the Government of the United States will lease back to the Government of the Northern Mariana Islands, in accordance with the Technical Agreement, for the sum of one dollar per acre per year, approximately 6,458 acres (2,614 hectares) on Tinian Island and approximately 44 acres (18 hectares) at Tanapag Harbor on Saipan Island, which will be used for purposes compatible with their intended military use.

(e) From the property to be leased to it at Tanapag Harbor on Saipan Island the Government of the United States will make available to the Government of the Northern Mariana Islands 133 acres (54 hectares) at no cost. This property will be set aside for public use as an American memorial park to honor the American and Marianas dead in the World War II Marianas Campaign. The $ 2 million received from the Government of the United States for the lease of this property will be placed into a trust fund, and used for the development and maintenance of the park in accordance with the Technical Agreement.

Section 804.

(a) The Government of the United States will cause all agreements between it and the Government of the Trust Territory of the Pacific Islands which grant to the Government of the United States use or other rights in real property in the Northern Mariana Islands to be terminated upon or before the effective date of

216 第五章 ミクロネシアの独り立ちと「自由連合協定」

this Section. All right, title and interest of the Government of the Trust Territory of the Pacific Islands in and to any real property with respect to which the Government of the United States enjoys such use or other rights will be transferred to the Government of the Northern Mariana Islands at the time of such termination. From the time such right, title and interest is so transferred the Government of the Northern Mariana Islands will assure the Government of the United States the continued use of the real property then actively used by the Government of the United States for civilian governmental purposes on terms comparable to those enjoyed by the Government of the United States under its arrangements with the Government of the Trust Territory of the Pacific Islands on the date of the signature of this Covenant.

(b) All facilities at Isely Field developed with federal aid and all facilities at that field usable for the landing and take-off of aircraft will be available to the United States for use by military and naval aircraft, in common with other aircraft, at all times without charge, except, if the use by military and naval aircraft shall be substantial, a reasonable share, proportional to such use, of the cost of operating and maintaining the facilities so used may be charged at a rate established by agreement between the Government of the Northern Mariana Islands and the Government of the United States.

Section 805. Except as otherwise provided in this Article, and notwithstanding the other provisions of this Covenant, or those provisions of the Constitution, treaties or laws of the United States applicable to the Northern Mariana Islands, the Government of the Northern Mariana Islands, in view of the importance of the ownership of land for the culture and traditions of the people of the Northern Mariana Islands, and in order to protect them against exploitation and to promote their economic advancement and self-sufficiency:

(a) will until twenty-five years after the termination of the Trusteeship Agreement, and may thereafter, regulate the alienation of permanent and long-term interests in real property so as to restrict the acquisition of such interests to persons of Northern Mariana Islands descent; and

資　料1　「アメリカ合衆国との政治的連合のための北マリアナ諸島連邦創設盟約」　217

(b) may regulate the extent to which a person may own or hold land which is now public land.

Section 806.

(a) The United States will continue to recognize and respect the scarcity and special importance of land in the Northern Mariana Islands. If the United States must acquire any interest in real property not transferred to it under this Covenant, it will follow the policy of seeking to acquire only the minimum area necessary to accomplish the public purpose for which the real property is required, of seeking only the minimum interest in real property necessary to support such public purpose, acquiring title only if the public purpose cannot be accomplished if a lesser interest is obtained, and of seeking first to satisfy its requirement by acquiring an interest in public rather than private real property.

(b) The United States may, upon prior written notice to the Government of the Northern Mariana Islands, acquire for public purposes in accordance with federal laws and procedures any interest in real property in the Northern Mariana Islands by purchase, lease, exchange, gift or otherwise under such terms and conditions as may be negotiated by the parties. The United States will in all cases attempt to acquire any interest in real property for public purposes by voluntary means under this Subsection before exercising the power of eminent domain. No interest in real property will be acquired unless duly authorized by the Congress of the United States and appropriations are available therefore.

(c) In the event it is not possible for the United States to obtain an interest in real property for public purposes by voluntary means, it may exercise within the Commonwealth the power of eminent domain to the same extent and in the same manner as it has and can exercise the power of eminent domain in a State of the Union. The power of eminent domain will be exercised within the Commonwealth only to the extent necessary and in compliance with applicable United States laws, and with full recognition of the due process required by the United States Constitution.

218 第五章 ミクロネシアの独り立ちと「自由連合協定」

ARTICLE IX: NORTHERN MARIANA ISLANDS REPRESENTATIVE AND CONSULTATION
[…]

ARTICLE X: APPROVAL, EFFECTIVE DATES, AND DEFINITIONS
[…]

資　料 2　「自由連合協定」（原文）

COMPACT OF FREE ASSOCIATION
TITLE THREE: SECURITY AND DEFENCE RELATIONS

Article I: Authority and Responsibility
Section 311

(a) The Government of the United States has full authority and responsibility for security and defense matters in or relating to the Marshall Islands and the Federated States of Micronesia.

(b) This authority and responsibility includes:

(1) the obligation to defend the Marshall Islands and the Federated States of Micronesia and their peoples from attack or threats thereof as the United States and its citizens are defended;

(2) the option to foreclose access to or use of the Marshall Islands and the Federated States of Micronesia by military personnel or for the military purposes of any third country; and

(3) the option to establish and use military areas and facilities in the Marshall Islands and the Federated States of Micronesia, subject to the terms of the separate agreements referred to in Sections 321 and

323.

(c) The Government of the United States confirms that it shall act in accordance with the principles of international law and the Charter of the United Nations in the exercise of this authority and responsibility.

Section 312

Subject to the terms of any agreements negotiated in accordance with Sections 321 and 323, the Government of the United States may conduct within the lands, waters and airspace of the Marshall Islands and the Federated States of Micronesia the activities and operations necessary for the exercise of its authority and responsibility under this Title.

Section 313

(a) The Governments of the Marshall Islands and the Federated States of Micronesia shall refrain from actions, which the Government of the United States determines, after appropriate consultation with those Governments, to be incompatible with its authority and responsibility for security and defense matters in or relating to the Marshall Islands and the Federated States of Micronesia.

(b) The consultations referred 11 in this Section shall be conducted expeditiously at senior levels of the Governments concerned, and the subsequent determination by the Government of the United States referred to in this Section shall be made only at senior interagency levels of the Government of the United States.

(c) The Government of the Marshall Islands or the Federated States of Micronesia shall be afforded, on an expeditious basis, An opportunity to raise its concerns with the United States Secretary of States personally and the United States Secretary of Defense personally regarding any de-

220 第五章 ミクロネシアの独り立ちと「自由連合協定」

termination made in accordance with this section.

Section 314

(a) Unless otherwise agreed, the Government of the United States shall not, in the Marshall Islands or the Federated States Micronesia:

(1) test by detonation or dispose of any nuclear weapon, nor test, dispose of, or discharge any toxic chemical or biological weapon;

(2) test, dispose of, or discharge any other radioactive, toxic chemical or biological materials in an amount or manner which would be hazardous to public health or safety.

(b) Unless otherwise agreed, other than for transit or overflight purposes or during time Of a national emergency declared by the President of the United States, a state of war declared by the Congress of the United States or as necessary to defend against an actual or impending armed attack on the United States, the Marshall Islands or the Federated State Of Micronesia, the Government of the United States shall not store in the Marshall Islands or the Federated States of Micronesia any toxic chemical weapon, nor any radioactive materials nor any toxic chemical materials intended for weapon use.

(c) Radioactive, toxic chemical, or biological materials not intended for weapons use shall not be affected by Section 314 (b).

(d) No material or substance referred to in this Section shall be stored in the Marshall Islands or the Federated States of Micronesia except in an amount and manner which would not be hazardous to public health or safety. In determining what shall Be an amount or manner which would be hazardous to public health or safety under this Section, the Govern-

資　料 2　「自由連合協定」　221

ment of the united State, Shall comply with any applicable mutual agreement, international guidelines accepted by the Government of the United states, and the laws of the United States and their implementing regulations.

(e) Any exercise of the exemption authority set forth in Section 161 (e) shall have no effect on the obligations of the Government of the United States under this Section or on the　application of this subsection

(f) (The provisions of this Section shall apply in the areas in which the Government of the Marshall Islands or the Federated States of Micronesia exercises jurisdiction over the living resources of the seabed, subsoil or water column adjacent to its coasts.

Section 315

The Government of the United States may invite members of the armed forces of other countries to use military areas and facilities in the Marshall Islands or the Federated States of Micronesia, in conjunction with and under the control of United States Armed Forces. Use by units of the armed forces of other countries of such military areas and facilities, other than for transit and overflight purposes, shall be subject to consultation with and, in the case of major units, approval by the Government of the Marshall Islands or the Federated States of Micronesia.

Article II: Defense Facilities and Operating Rights
Section 321

(a) Specific arrangements for the establishment and use by the Government of the United States of military areas and facilities in the Marshall Islands or the Federated States of Micronesia are set forth in separate agreements which shall come into effect simultaneously with this Compact.

(b) If, in the exercise of its authority and responsibility under this Title, the

222   第五章　ミクロネシアの独り立ちと「自由連合協定」

Government of the United States requires the use of areas within the Marshall Islands or the Federated States of Micronesia in addition to those for which specific arrangements are concluded pursuant to Section.321 (a), it may request the Government concerned to satisfy those requirements through leases or other arrangements. The Government of the Marshall Islands or the Federated States of Micronesia shall sympathetically consider any such request and shall establish suitable procedures to discuss it with and provide a prompt response to the Government of the United States.

(c) The Government of the United States recognizes and respects the scarcity and special importance of land in the Marshall Islands and the Federated States of Micronesia. In making any requests pursuant to Section 321 (b), the Government of the United States shall follow the policy of requesting the minimum area necessary to accomplish the required security and defense purpose, of requesting only the minimum interest in real property necessary to support such purpose, and of requesting first to satisfy its requirement through public real property, where available, rather than through private real property.

Section 322

The Government of the United States shall provide and maintain fixed and floating aids to navigation in the Marshall Islands and the Federated States of Micronesia at least to the extent necessary for the exercise of its authority and responsibility under this Title.

Section 323

The military operating rights of the Government of the United States and the legal status and contractual arrangements of the United States Armed Forces, their members, and associated civilians, while present in the Marshall Islands or the Federated States of Micronesia, are set forth in separate agreements which

資　料 2　「自由連合協定」　　223

shall come into effect simultaneously with this Compact.[128]

COMPACT OF FREE ASSOCIATION

TITILE ONE: GOVERNMENTAL RELATIONS

Article II: Foreign Affairs
Section 122

The Government of the United States shall support applications by the Governments of the Marshall Islands and the Federated States of Micronesia for membership or other participation in regional or international organizations as may be mutually agreed. The Government of the United States agrees to accept for training and instruction of the Foreign Service Institute, established under 22 U.S.C. 4021, citizens of the Marshall Islands and the Federated States of Micronesia. The qualifications of candidates for such training and instruction and all other terms and conditions of participation by citizens of the Marshall Islands and the Federated States of Micronesia in Foreign Service Institute programs shall be as mutually agreed between the Government of the United States and the Governments of the Marshall Islands and the Federated States of Micronesia.

Section 123

(a) In recognition of the authority and responsibility of the Government of the United States under Title Three, the Governments of the Marshall Islands and the Federated States of Micronesia shall consult, in the conduct of their foreign affairs, with the Government of the United States.

(b) In recognition of the respective foreign affairs capacities of the Governments of the Marshall Islands and the Federated States of Micronesia, the Government of the United States, in the conduct of its foreign affairs, shall consult with the Government of the Marshall Islands or the Federated States of Micronesia on

---

128　Legal Information System of the Federated States of Micronesia (2008), Compact of Free Association, http://www.fsmlaw.org/compact/index.htm, 12th December 2007.

matters which the Government of the United States regards as relating to or affecting any such Government.

Article VI: Environmental Protection
Section 161

The Governments of the United States, the Marshall Islands and the Federated States of Micronesia declare that it is their policy to promote efforts to prevent or eliminate damage to the environment and biosphere and to enrich understanding of the natural resources of the Marshall Islands and the Federated States of Micronesia. In order to carry out this Policy, the Government of the United States and the Governments of the Marshall Islands and the Federated States of Micronesia agree to the following mutual and reciprocal undertakings.

(a) The Government of the United States:

(1) shall continue to apply the environmental controls in effect on the day preceding the effective date of this Compact to those of its continuing activities subject to Section 161 (a) (2), unless and until those controls are modified under Sections 161 (a) (3) and 161 (a) (4);

(2) shall apply the National Environmental Policy Act of 1969, 83 Stat. 852, 42 U. S.C. 4321 et seq., to its activities under the Compact and its related agreements as if the Marshall Islands and the Federated States of Micronesia were the United States;

(3) shall comply also, in the conduct of any activity requiring the preparation of an Environmental Impact Statement under Section 161 (a) (2), with standards substantively similar to those required by the following laws of the United States, taking into account the particular environments of the Marshall Islands and the Federated States of Micronesia: the Endangered Species Act of 1973, 87 Star. 884, 16 U.S.C. 1531 et seq.; the Clean Air Act, 77 Stat. 392, 42 U.S.C. Supp. 7401 et seq ; the Clean Water Act (Federal Water Pollution Control Act), 86 Stat. 89' 33 U.S.C.

資　料2　「自由連合協定」　225

1251 et seq ; the Ocean Dumping Act (Title I of the Marine Protection, Research and Sanctuaries Act of 1972), 86 Stat. 1053, 33 U.S.C. 1411 et seq.; the Toxic Substances Control Act, 90 Stat. 2003, 15 U.S.C. 2601 et seq.; the Resources Conservation and Recovery Act of 1976, 90 Stat. 2796, 42 U.S.C. 6901 et seq ; and such other environmental protection laws of the United States is may be mutually agreed from time to time with the Government of the Marshall Islands or the Federated States of Micronesia; and

(4) shall develop, prior to conducting any activity requiring the preparation of an Environmental Impact Statement under Section 161 (a) (2), appropriate mechanisms, including regulations or other judicially reviewable standards and procedures, to regulate its activities governed by Section 161 (a) (3) in the Marshall Islands and the Federated States of Micronesia in a manner appropriate to the special governmental relationship set forth in this Compact. The agencies of the Government of the United States designated by law to administer the laws set forth in Section 161 (a) (3) shall participate as appropriate in the development of any regulation, standard or procedure under this Section, and the Government of the United States shall provide the affected Government of the Marshall Islands or the Federated States of Micronesia with the opportunity to comment during such development.

(b) The Governments of the Marshall Islands and the Federated States of Micronesia shall develop standards and procedures to protect their environments. As a reciprocal obligation to the undertakings of the Government of the United States under this Article, the Governments of the Marshall Islands and the Federated States of Micronesia, taking into account their particular environments, shall develop standards for environmental protection substantively similar to those required of the Government of the United States by Section 161 (a) (3) prior to their conducting activities in the Marshall Islands and the Federated States of Micronesia, respectively, substantively equivalent to activities conducted there by the Government of the United States and, as a further reciprocal obligation, shall

226   第五章　ミクロネシアの独り立ちと「自由連合協定」

enforce those standards.

(c) Section 161 (a), including any standard or procedure applicable thereunder, and Section 161 (b) may be modified or superseded in whole or in part by agreement of the Government of the United States and the Government of the Marshall Islands or the Federated States of Micronesia.

(d) In the event that an Environmental Impact Statement is no longer required under the laws of the United States for major federal actions significantly affecting the quality of the human environment, the regulatory regime established under Sections 161 (a) (3) and 161 (a) (4) shall continue to apply to such activities of the Government of the United States until amended by mutual agreement.

(e) The President of the United States may exempt any of the activities of the Government of the United States under this Compact and its related agreements from any environmental standard or procedure which may be applicable under Sections 161 (a) (3) and 161 (a) (4) if the President determines it to be in the paramount interest of the Government of the United States to do so, consistent with Title Three of this Compact and the obligations of the Government of the United States under international law. Prior to any decision pursuant to this subsection, the views of the affected Government of the Marshall Islands or the Federated States of Micronesia shall be sought and considered to the extent practicable. If the President grants such an exemption, to the extent practicable, a report with his reasons for granting such exemption shall be given promptly to the affected Government.

(f) The laws of the United States referred to in Section 161 (a) (3) shall apply to the activities of the Government of the United States under this Compact and its related agreements only to the extent provided for in this Section.[129]

---

129 Legal Information System of the Federated States of Micronesia (2008), Compact of Free Association, http://www.fsmlaw.org/compact/index.htm, 12th December 2007.

アメリカ－北マリアナ諸島連邦関係
盟約締結後の４半世紀
——むすびにかえて——

一　アメリカが北マリアナ諸島連邦に与えた特権

　1975年３月、ジェラルド・フォード（Gerald Ford）大統領が「アメリカ合衆国との政治的提携の北マリアナ諸島連邦創設のための盟約」（THE COVENANT TO ESTABLISH A COMMONWEALTH OF THE NORTHERN MARIANA ISLANDS IN POLITICAL UNION WITH THE UNITED STATES OF AMERICA）（以降「北マリアナ諸島連邦創設の盟約」とする）に署名した後、トーマス・クルップ（Thomas Kleppe）内務長官は、長官令2989号を発令し、北マリアナ諸島の法体系を整えるよう指示をした。1976年２月、アメリカ上院は「北マリアナ諸島連邦創設の盟約」を批准。北マリアナ諸島連邦を、アメリカの自治領とし Commonwealth of the Northern Mariana Islands とする。同年４月には、駐在武官としてアーウィン・カンハム（Erwin Canham）を任命した。ウィリアムズ特別全権ミクロネシア大使が、すべての権限が高等弁務官から駐在弁務官に移行されることを望んでいたためである。ウィリアムズ大使自身は、1977年にアジア財団のトップに就任することが決まっていた。「北マリアナ諸島連邦創設の盟約」締結に大きく貢献した北マリアナ諸島側の代表者パンエーリナンは、ワシントン D.C. で議会とのパイプ役としてワシントン駐在代表をつとめることになった。

　1977年には北マリアナ諸島連邦憲法制定議会が招集された。間もなく憲法が起草され、住民投票によって承認された。この憲法は翌1978年１月に発布され、自治政府が正式に発足することになった。４年ごとに選挙で選出される初代知事には、カルロス・カマチョが就任した。議会は二院制で、議員の任期は２年とした。上院議員は９名、下院議員は14名選出された。下院議会の初代議長には、オスカー・ラサが就任した。ラサは、1975年に締結された「北マリアナ諸島連邦創設の盟約」の署名を拒否した政体交渉会談の委員の一人であった。アメリカ議会

での投票権が与えられなかった北マリアナ諸島側は、後にアメリカに対し、せめてマリアナからの代表を議会に送らせて欲しいと要請するようになる（この要求は、2009年に実現する）。

　しかし、1980年代に入っても、アメリカ議会の関心が、北マリアナ諸島連邦に向けられることはなかった。その理由は、「北マリアナ諸島連邦創設の盟約」が締結され5年経った段階で未だ、"commonwealth＝連邦"という「立場」の定義について、アメリカ議会内で統一見解を生み出せていなかった事実にみることができる。当時アメリカの議員たちが認識していた「連邦体制」とは、イギリスと元植民地との関係をあらわすウェストミンスター憲章にみられるものであった。しかし、北マリアナ諸島連邦は、イギリスの元植民地のように独立は果たしておらず又アメリカの自治領であったため、「連邦体制」というには不十分であった。北マリアナ諸島連邦の将来的独立を見越してなのか、理由はどうであれ、北マリアナ諸島との関係に「連邦」という名前を使ってしまったが為に、かえってアメリカの北マリアナ諸島連邦に対する態度が曖昧になっていたことは、大変興味深い。領土問題に関する法律家であるアーノルド・レボウィッツ（Arnold Leibowitz）は「北マリアナ諸島連邦創設の盟約」について、「アメリカ政府が、こんなにはっきりと譲歩して同意したのは初めてのことであろう[1]」と分析した。そして「法的なあいまいさを残したのだ[2]」とも指摘した。例えば、この時期アメリカは、北マリアナ諸島南端のグアム島についても「現存する地域的な合衆国との関係[3]」という、きわめて曖昧な表現を使っている。

　ウィレンス（H・P・Willens）は「アメリカ政府側で、ミクロネシア地域の特殊性を理解する議員はわずかであったことや、北マリアナ諸島を構成する島々の中においても、政治的認識度や経済的発展度がばらばらであったことが、連邦としてのアメリカ自治領という『不明確』な立場を長く引きずらせることになった[4]」と述べている。逆に言えば、もし北マリアナ諸島連邦に、アメリカにとって有利な海洋資源か、あるいは早急に軍事基地を拡大させる必要性があれば、最初の10

1　Willens, H.P., Siemer, D.C.（2002）*An Honourable Accord――The Covenant between the Northern Mariana Islands and the United States*, University of Hawaii Press, Hawaii, p. 356
2　Willens, op cit., p. 356
3　Willens, op cit., p. 356
4　Willens, op cit., p. 357

年でアメリカ政府は北マリアナ諸島連邦との関係について明確な立場を主張し、双方の関係性の定義もはっきりと示していたであろう。

アメリカ側が描いた北マリアナ諸島連邦の将来像は、「アメリカからの経済援助を有効に使えば、独自の産業が育つ」というもので、独自の産業の発展は、ある程度は自給自足経済を促進できてマリアナ諸島連邦への経済援助増大の防止にもなると考えたのであった。安全保障上重要な拠点である島々が、初期投資だけであとは費用がさほどかからないとなれば、アメリカにとっては、好都合だからである。

「北マリアナ諸島連邦創設の盟約」においてアメリカは、北マリアナ諸島連邦に対し、当面の間、税制と出入国管理に関して独自に執り行うこと、また労働賃金においても、アメリカ合衆国の最低賃金を北マリアナ諸島連邦に適用しなくても良いとした。これは、フィリピンを始めとするアジアの国々からの労働者の流入と旅行者の増加が、北マリアナ諸島連邦の経済発展に役立つと考えた為である。それでも1978年から1985年迄のアメリカ政府からマリアナ政府への経済援助は、192000000ドル（当時の円で約46000000000円）に及んだ。

このあいまいな関係の中で、北マリアナ諸島連邦のサイパン島では衣類の縫製業と観光業が成長していったのは、1983年以降である。

1986年11月3日北マリアナ諸島連邦は、正式にアメリカの自治領となり、住民はアメリカ国籍を取得。マーシャル諸島共和国、ミクロネシア連邦、パラオ共和国（パラオ共和国は1994年独立）の3つの独立国と1つの自治領が誕生したのだった。その4年後1990年12月22日の国際連合の安全保障理事会で、アメリカの対ミクロネシア信託統治は終了することが決定された。

北マリアナ諸島連邦は発展した。1983年以降1999年迄に、縫製業の発展により35以上もの衣類関連企業ができた。この業界だけでも新たに16000名の働き手が必要となり、これに伴いサイパン島では、地元住民の約4分の1にあたる、11000名が観光業と縫製業に職を得た。さらに約33000名の外国人労働者もサイパン島に流入してきた。観光業と縫製業が北マリアナ諸島連邦の経済活動の85％を担うようになった[5]。

1978年から1997年の約20年間で、北マリアナ諸島連邦の総所得額は4800％

5　Willens, op cit., p. 360

（5000000ドルから248000000ドル）増大した。更に人口も1980年に16780人だったものが、1990年迄の10年間で43345人に増え、1997年には63000人となった[6]。

　しかし経済活動に活況を呈し続けられたのは、サイパン島のみであった。ロタ島では、1995年にゴルフリゾートがオープンし、テニアン島では、カジノホテルがオープンしたものの、島全体の経済活動への発展にはつながらなかった。このため、テニアン島とロタ島の内部で経済的恩恵をこうむれないことに対する不満が生じる結果となった。ミクロネシアの発展と衰退は、1980年代後半から1990年代にかけてのアメリカの外交政策に照らしてみることで、その原因が明白になる。

　アメリカ政府の対ミクロネシア政策の曖昧さは、アメリカ政府内でも問題となった。1975年にニクソン大統領の懇意であったウィリアムズ大統領顧問特別全権ミクロネシア担当大使が、アメリカ側に有利な「北マリアナ諸島連邦創設の盟約」の締結に貢献した後は、ミクロネシア地域に対する権限は、自動的に大使から内務省の高等弁護官という役職に移行したはずであった。しかし、ミクロネシア担当大使というポジションがその後も引き継がれていってしまったため、ミクロネシア地域に対する権限が二元化する事態が起こり、両者に対する不満が募っていた。この双方の不協和音を解消するため、カーター政権は1977年、全ミクロネシア地域の権限を、内務省に一元化することを明示した。「北マリアナ諸島連邦創設の盟約」には、内務省の詳しい役割は記されてはいなかったものの、以降内務省は、北マリアナ諸島連邦への経済授助の関係から、マリアナ政府を監査する立場となったのである。

　さらにロナルド・レーガン大統領は、1986年11月3日、「北マリアナ諸島連邦を、内務省の管轄下に置く[7]」という内容の大統領令を出した。それ迄も北マリアナ諸島連邦の予算の監査に内務省があたっていたことに不満をもっていたマリアナ政府は、レーガン大統領の大統領令をきっかけにアメリカ政府に対し、北マリアナ諸島連邦の政治的地位を再定義するよう働きだした。

　マリアナ政府の主張は「アメリカ側が、マリアナ政府の権限を制限しているのはおかしい。両者の関係はあく迄自由な連合である」というもので、これに対し

6　Willens, op cit., p. 361
7　Willens, op cit., p. 368

アメリカ政府は「マリアナ政府の主張は受け入れられるものではなく、アメリカ政府は北マリアナ諸島連邦に対しての統治権が認められている上に、法律を制定する権限ももっている[8]」と反論した。両者の主張は平行線のままであったが、1992年にマリアナ政府が出した「内務省の監査は不当である」と訴えた民事訴訟において、アメリカ側の司法省は、訴訟を棄却した。このような事態にあっても、アメリカは"commonwealth"という関係を明確にしなかった[9]。

こればかりではない。例えば「自治」の定義についても、あるいは海洋資源の管理権についても両者間でのすりあわせをしようとしなかった。1995年のアメリカの人口調査で北マリアナ諸島連邦の住民の半分がアメリカの市民権をもっていないことが明らかになった。さらにその半分が非居住者であることも判明した。すなわち、1980年代半ばから発展を続けてきた縫製業と観光業が、原住民ではなく外国人労働者によって支えられてきていたということが明らかになったのである。

「北マリアナ諸島連邦創設の盟約」を締結した際、アメリカ政府とマリアナ地区の代表は、北マリアナ諸島連邦の代表がアメリカ議会に席を得ることや、アメリカ大統領選挙に投票権をもつなどの政治参加については言及しなかった。しかし一方で先にも述べたが、アメリカ政府は、北マリアナ諸島連邦の経済発展を促すために、第5条で、当分の間独自の出入間管理を認める。とし、第6条で、アメリカ合衆国の関税適用地域に北マリアナ諸島は含まないこととした（全ての原文は巻末に収録済み）(PL94-241)。後に「連邦」という体制についても真剣に検討しようとはしないアメリカ政府の態度をみると、この「北マリアナ諸島連邦創設の盟約」は、アメリカ政府のパフォーマンス的取り決めであった可能性は否定できない。その中で両者にとって重要だと思われる点をあげてみる。

・第1条では「アメリカ合衆国は北マリアナ諸島連邦の外交と安全保障の責任を有するものとする」
・第2条では「北マリアナ諸島連邦は憲法をもつ」
・第3条では「北マリアナ諸島連邦の住民はアメリカの市民権と国籍をも

---

8 Willens, op cit., p. 369
9 Willens, op cit., p. 369

つ」

- ・第 4 条では「北マリアナ諸島連邦の司法権は、アメリカ合衆国の司法権の下に置かれる」
- ・第 5 条では「労働者の就労条件及び賃金についてはマリアナ政府が決定できる。また出入国の管理については、マリアナ政府が管理する」
- ・第 6 条では「北マリアナ諸島連邦にはアメリカ合衆国の関税が適用されない」
- ・第 7 条では「アメリカ合衆国はマリアナ政府に対して政治活動費、インフラ整備のための費用、経済発展のための費用を援助し続ける」
- ・第 8 条では「マリアナ政府は、サイパン島、テニアン島を始めとするいくつかの不動産をアメリカ政府にリースする」[10]

これらのうち、マリアナ政府側にとって経済発展のために重要なのが、第 5 条と第 6 条であった。アメリカ本土にあわせた最低賃金を払うことになれば、相当の負担になってしまうからである。

事実「労働者の就労条件と賃金はマリアナ政府側できめてよい」という内容は、フィリピンを主とするアジアの国々からの低賃金労働者の就労を可能にし、縫製業と観光業の発展につながったのだった。

しかし良い点ばかりではなかった。マリアナ政府に独自の出入国の管理をゆるしたため、不法移民が数多く入国する結果となり、労働条件の劣悪さが表面化するようになった。

ビル・クリントン（William Clinton）大統領は1997年 5 月30日、北マリアナ諸島連邦における移民と労働賃金の問題について、アメリカ政府が対処していくことを表明した。これを受けて1998年 3 月、上院エネルギー資源委員会は次のような見解を示した。

北マリアナ諸島連邦の労働状態はきわめて悪い。マリアナ政府に北マリアナ諸島連邦はアメリカ合衆国の一部であって、合衆国連邦法の下にあるということを忘れないでほしいと勧告する。アメリカ合衆国の不法移民取締法、児童労働法、人権法を適用すべきである。そればかりではない。労働条件や労働時間、あるいは女性やマイノリ

10　Willens, op cit., pp. 382-87

ティの労働についても同様である。なぜならこれらのことについての法律が恒常的に破られていて施行されていないからである。現在のマリアナ自治政府の管理能力には疑問を呈する。[11]

漸くアメリカの北マリアナ諸島連邦への関心が高まったかのようにみえたクリントン大統領の表明であったが、1999年になり、アメリカ政府内で不法移民のことが話題になっていると聞きつけた北マリアナ諸島連邦の労働者達が一時的に島を離れた。すると、この問題は立ち消えになったのである。北マリアナ諸島連邦の外国人労働者の数が約20%削減されたことを受けて、同年北マリアナ諸島連邦を訪問したアメリカ超党派の議員達が「北マリアナ諸島の縫製業での、労働問題や安全性の不備の問題はもはや見当たらない[12]」と報告したためである。この報告が、不法移民問題解決の「裏付け」となった。実際は、住民の3倍もの数の外国人労働者が生活する北マリアナ諸島連邦で、アメリカ市民権をもたない外国人労働者が数十パーセント減ったというだけのことで、アメリカと北マリアナ諸島連邦との曖昧な関係の改善をしようという動きに繋がることはなかった。2000年のアメリカ政府による人口統計によると、北マリアナ諸島の人口はサイパン島に62392人、テニアン島に3540人、ロタ島に3283人で、この3島にほぼすべての住民が居住している[13]。しかし、その内40000人近くが、外国人労働者であった。クリントン大統領が懸念を表明した労働者問題は、アメリカ政府下院の起党派議員団の訪問とその後の報告書によって、あたかも問題はなくなったかのように扱われたのだった。このようにたった一度のアメリカ超党派議員団の訪問によって、すべてが解決したかのように扱われた事実は、アメリカ政府の北マリアナ諸島連邦に対する関心の薄さを表しているといっても過言ではない。しかし2001年9・11テロをきっかけにその様相が変化する。

二　ブッシュと2001年9.11テロ

「北マリアナ諸島連邦創設の盟約」締結後の労働者問題は、アメリカ・北マリ

11　Willens, op cit., p. 373
12　Willens, op cit., p. 374
13　加藤めぐみ、石川栄吉、小林泉（監修）『オセアニアを知る事典』　平凡社　2010年　390頁

アナ諸島連邦関係、いや、アメリカ・ミクロネシア関係をとても良く象徴している
といえよう。つまり、何か問題が突出してこない限り、アメリカはさしたる関
心を示さないという極めて冷めた関係である。このアメリカのほぼ無関心ともい
える態度の根底には、彼等がミクロネシア地域に対して多大な財政援助をしてい
るという安心感と優越感があったことは間違いない。

　北マリアナ諸島連邦では、常に大国に利用されてきた歴史の中でも、アメリカ
との関係は画期的であったといえるだろう。先に述べたように、縫製業と観光業
で大きな発展を遂げたのである。1980年に117149人だった観光客は、ピークの
1996年には736117人に迄達した[14]。サイパン島にしてもロタ島にしてもテニアン
島にしても、使用通貨はドルであるから、リトルハワイを味わいたい日本を始め
とするアジアからの観光客が多く訪れたのであった。

　しかし2001年9・11テロをきっかけに、縫製業も観光業も著しく衰退した。そ
の理由は、ジョージ・W・ブッシュ（George W. Bush）大統領が、この時から外
交の軸を「テロとの戦い」に置いたためである。ブッシュは、2001年9月にアフ
ガニスタン侵攻、2003年5月にイラク戦争など、なりふり構わず対テロ対策を行
う中、ミクロネシア政策にも着手し、特に自治領については具体的に動いた。

　アメリカは、自国アメリカ本土への安全保障対策から、北マリアナ諸島連邦に
許していた出入国管理権を取り上げ、アメリカ連邦政府の厳格な出入国管理法を
適用させることにした。2007年6月、アメリカ政府は出入国管理の権利について
マリアナ政府と協議を開始。同時に最低賃金についてもスライド式に上昇させ、
2016年には、アメリカと同じく7.25ドルとすることを承諾させた。2008年4月
には、マリアナ政府発行の労働ビザは無効となり、2009年11月より正式にサイパ
ン国際空港での出入国管理もマリアナ政府の管理下から離れることになった。国
際空港出入国、並びに北マリアナ諸島連邦の移民および労働の管理権を、アメリ
カ連邦議会及び政府の管轄下に置くこととしたためである。これらにより、北マ
リアナ諸島連邦独自の発展への道は、ふさがれたと言っても過言ではなかった。

　また2008年4月には、アメリカ連邦議会が北マリアナ諸島連邦の移民および労
働の管理権を連邦の管轄下に置くこととした。マリアナ政府発行の労働ビザは無
効となった。これで北マリアナ諸島連邦が、独自に発展をとげられる道はふさが

14　小林泉（監修）同上書　390頁

二　ブッシュと 2001 年 9. 11 テロ　　235

れたといっても過言ではない。

　実に、 9・11 テロ勃発は、北マリアナ諸島連邦をはじめとするアメリカの対ミ
クロネシア政策を再考するきっかけとなった。「安全保障上重要な地域」として
の北マリアナ諸島が再びクローズアップされたのである。2009 年 1 月 6 日ブッ
シュは、北マリアナ諸島連邦及びグアム島を含む 15 の島々が連なる 480 海里の海
域をアメリカ政府が所有し、管理することを宣言した。このことの意味は非常に
大きい。曖昧にしていた海洋資源についても、はっきりとマリアナ政府の管轄で
はないこと、そして、それ迄マリアナ政府の裁量としていた事柄も、国家の安全
保障上必要と判断すれば変更することを明らかにしたのである。そしてこれらの
対ミクロネシア政策は、アメリカ大統領としてのブッシュの最後の大きな仕事で
あったといえる。（原文は、巻末に資料としてのせる）（news/release/2009/01/
20090106-2.html）

　ブッシュ政権が対ミクロネシア政策をどう変えていくつもりなのかが見て取れ
る部分をあげると下記の通りとなる。

アメリカ合衆国大統領宣言
マリアナ海溝海洋国家記念物の設定

マリアナ海溝海洋国家記念物、太平洋遠隔島嶼海洋国家記念物及びローズ礁海洋国家
記念物の指定に際しての大統領声明

マリアナ諸島は、約 480 海里にわたる合衆国領北マリアナ諸島連邦の 14 の島々、そし
て、マリアナ火山列として知られる海嶺の頂点に位置する合衆国領グアム島を含む。
マリアナ諸島にある 6 つの島々は、歴史的に火山活動が活発である、特にマリアナ海
嶺に添う多くの海山が火山または熱水の活動が盛んである。マリアナ海溝はおよそ、
長さ 940 海里、幅 38 海里で、合衆国の排他的経済水域にあり、世界の最深地点があるこ
とで知られる。

諸島北部の礁は、実質的に、南部やグアムより多くの大魚類生体量を有する。ウラカ
ス、モーグ、アスンシオンの水域は、マリアナ諸島における最大の珊瑚礁魚類の生体
量を維持する。これらの比較的汚損の少ない珊瑚礁生態系は、科学的関心の対象であ
り、熱帯海洋生態系の長期的研究にとって不可欠である。

マリアナ海嶺の島嶼、地域、上空は、合衆国の国家安全保障にとって特に重要であ

る。「遺物保存法」－1906年6月8日法第2節（34 stat. 225, 16 U.S.C.431）は、大統領に、その裁量で、合衆国政府の所有又は支配の下にある土地に位置する史跡、歴史的構築物、先史時代の構築物及び他の歴史的及び科学的関心の対象を公式宣言により国家記念物であると宣言し、常に保護されるべき対象物の適正な監視及び管理に適した最小範囲を保存する権限を与えている。

「マリアナ海溝海洋国家記念物」の管理については、商務長官と内務長官が、法的な権限に従い、国防長官と協議して行う。

商務長官と内務長官は、この宣言の日から3ヶ月以内に、マリアナ記念物諮問会議を設置する。諮問会議は、マリアナ政府職員3名及び国防省及び沿岸警備隊の代表で構成される。任期は3年とする。

この宣言による禁止事項は、それが国家安全保障や法執行活動の妨げとなる場合には適用されないものとする。軍の活動や沿岸警備隊を含む演習も同様である。この宣言による規制は、軍関係省へ制限や影響を及ぼすことはない。さらに加えて既存の留保、保留、占有を破棄するものではない。

ここに私、合衆国大統領ジョージ・ブッシュは「遺物保存法」に付与された権限により、ここにマリアナ海溝海洋国家記念物を区画する。対象物を保護するために「マリアナ海溝海洋国家記念物」と地図に示される境界内の、合衆国政府により所有されている土地及び土地権益を保留することを宣言するものである。

以上の内容を持って、2009年（米国独立223年）1月6日に、署名を行う。　George W.Bush

ブッシュは「アメリカ合衆国大統領宣言」という形をとって、ミクロネシア地域を、アメリカの安全保障上重要な海域であるとし、さらに踏み込む姿勢をとった。一見科学的見地からマリアナ海溝の重要性を強調しているようにも見えるが、内実は、アメリカ政府の安全保障政策上重要なのであり、利用したいがためであった。実際、諮問委員会のメンバーには、国防省の関係者も加わっている。しかし一方で、北マリアナ諸島連邦から選出された議員が、アメリカ連邦下院議会に参加することが、認められた（しかし投票権は与えられなかった）。大統領宣言あるいは出入国管理のアメリカ政府への移管などによって、目に見えてマリアナ政府の裁量が小さくなっていく現状のガス抜きであったことは言うまでもない。

ブッシュ政権下で、実質上マリアナ政府は完全にアメリカ合衆国政府の一部となるような路線が敷かれたのであった。

三 バラク・オバマの8年間とミクロネシア

2009年に「Change」を訴えてアメリカ合衆国大統領に就任したオバマ（Barack Obama）は、ジョン・F・ケネディ大統領に続く2人目のWASPではない大統領であった。しかしながら、ケネディのように側近にキラ星のごとく精鋭を集めての出発ではなかった。それだけに議会工作の難しさは実感していたのであろうか、外交政策については外地でアドバルーンをあげて世界の声を味方にして国内に持ち込むという方法をとった。「核のない世界の実現」と「テロとの戦いの終焉」である。

核のない世界など実現にはどんな困難がともなうのか、いや、実現は不可能なことは充分に分かってはいたものの、それを目指すことの意義はあると考えていたのだろう。たて続けに核実験を実施した北朝鮮に対しては2009年と2013年の実験も含めて2016年に遺憾の表明はしている。しかしながら、北朝鮮の核保有に関して何らかの行動をとることはしていない。オバマ政権の核政策に詳しい川上高司は「オバマ大統領は核に対して不拡散もしくは核軍縮を行うが『核のない世界』に向かう迄の間『核のある世界』とも向き合うという『主導しヘッジする』という核政策を打ち出している[15]」と述べている。

テロとの戦いについては、シリアのアサド大統領が、シリア政府、反政府勢力、テロ組織ISの三つどもえの戦いでサリンを使用した事についての演説で「これを容認してはならない。〜アサド体制による化学兵器の使用に対して限定的な軍事攻撃で対応しなければならない[16]」と述べながらも「私は世界最古の立憲民主主義国家の大統領でもある。私は軍事行動を命令する権限をもつが、われわれに対する直接ないし差し迫った脅威が存在しない状況では、この討論を議会に持ち込むことは正しいことであると信じる[17]」と、判断は議会にゆだねること

---

15 川上高司 「オバマ政権を振り返る」『海外事情』 2016年3月号 4頁
16 The White House, President Obama Addresses the Nation on Syria on September 10, 2013: https://www.whitehouse.gov/photos-and-video/video/2013/09/10/president-obama-addresses-nation-syria

にした。さらに「アメリカは世界の警察官ではない。地球のいたるところで忌ま
わしいことが起きているが、それらすべてを正すことはできない[18]」と迄言い
切ったのである。

「アメリカは世界の警察官ではない」という発言は、2016年1月12日の一般教
書演説でもくり返している。

アメリカ政治の研究で知られる久保文明は「歴代大統領を振り返っても、ビ
ル・クリントン、ジョージ・H・W・ブッシュ、ロナルド・レーガン、ジミー・
カーターも同じ内容の発言をしてきた。ただし歴代大統領はいずれも実質的には
『世界の警察官』的外交政策を実行してきた[19]」と言い「世界の警察官放棄発言
だけで、オバマ外交を内向き志向と断定することは適当ではない。しかし外交に
関する評価という点では、国内政策優先の基本的態度と、地上軍を派遣しない方
針を紛争の初期に公言してしまう方針などについては、批判の余地があろう[20]」
と長期的視野で外交に取り組まなかったことを憂慮している。声高に、自らくり
返して覇権国家の座を降りることを表明し続けたのが、オバマ大統領であった。

そのようなオバマであったから、ミクロネシア政策に関心を持つこともほとん
どなかった。オバマが大統領になってからのミクロネシア地域に関しての新たな
動きといえば、ブッシュ大統領のもとで2009年6月1日から北マリアナ諸島連邦
への入国管理基準をアメリカ本土と同じにするはずであったが、マリアナ政府か
らの強い要請によりアメリカ本土安全保障局に3か月間延期させたことくらいで
あった。

ミクロネシア地域の北マリアナ諸島連邦は、オバマ政権の2009年11月28日、前
段で述べたように自治領として特別待遇だった出入国管理権をアメリカ政府にも
どし、最低賃金設定額も2010年には、5.55ドルと約2倍にした。しかしそれは、
オバマの決断ではなく、前ブッシュ政権下での決定事項が実施されたにすぎな
かった。オバマが、ミクロネシア地域を含めた太平洋諸島の国々の代表者が集ま
る Senior Official Meeting（俗称SOM）に、アメリカからの代表を送らなかった
ことからも、彼にとりアメリカ外交政策においてのミクロネシア政策ひいては太

17　The White House, op cit., September 10, 2013
18　The White House, op cit., September 10, 2013
19　久保文明　「8年目のオバマ外交」『国際問題』No. 653　11頁
20　久保文明　同上論文　11頁

平洋の重要性が殆どなかったことが分かる。

　第二次世界大戦後、アメリカ政府は大いに努力をしてミクロネシア地域全体を植民地と同様に扱える「戦略地区信託統治地域」にした。これらの地域は、マーシャル諸島共和国、ミクロネシア連邦、パラオ共和国として独立はしたものの、アメリカとはそれぞれの「自由連合協定」を締結している。赤道より北側の安全保障政策をコントロールできるようにしたのだ。特にアメリカは、太平洋上最も戦略的価値のあるサイパン・テニアン、そしてロタ島を北マリアナ諸島連邦として、アメリカの一部に留めることに成功した。北マリアナ諸島連邦の側からの要望ではあったものの、アメリカ側からの多大な経済援助の申し出が「アメリカに残りたい」と言わせしめたのだった。

　「北マリアナ諸島連邦創設の盟約」締結後についていえば、北マリアナ諸島の政治事情に詳しい先出のウィレンスは「マリアナの人々の要求を取り入れながらも経済も発展させていき、かつ自治も拡大させていかなければならない難しさが明らかになった25年間であった[21]」と分析し、さらに2001年の9・11テロをきっかけに出入国管理権と最低賃金の設定権という特権がなくなってはいるものの「おおむね、北マリアナ連邦の人々は自分達がとった選択に満足をしているものと思われる[22]」と述べている。

　この点については、2012年7月11日、ヴィンセント・サントス（Vincente N. Santos）に独自にインタビューを実施し、確認した[23]。サントスはジョンソン政権がミクロネシア議会を発足させた際のマリアナ地区の代表者の一人で、政治地位交渉の際、サイパンの代表であったパンエーリナンの右腕をつとめた人物である。彼はインタビューの中で「自分達の選択は間違っていなかった」とはっきり述べている。

　　1960年代のマリアナ地区は、それは貧しかった。働いても働いてもわずかな賃金しか得ることができなかった。そんな中自分は、教育プログラムで選ばれて、グアム島で勉強できることになった。グアムに行ってみてとにかく驚いた。豊かだったのだ。サイパンからほんのわずかの距離にある島なのに、アメリカ領というだけで、こんなに豊かなのか。アメリカの一部になりたいと切に思った。

21　Howard, op cit., p. 375
22　Howard, op cit., p. 376
23　2012年7月11日　サイパン島の北マリアナ政府庁舎でサントス氏とのインタビューを行った。

そしてさらに、

> 今のサイパンは問題がある。援助にばかり頼ってしまって生活水準は上がったものの、自分の足で立つ力が弱くなってしまっている。しかし全く希望がないわけではない。農業に活路を見出せると思う。雨が多い独特の気候で、良質のグアバ、西瓜などの果物ができるからである。ただ、どうやってそれを上手く市場に出していくかがわからない。マーケティングのプロが育っていないことが大きな問題だ

と現状を分析している。約40年前、アメリカに留まることの意義をマリアナ地区の住民に訴えた元政治指導者の発言である。内容は重い。

　アメリカの対北マリアナ諸島政策は、結果的にアメリカの思惑通りに進行したといえるだろう。特に2001年の9・11テロは、アメリカのマリアナ政府への関与をさらに深めるきっかけとなった。くどいようであるが、アメリカ政府は当初、入国管理と労働賃金については、マリアナ政府の采配にまかせていた。「盟約」で細部にわたる取り決めをしないで曖昧にしておいたからである。それを、アメリカにとって有利に解決できるための大きな網をかぶせておいた、と分析することもできる。両者の関係において何よりも重要な取り決めと言える「北マリアナ諸島連邦創設の盟約」の第1条104項がそれである。

Article I
Political Relationship
Section 104
The United States will have complete responsibility for and authority with respect to matters relating to foreign affairs and defence affecting the Northern Mariana Islands.[24]

104条
アメリカ合衆国は、北マリアナ諸島に関する防衛と外交政策に関しては、完全な責任と権限をもつものである。

　すべてにおいて、北マリアナ諸島の安全保障への影響が懸念される事案については、アメリカが取り仕切ることとした。

24　Willens, op cit., p. 378

2009年、アメリカが移民及び労働者の監督権を連邦の管理下においたのも、拡大しているテロ活動を防ぐ為であるという名目ならば、マリアナ政府は従わざるを得なくなる。もし「北マリアナ諸島連邦創設の盟約」の取り決めが、安全保障をアメリカに委ねるという内容であるならば、不満ばかりが堆積するところであったが、アメリカ政府は年間平均6000000ドルの援助に加えて、臨時の資金援助（例えば2009年には北マリアナ諸島政府に経済を活性化させるための資金として96000000ドル支払っている）を約束したことにより、マリアナ政府の不満を解消した。

　他のミクロネシア地域もアメリカからの経済援助は大きい。1986年に「自由連合協定」を結んでミクロネシア連邦は独立。その際、アメリカに軍事並びに安全保障の権限を委ねることが条件であったが、その見返りと言わんばかりにその後の15年間、70000000～80000000ドルを支払っている。更に経済成長がみられなかった為2003年「自由連合協定」を延長。20年間の援助協定を結び、年間92000000ドルを支出しているのである[25]。

　やはり1986年、独立を果たしたマーシャル諸島共和国も同様で、当初の15年間で発展がみられなかったため、20年間さらに毎年40000000～70000000ドルの援助を決定した。マーシャル諸島はかねてより、アメリカの核開発のための実験場として使われて来た歴史をもつが、アメリカはマーシャル諸島クワジャリン環礁のアメリカ軍基地借地料として、さらに2003年から20年間、トータルで2300000000ドルを支払うことにもしている[26]。

　アメリカと「自由連合協定」を結んで独立はしたものの、その独立がミクロネシア連邦やマーシャル諸島共和国から8年遅れたパラオ共和国にも、年間14000000～30000000ドルを援助している[27]。

　これらの国々は、アメリカの「戦略的」信託統治領を経て「独立国」にはなっているが、今日でも歳入の半分以上は財政支援金で、アメリカの援助によるものであることは注目に値する。北マリアナ諸島連邦のみならず、他のミクロネシア地域の国々もアメリカからの財政援助があるからこその国家なのである。

　ケネディ大統領が1962年4月18日に出した「国家安全行動覚書145号」は、そ

25　外務省国際協力局編　『政府開発援助（ODA）国別データブック』　2010年2月発行　1037頁
26　外務省国際協力局編　同上書　1031頁
27　外務省国際協力局編　上掲書　1018頁

の後のアメリカの対ミクロネシア政策を方向づけた。北マリアナ諸島連邦を始め
として、独立を果たしたミクロネシア連邦、マーシャル諸島共和国、パラオ共和
国、３ヶ国でもいまだ、アメリカの影響力は絶大である。「国家安全行動覚書145
号」に示された「ミクロネシアとの新しい永続的な関係」は今も実行されている
のである。

　スペイン国王カルロス一世によってはからずしも発見されたミクロネシアはそ
の後、覇権国家となった国々にとって、地理的立場から安全保障上重要な地域と
なっていった。しかしそれ以外の重要性は見出されなかったため、各時代の覇権
国家で、ミクロネシア地域について真剣に論じられ検討されることはなかった。
言い換えれば、ミクロネシア地域は、覇権国家の最高指導者の中でも外交政策に
長けた、限られた人間達によって、他国に干渉されず自国の思い通りにできる地
域としての価値を見出されてきたのである。ミクロネシアという地域をみるに当
たって、このことを留意しておくことは重要である。

　2009年からアメリカの大統領となったバラク・オバマは、彼が外交政策に対し
て疎いが故に、ミクロネシア地域に特別関心を払うことはなかったことから、最
後にミクロネシア地域に重要性をみいだしたのはジョージ・W・ブッシュ大統領
だったということになる。ブッシュ大統領は、９・11テロ後の安全保障戦略にお
いてのみならず、ミクロネシアにおける海洋資源をアメリカの管理下に置くこと
まで実現したという事実は、現覇権国家アメリカにおける外交政策上ミクロネシ
アの重要性をあらわしているといえるだろう。

資　料１　「北マリアナ諸島連邦創設の盟約」（原文）

ARTICLE V: APPLICABILITY OF LAWS

Section 501.

(a) To the extent that they are not applicable of their own force, the following
provisions of the Constitution of the United States will be applicable within the
Northern Mariana Islands as if the Northern Mariana Islands were one of the sev-
eral States: Article I, Section 9, Clauses 2, 3, and 8; Article I, Section 10, Clauses 1
and 3; Article IV, Section 1 and Section 2, Clauses 1 and 2; Amendments 1 through

資　料1「北マリアナ諸島連邦創設の盟約」　　243

9, inclusive; Amendment 13; Amendment 14, Section 1; Amendment 15; Amendment 19; and Amendment 26; provided, however, that neither trial by jury nor indictment by grand jury shall be required in any civil action or criminal prosecution based on local law, except where required by local law. Other provisions of or amendments to the Constitution of the United States, which do not apply of their own force within the Northern Mariana Islands, will be applicable within the Northern Mariana Islands only with the approval of the Government of the Northern Mariana Islands and of the Government of the United States.

(b) The applicability of certain provisions of the Constitution of the United States to the Northern Mariana Islands will be without prejudice to the validity of and the power of the Congress of the United States to consent to Sections 203, 506 and 805 and the proviso in Subsection (a) of this Section.

Section 502.

(a) The following laws of the United States in existence on the effective date of this Section and subsequent amendments to such laws will apply to the Northern Mariana Islands, except as otherwise provided in this Covenant:

(1) those laws which provide federal services and financial assistance programs and the federal banking laws as they apply to Guam; Section 228 of Title II and Title XVI of the Social Security Act as it applies to the several States; the Public Health Service Act as it applies to the Virgin Islands; and the Micronesian Claims Act as it applies to the Trust Territory of the Pacific Islands;

(2) those laws not described in paragraph (1) which are applicable to Guam and which are of general application to the several States as they are applicable to the several states; and

(3) those laws not described in paragraphs (1) or (2) which are applicable to the Trust Territory of the Pacific Islands, but not their subsequent amendments unless specifically made applicable to the Northern Mariana Islands, as they apply to the Trust Territory of the Pacific Islands until termination of the Trusteeship Agreement, and will thereafter be inapplicable.

(b) The laws of the United States regarding coastal shipments and the conditions

244 アメリカ－北マリアナ諸島連邦関係盟約締結後の4半世紀

of employment, including the wages and hours of employees, will apply to the activities of the United States Government and its contractors in the Northern Mariana Islands.

Section 503. The following laws of the United States, presently inapplicable to the Trust Territory of the Pacific Islands, will not apply to the Northern Mariana Islands except in the manner and to the extent made applicable to them by the Congress by law after termination of the Trusteeship Agreement:

(a) except as otherwise provided in Section 506, the immigration and naturalization laws of the United States;

(b) except as otherwise provided in Subsection (b) of Section 502, the coastwise laws of the United States and any prohibition in the laws of the United States against foreign vessels landing fish or unfinished fish products in the United States; and

(c) the minimum wage provisions of Section 6, Act of June 25, 1938, 52 Stat. 1062, as amended.

Section 504. The President will appoint a Commission on Federal Laws to survey the laws of the United States and to make recommendations to the United States Congress as to which laws of the United States not applicable to the Northern Mariana Islands should be made applicable and to what extent and in what manner, and which applicable laws should be made inapplicable and to what extent and in what manner. The Commission will consist of seven persons (at least four of whom will be citizens of the Trust Territory of the Pacific Islands who are and have been for at least five years domiciled continuously in the Northern Mariana Islands at the time of their appointments) who will be representative of the federal, local, private and public interests in the applicability of laws of the United States to the Northern Mariana Islands. The Commission will make its final report and recommendations to the Congress within one year after the termination of the Trusteeship Agreement, and before that time will make such interim reports and recommendations to the Congress as it considers appropriate to facilitate the transition of the Northern Mariana Islands to its new political status. In formulating its recommendations the Commission will take into consideration the potential effect of each law on local conditions within the Northern Mariana Islands, the policies embodied in the law and the provisions and purposes of this Covenant. The United States will bear the cost of the work of the Commission.

Section 505. The laws of the Trust Territory of the Pacific Islands, of the Mariana Islands District and its local municipalities, and all other Executive and District orders of a local nature applicable to the Northern Mariana Islands on the effective date of this Section and not inconsistent with this Covenant or with those provisions of the Constitution, treaties or laws of the United States applicable to the Northern Mariana Islands will remain in force and effect until and unless altered by the Government of the Northern Mariana Islands.

Section 506.

(a) Notwithstanding the provisions of Subsection 503 (a), upon the effective date of this Section the Northern Mariana Islands will be deemed to be a part of the United States under the Immigration and Nationality Act, as amended for the following purposes only, and the said Act will apply to the Northern Mariana Islands to the extent indicated in each of the following Subsections of this Section.

(b) With respect to children born abroad to United States citizen or non-citizen national parents permanently residing in the Northern Mariana Islands the provisions of Section 301 and 308 of the said Act will apply.

(c) With respect to aliens who are "immediate relatives" (as defined in Subsection 201 (b) of the said Act) of United States citizens who are permanently residing in the Northern Mariana Islands all the provisions of the said Act will apply, commencing when a claim is made to entitlement to "immediate relative" status. A person who is certified by the Government of the Northern Mariana Islands both to have been a lawful permanent resident of the Northern Mariana Islands and to have had the "immediate relative" relationship denoted herein on the effective date of this Section will be presumed to have been admitted to the United States for lawful permanent residence as of that date without the requirement of any of the usual procedures set forth in the said Act. For the purpose of the requirements of judicial naturalization, the Northern Mariana Islands will be deemed to constitute a State as defined in Subsection 101 (a) paragraph (36) of the said Act. The Courts of record of the Northern Mariana Islands and the District Court for the Northern Mariana Islands will be included among the courts specified in Subsection 310 (a) of the said Act and will have jurisdiction to naturalize persons who become eligible under this Section and who reside within their respective jurisdictions.

(d) With respect to persons who will become citizens or nationals of the United States under Article III of this Covenant or under this Section the loss of nationality provisions of the said Act will apply.

ARTICLE VI: REVENUE AND TAXATION

Section 601.

(a) The income tax laws in force in the United States will come into force in the Northern Mariana Islands as a local territorial income tax on the first day of January following the effective date of this Section, in the same manner as those laws are in force in Guam.

(b) Any individual who is a citizen or a resident of the United States, of Guam, or of the Northern Mariana Islands (including a national of the United States who is not a citizen), will file only one income tax return with respect to his income, in a manner similar to the provisions of Section 935 of Title 26, United States Code.

(c) References in the Internal Revenue Code to Guam will be deemed also to refer to the Northern Mariana Islands, where not otherwise distinctly expressed or manifestly incompatible with the intent thereof or of this Covenant.

Section 602. The Government of the Northern Mariana Islands may by local law impose such taxes, in addition to those imposed under Section 601, as it deems appropriate and provide for the rebate of any taxes received by it, except that the power of the Government of the Northern Mariana Islands to rebate collections of the local territorial income tax received by it will be limited to taxes on income derived from sources within the Northern Mariana Islands.

Section 603.

(a) The Northern Mariana Islands will not be included within the customs territory of the United States.

(b) The Government of the Northern Mariana Islands may, in a manner consistent with the international obligations of the United States, levy duties on goods imported into its territory from any area outside the customs territory of the United States and impose duties on exports from its territory.

(c) Imports from the Northern Mariana Islands into the customs territory of the United States will be subject to the same treatment as imports from Guam into the customs territory of the United States.

(d) The Government of the United States will seek to obtain from foreign countries favorable treatment for exports from the Northern Mariana Islands and will encourage other countries to consider the Northern Mariana Islands a developing territory.

Section 604.

(a) The Government of the United States may levy excise taxes on goods manufactured, sold or used or services rendered in the Northern Mariana Islands in the same manner and to the same extent as such taxes are applicable within Guam.

(b) The Government of the Northern Mariana Islands will have the authority to impose excise taxes upon goods manufactured, sold or used or services rendered within its territory or upon goods imported into its territory, provided that such excise taxes imposed on goods imported into its territory will be consistent with the international obligations of the United States.

Section 605. Nothing in this Article will be deemed to authorize the Government of the Northern Mariana Islands to impose any customs duties on the property of the United States or on the personal property of military or civilian personnel of the United States Government or their dependents entering or leaving the Northern Mariana Islands pursuant to their contract of employment or orders assigning them to or from the Northern Mariana Islands or to impose any taxes on the property, activities or instrumentalities of the United States which one of the several States could not impose; nor will any provision of this Article be deemed to affect the operation of the Soldiers and Sailors Civil Relief Act of 1940, as amended, which will be applicable to the Northern Mariana Islands as it is applicable to Guam.

Section 606.

(a) Not later than at the time this Covenant is approved, that portion of the Trust Territory Social Security Retirement Fund attributable to the Northern Mariana Islands will be transferred to the Treasury of the United States, to be **ARTICLE VI: REVENUE AND TAXATION** held in trust as a separate fund to be known as the "Northern Mariana Islands Social Security Retirement Fund". This fund will be administered by the United States in accordance with the social security laws of the Trust Territory of the Pacific Islands in effect at the time of such transfer, which may be modified by the Government of the Northern Mariana Islands only in a manner which does not create any additional differences between the social security laws of the Trust Territory of the Pacific Islands and the laws described in Subsection (b). The United States will supplement such fund if necessary to assure that persons receive benefits therefrom comparable to those they would have received from the Trust Territory Social Security Retirement Fund under the laws applicable thereto on the day preceding the establishment of the Northern Mariana Islands Social Security Retirement Fund, so long as the rate of contributions thereto also remains comparable.

(b) Those laws of the United States which impose excise and self-employment taxes to support or which provide benefits from the United States Social Security System will on January 1 of the first calendar year following the termination of the Trusteeship Agreement or upon such earlier date as may be agreed to by the

資　料1　「北マリアナ諸島連邦創設の盟約」　249

Government of the Northern Mariana Islands and the Government of the United States become applicable to the Northern Mariana Islands as they apply to Guam.

(c) At such time as the laws described in Subsection (b) become applicable to the Northern Mariana Islands:

(1) the Northern Mariana Islands Social Security Retirement Fund will be transferred into the appropriate Federal Social Security Trust Funds;

(2) prior contributions by or on behalf of persons domiciled in the Northern Mariana Islands to the Trust Territory Social Security Retirement Fund or the Northern Mariana Islands Social Security Retirement Fund will be considered to have been made to the appropriate Federal Social Security Trust Funds for the purpose of determining eligibility of those persons in the Northern Mariana Islands for benefits under those laws; and

(3) persons domiciled in the Northern Mariana Islands who are eligible for or entitled to social security benefits under the laws of the Trust Territory of the Pacific Islands or of the Northern Mariana Islands will not lose their entitlement and will be eligible for or entitled to benefits under the laws described in Subsection (b).

Section 607.

(a) All bonds or other obligations issued by the Government of the Northern Mariana Islands or by its authority will be exempt, as to principal and interest, from taxation by the United States, or by any State, territory or possession of the United States, or any political subdivision of any of them.

(b) During the initial seven year period of financial assistance provided for in Section 702, and during such subsequent periods of financial assistance as may be agreed, the Government of the Northern Mariana Islands will authorize no public indebtedness (other than bonds or other obligations of the Government payable solely from revenues derived from any public improvement or undertaking) in excess of ten percentum of the aggregate assessed valuation of the property within the Northern Mariana Islands.

250　アメリカ−北マリアナ諸島連邦関係盟約締結後の４半世紀

資　料２　「マリアナ海溝海洋国家記念物、太平洋遠隔島嶼海洋国家記念物及びローズ礁海洋国家記念物の指定に際しての大統領声明」（原文）

＊重要な文章なので全文を挙げる

Establishment of the Marianas Trench Marine National Monument A Proclamation by the President of the United States of America

Statement by the President on the Occasion of the Designation of the Marianas Trench Marine National Monument, Pacific Remote Islands Marine National Monument, and the Rose Atoll Marine National Monument

Over approximately 480 nautical miles, the Mariana Archipelago encompasses the 14 islands of the United States Commonwealth of the Northern Mariana Islands and the United States Territory of Guam that sit atop the Mariana Ridge in an area known as the Mariana Volcanic Arc. The Mariana Volcanic Arc is part of a subduction system in which the Pacific Plate plunges beneath the Philippine Sea Plate and into the Earth's mantle, creating the Mariana Trench. Six of the archipelago's islands have been volcanically active in historic times, and numerous seamounts along the Mariana Ridge are volcanically or hydrothermically active. The Mariana Trench is approximately 940 nautical miles long and 38 nautical miles wide within the United States Exclusive Economic Zone and contains the deepest known points in the global ocean.

The Mariana Volcanic Arc contains objects of scientific interest, including the largest active mud volcanoes on Earth. The Champagne vent, located at the Eifuku submarine volcano, produces almost pure liquid carbon dioxide. This phenomenon has only been observed at one other site in the world. The Sulfur Cauldron, a pool of liquid sulfur, is found at the Daikoku submarine volcano. The only other known location of molten sulfur is on Io, a moon of Jupiter. Unlike other reefs across the Pacific, the northernmost Mariana reefs provide unique volcanic habitats that support marine biological communities requiring basalt. Maug Crater represents one of only a handful of places on Earth where photosynthetic and chemosynthetic communities of life are known to come together.

The waters of the archipelago's northern islands are among the most biologically diverse in the Western Pacific and include the greatest diversity of seamount and hydrothermal vent life yet discovered. These volcanic islands are ringed by coral ecosystems with very high numbers of apex predators, including large numbers of sharks. They also contain one of the most diverse collections of stony corals in the Western Pacific. The northern islands and shoals in the archipelago have substantially higher large fish biomass, including apex predators, than the southern islands and Guam. The waters of Farallon de Pajaros (also known as Uracas), Maug, and Asuncion support some of the largest biomass of reef fishes in the Mariana Archipelago. These relatively pristine coral reef ecosystems are objects of scientific interest and essential to the long-term study of tropical marine ecosystems.

WHEREAS the submerged volcanic areas of the Mariana Ridge, the coral reef ecosystems of the waters surrounding the islands of Farallon de Pajaros, Maug, and Asuncion in the Commonwealth of the Northern Mariana Islands, and the Mariana Trench contain objects of scientific interest that are situated upon lands owned or controlled by the Government of the United States;

WHEREAS the United States continues to act in accordance with the balance of interests relating to traditional uses of the oceans recognizing freedom of navigation and overflight and other internationally recognized lawful uses of the sea;

WHEREAS the islands, waters, and airspace of the Mariana Ridge are of particular importance to the national security of the United States;

WHEREAS section 2 of the Act of June 8, 1906 (34 Stat. 225, 16 U.S.C. 431) (the "An-

252　アメリカ - 北マリアナ諸島連邦関係盟約締結後の4半世紀

tiquities Act") authorizes the President, in his discretion, to declare by public proclamation historic landmarks, historic and prehistoric structures, and other objects of historic or scientific interest that are situated upon lands owned or controlled by the Government of the United States to be national monuments, and to reserve as a part thereof parcels of land, the limits of which in all cases shall be confined to the smallest area compatible with the proper care and management of the objects to be protected;

WHEREAS it is in the public interest to preserve the known volcanic areas of the Mariana Ridge, the marine environment around the islands of Farallon de Pajaros, Maug, and Asuncion in the Commonwealth of the Northern Mariana Islands, and the Mariana Trench for the care and management of the scientific objects therein:

NOW, THEREFORE, I, GEORGE W. BUSH, President of the United States of America, by the authority vested in me by section 2 of the Antiquities Act do proclaim that there are hereby set apart and reserved as the Marianas Trench Marine National Monument (the "monument" or "marine national monument") for the purpose of protecting the objects identified above, all lands and interests in lands owned or controlled by the Government of the United States within the boundaries described below and depicted on the accompanying map entitled "Marianas Trench Marine National Monument" attached to and forming a part of this proclamation. The monument includes the waters and submerged lands of the three northernmost Mariana Islands (the "Islands Unit") and only the submerged lands of designated volcanic sites (the "Volcanic Unit") and the Mariana Trench (the "Trench Unit") to the extent described as follows: The seaward boundaries of the Islands Unit of the monument extend to the lines of latitude and longitude depicted on the accompanying map, which lie approximately 50 nautical miles from the mean low water line of Farallon de Pajaros (Uracas), Maug, and Asuncion. The inland boundary of the Islands Unit of the monument is the mean low water line. The boundary of the Trench Unit of the monument extends from the northern limit of the Exclusive Economic Zone of the United States in the Commonwealth of the

Northern Mariana Islands to the southern limit of the Exclusive Economic Zone of the United States in Guam approximately following the points of latitude and longitude identified on the accompanying map. The boundaries of the Volcanic Unit of the monument include a circle drawn with a 1 nautical mile radius centered on each of the volcanic features identified on the accompanying map and its legend. The Federal land and interests in land reserved consists of approximately 95,216 square miles of submerged lands and waters of the Mariana Archipelago, which is the smallest area compatible with the proper care and management of the objects to be protected.

Submerged lands that by legislation are subsequently granted by the United States to the Commonwealth of the Northern Mariana Islands but remain controlled by the United States under the Antiquities Act may remain part of the monument, for coordination of management with the Government of the Commonwealth of the Northern Mariana Islands. Any submerged lands and interests in submerged lands within the monument not owned or controlled by the United States shall be reserved as a part of the monument upon acquisition of title or control by the United States.

Management of the Marine National Monument

The Secretaries of Commerce, through the National Oceanic and Atmospheric Administration, and the Interior, shall manage the monument pursuant to applicable legal authorities and in consultation with the Secretary of Defence. The Secretary of the Interior shall have management responsibility for the monument, in consultation with the Secretary of Commerce, except that the Secretary of Commerce shall have the primary management responsibility, in consultation with the Secretary of the Interior, with respect to fishery-related activities regulated pursuant to the Magnuson-Stevens Fishery Conservation and Management Act (16 U.S.C. 1801 et seq.) and any other applicable authorities. The Secretaries of the Interior and Commerce shall not allow or permit any appropriation, injury, destruction, or removal of any feature of this monument except as provided for by this proclamation or as otherwise provided for by law.

The Secretaries of the Interior and Commerce shall take appropriate action pursuant to their respective authorities under the Antiquities Act and the Magnuson-Stevens Fishery Conservation and Management Act, and such other authorities as may be available to implement this proclamation, to regulate fisheries, and to ensure proper care and management of the monument.

Regulation of Scientific Exploration and Research

Subject to such terms and conditions as the Secretary deems necessary for the care and management of the objects of this monument, the Secretary of the Interior may permit scientific exploration and research within the monument, including incidental appropriation, injury, destruction, or removal of features of this monument for scientific study, and the Secretary of Commerce may permit fishing within the monument for scientific exploration and research purposes to the extent authorized by the Magnuson-Stevens Fishery Conservation and Management Act. The prohibitions required by this proclamation shall not restrict scientific exploration or research activities by or for the Secretaries, and nothing in this proclamation shall be construed to require a permit or other authorization from the other Secretary for their respective scientific activities.

Regulation of Fishing and Management of Fishery Resources

Within the Islands Unit of the monument, the Secretary of Commerce shall prohibit commercial fishing. Subject to such terms and conditions as the Secretary of Commerce deems necessary for the care and management of the objects of the Islands Unit, the Secretary, consistent with Executive Order 12962 of June 7, 1995, as amended, shall ensure that sustenance, recreational, and traditional indigenous fishing shall be managed as a sustainable activity consistent with other applicable law and after due consideration with respect to traditional indigenous fishing of any determination by the Government of the Commonwealth of the Northern

Mariana Islands.

Monument Management Planning

The Secretaries of the Interior and Commerce shall, within 2 years of the date of this proclamation, prepare management plans within their respective authorities and promulgate implementing regulations that address any further specific actions necessary for the proper care and management of the objects identified in this proclamation. In developing and implementing any management plans and any management rules and regulations, the Secretaries shall designate and involve as cooperating agencies the agencies with jurisdiction or special expertise, including the Department of Defense, the Department of State, and other agencies through scoping in accordance with the National Environmental Policy Act (42 U.S.C. 4321 et seq.), its implementing regulations and with Executive Order 13352 of August 26, 2004, Facilitation of Cooperative Conservation, and shall treat as a cooperating agency the Government of the Commonwealth of the Northern Mariana Islands, consistent with these authorities. The monument management plans shall ensure that the monument will be administered in accordance with this proclamation, and shall, as appropriate to their respective authorities, provide for:

1. management of the Islands Unit of the monument, in consultation with the Government of the Commonwealth of the Northern Mariana Islands, including designation of specific roles and responsibilities and the means of consultation on management decisions as appropriate, without affecting the respective authorities or jurisdictions of the Commonwealth of the Northern Mariana Islands or the Secretaries of the Interior or of Commerce;

2. public education programs and public outreach regarding the coral reef ecosystem and related marine resources and species of the monument and efforts to conserve them;

3. traditional access by indigenous persons, as identified by the Secretaries in consultation with the Government of the Commonwealth of the Northern Mariana Islands, for culturally significant subsistence, cultural and religious uses within the monument;

4. a program to assess and promote monument-related scientific exploration and research, tourism, and recreational and economic activities and opportunities in the Commonwealth of the Northern Mariana Islands;

5. a process to consider requests for recreational fishing permits in certain areas of the Islands Unit, based on an analysis of the likely effects of such fishing on the marine ecosystems of these areas, sound professional judgment that such fishing will not materially interfere with or detract from the fulfillment of the purposes of this proclamation, and the extent to which such recreational fishing shall be managed as a sustainable activity consistent with Executive Order 12962, as amended, and other applicable law; and

6. programs for monitoring and enforcement necessary to ensure that scientific exploration and research, tourism, and recreational and commercial activities do not degrade the monument's coral reef ecosystem or related marine resources or species or diminish the monument's natural character.

The management plans and their implementing regulations shall impose no restrictions on innocent passage in the territorial sea or otherwise restrict navigation, overflight, and other internationally recognized lawful uses of the sea, and shall incorporate the provisions of this proclamation regarding Armed Forces actions and compliance with international law.

This proclamation shall be applied in accordance with international law. No restrictions shall apply to or be enforced against a person who is not a citizen, national, or resident alien of the United States (including foreign flag vessels) unless in

資　料2　「マリアナ海溝海洋国家記念物、太平洋遠隔島嶼海洋国家記念物及び
　　　　　　ローズ礁海洋国家記念物の指定に際しての大統領声明」　　257

accordance with international law.

Nothing in this proclamation shall be deemed to diminish or enlarge the jurisdiction of the Commonwealth of the Northern Mariana Islands.

Advisory Council

The Secretaries of the Interior and Commerce, within 3 months of the date of this proclamation and after considering recommendations from the Governor of the Commonwealth of the Northern Mariana Islands, the Secretary of Defense, and the Secretary of Homeland Security, shall establish the Mariana Monument Advisory Council to provide advice and recommendations on the development of management plans and management of the monument. The Advisory Council shall consist of three officials of the Government of the Commonwealth of the Northern Mariana Islands and one representative each from the Department of Defense and the United States Coast Guard.

Members of the Advisory Council will be appointed for a term of 3 years by the Secretaries of the Interior and Commerce after nomination by the head of the pertinent executive branch agency or, with respect to the officials of the Government of the Commonwealth of the Northern Mariana Islands, by the Governor of the Commonwealth of the Northern Mariana Islands. The Advisory Council will adopt such procedures as it deems necessary to govern its activities. Each participating agency shall be responsible for the expenses of its representative and the Departments of the Interior and Commerce shall be equally responsible for the costs of the Advisory Council.

Emergencies, National Security, and Law Enforcement Activities

1. The prohibitions required by this proclamation shall not apply to activities necessary to respond to emergencies threatening life, property, or the environment,

or to activities necessary for national security or law enforcement purposes.

2. Nothing in this proclamation shall limit agency actions to respond to emergencies posing an unacceptable threat to human health or safety or to the marine environment and admitting of no other feasible solution.

Armed Forces Actions

1. The prohibitions required by this proclamation shall not apply to activities and exercises of the Armed Forces (including those carried out by the United States Coast Guard).

2. The Armed Forces shall ensure, by the adoption of appropriate measures not impairing operations or operational capabilities, that its vessels and aircraft act in a manner consistent, so far as is reasonable and practicable, with this proclamation.

3. In the event of threatened or actual destruction of, loss of, or injury to a monument living marine resource resulting from an incident, including but not limited to spills and groundings, caused by a component of the Department of Defense or the United States Coast Guard, the cognizant component shall promptly coordinate with the Secretary of the Interior or Commerce, as appropriate, for the purpose of taking appropriate actions to respond to and mitigate any actual harm and, if possible, restore or replace the monument resource or quality.

4. Nothing in this proclamation or any regulation implementing it shall limit or otherwise affect the Armed Forces' discretion to use, maintain, improve, manage, or control any property under the administrative control of a Military Department or otherwise limit the availability of such property for military mission purposes.

This proclamation is not intended to, and does not, create any right or benefit,

資　料 2 「マリアナ海溝海洋国家記念物、太平洋遠隔島嶼海洋国家記念物及び
ローズ礁海洋国家記念物の指定に際しての大統領声明」　　259

substantive or procedural, enforceable at law or in equity, by any party against the United States, its agencies, instrumentalities, or entities, its officers, employees, agents, or any other person.

All Federal lands and interests in lands within the boundaries of this monument are hereby withdrawn from all forms of entry, location, selection, sale, or leasing or other disposition under the public land laws, to the extent that those laws apply.

The establishment of this monument is subject to valid existing rights.

Nothing in this proclamation shall be deemed to revoke any existing withdrawal, reservation, or appropriation; however, the national monument shall be dominant over any other existing Federal withdrawal, reservation, or appropriation.

Warning is hereby given to all unauthorized persons not to appropriate, excavate, injure, destroy, or remove any feature of this monument and not to locate or settle upon any lands thereof.

IN WITNESS WHEREOF, I have hereunto set my hand this sixth day of January, in the year of our Lord two thousand nine, and of the Independence of the United States of America the two hundred and thirty-third.

GEORGE W. BUSH

Return to this article at: /news/releases/2009/01/20090106-2.html

著者略歴

佐 伯 康 子（さえき やすこ）

1955年生まれ
1978年　慶應義塾大学法学部政治学科卒業
1982年　オーストリア・ニューサウスウエールズ大学日本経
　　　　済経営センター訪問研究員（1985年まで）
1987年　慶應義塾大学大学院法学研究科政治学専攻博士課程
　　　　単位取得満期退学
1989年　名古屋明徳短期大学専任講師
1993年　同助教授
1995年　清和大学助教授
1998年　清和大学教授
2019年　日本政治法律学会理事
2024年　慶應義塾大学 SFC 研究所上席所員

主要著書

『冷戦期の国際政治』（共著）（1987年、慶応通信）
『現代政治学の課題』（共著）（2006年、成文堂）

ミクロネシアの国際政治

2025年 2 月6日　初版第 1 刷発行

著　　者	佐　伯　康　子	
発 行 者	阿　部　成　一	

〒169-0051　東京都新宿区西早稲田 1-9-38
発 行 所　　株式会社　成 文 堂
電話03（3203）9201代　FAX03（3203）9206
https://www.seibundoh.co.jp

製版・印刷　藤原印刷　　製本　弘伸製本　　　　　　検印省略
© 2025　Y. Saeki　Printed in Japan
ISBN978-4-7923-3452-9 C3031

定価（本体 6000円＋税）